O Financiamento Bancário de PME

O Financiamento Bancário de PME

Paulo Alcarva

TÍTULO
O Financiamento Bancário de PME

© Paulo Alcarva e Conjuntura Actual Editora, 2017

AUTOR
Paulo Alcarva

Direitos reservados para todos os países de língua portuguesa por

CONJUNTURA ACTUAL EDITORA, uma chancela de EDIÇÕES ALMEDINA
Sede: Rua Fernandes Tomás, 76-80, 3000-167 Coimbra
Delegação: Avenida Engenheiro Arantes e Oliveira, 11 – 3º C – 1900-221 Lisboa - Portugal
www.actualeditora.pt

REVISÃO
Helena Ramos

CAPA
FBA

PAGINAÇÃO
Rosa Baptista

IMPRESSÃO E ACABAMENTO:
ARTIPOL - ARTES TIPOGRÁFICAS, LDA.
Junho, 2017

DEPÓSITO LEGAL
427990/17

Toda a reprodução desta obra, por fotocópia ou qualquer outro processo, sem prévia autorização escrita do Editor, é ilícita e passível de procedimento judicial contra o infrator.

BIBLIOTECA NACIONAL DE PORTUGAL – CATALOGAÇÃO NA PUBLICAÇÃO
ALCARVA, Paulo

O financiamento bancário de PME. – (Fora de coleção)
ISBN 978-989-694-214-4

CDU   336

ÍNDICE

PREFÁCIO   13

INTRODUÇÃO   17

1. A IMPORTÂNCIA DAS PME E AS DIFERENTES FORMAS
   DE FINANCIAMENTO   25
   1.1. PME: Definição   26
   1.2. PME: Uma Caracterização Nacional   30
   1.3. Financiamento e Estrutura de Capitais   41
        1.3.1. Diferentes Origens do Financiamento   43
        1.3.2. As Teorias do *Trade-Off* e do *Pecking Order*   44
        1.3.3. A Estrutura Ótima de Capitais   47
   1.4. PME: A Parceria com a Banca   48
        1.4.1. A Dívida Bancária   49
        1.4.2. A Atividade Bancária   50
   1.5. Alternativas Complementares ao Financiamento Bancário   53
        1.5.1. Financiamento com Capitais Próprios   55
        1.5.2. Mercado de Capitais   56
        1.5.3. Mercado de Dívida   57
        1.5.4. *Equity* e *Growth Capital*   59
        1.5.5. Produtos Híbridos e Estruturados   61

2. OFERTA: MODULIZAÇÃO E SEGMENTAÇÃO DO CRÉDITO
   E DOS SERVIÇOS BANCÁRIOS   63
   2.1. Os Bancos e o seu Impacto na Economia   63
        2.1.1. As Atividades Principais dos Bancos   64

O FINANCIAMENTO BANCÁRIO DE PME

2.1.2. Tipos de Bancos	65
2.2. Organização Modular para Empresas	68
2.2.1. Módulo «Pacote»	70
2.2.2. Módulo «Cesto»	72
2.2.3. Módulo «Free-Will»	73
2.3. Banca 2.0 e Oferta Modular: Mobilidade, Interação e Adaptabilidade	74
2.4. Oferta Segmentada Para Empresas	79
2.4.1. Elementos Definidores do Crédito Bancário	79
2.4.2. Tesouraria	88
2.4.2.1. Cash-Management	91
2.4.2.2. Factoring	94
2.4.2.3. Confirming	96
2.4.3. Financiamento – Soluções de Curto, Médio e Longo Prazo	98
2.4.3.1. Da Conta-Corrente ao Papel Comercial	99
2.4.3.2. Empréstimos a Prazo Fixo e Leasing	102
2.4.3.3. Garantias Bancárias	103
2.4.4. Apoio à Internacionalização – Trade Finance	105
2.4.4.1. Riscos no Comércio Internacional	106
2.4.4.2. Oferta Trade Finance e Risco: Créditos e Remessas Documentárias	107
2.4.4.3. Oferta Trade Finance e Financiamento: Desconto Comercial e Financeiro	110
2.4.5. Cobertura de Risco – Soluções de Gestão da Exposição ao Risco Financeiro e ao Risco de Crédito	113
2.4.5.1. Seguro de Créditos	114
2.4.5.2. Derivados de Cobertura de Risco	115
2.4.5.2.1. Cobertura de Risco de Taxa de Juro	115
2.4.5.2.2. Cobertura de Risco de Taxa de Câmbio	116
2.5. Mecanismos de Apoio às PME	117
2.5.1. Sistema de Garantia Mútua	118
2.5.2. Linhas de Crédito PME Crescimento	119
2.5.3. Seguro de Créditos à Exportação	121
2.5.4. Incentivos Financeiros	121
2.5.4.1. Portugal 2020	122

	2.5.4.1.1. Compete 2020	123
	2.5.4.1.2. PDR 2020	127
	2.5.4.2. Programa FINICIA	130
	2.5.4.2.1. Soluções de Capital de Risco	131
	2.5.4.2.2. Soluções de Crédito com Garantia	132
	2.5.4.3. Comércio Investe	133
	2.5.4.4. Apoios ao Setor do Turismo	134
	2.5.4.4.1. Fundo JESSICA	134
	2.5.4.4.2. Linha de Apoio à Qualificação da Oferta, à Tesouraria e à Consolidação Financeira	135
	2.5.5. Incentivos Fiscais	136
	2.5.5.1. SIFIDE II – Sistema de Incentivos Fiscais em I&D Empresariais	137
	2.5.5.2. RFAI II – Regime Fiscal de Apoio ao Investimento	137
	2.5.5.3. DLRR – Dedução por Lucros Retidos e Reinvestidos	138
	2.5.5.4. Benefícios Fiscais Contratuais ao Investimento Produtivo	138
	2.5.6. Programa Revitalizar	139
	2.5.6.1. PER – Processo Especial de Revitalização	140
	2.5.6.2. SIREVE – Sistema de Recuperação de Empresa por Via Extrajudicial	141
	2.5.6.3. Fundos de Revitalização e de Expansão Empresarial	142
	2.5.6.4. Linha de Apoio à Revitalização Empresarial	143
	2.5.7. IFD – Instituição Financeira de Desenvolvimento	143
	2.5.7.1. Linhas de Crédito e Fundos Cofinanciados pelo FEEI	144
	2.5.7.2. Gestão de Financiamentos Obtidos junto de Instituições Financeiras Internacionais	147
3.	A CONCESSÃO DE CRÉDITO BANCÁRIO	149
	3.1. Análise do Ciclo de Exploração – *Cash is King*	150
	3.1.1. O Conceito de Fundo de Maneio	151
	3.1.2. O Ciclo de Caixa e o Financiamento das Necessidades de Fundo de Maneio	152

3.1.3. Setor de Atividade, Modelo de Negócio e Ciclo de Vida	157
3.2. Análise do Risco de Crédito	159
3.2.1. Análise Económico-Financeira	161
3.2.2. Quantidade, *Timing* e Qualidade da Informação	163
3.2.3. Análise Qualitativa	165
3.2.3.1. Análise Qualitativa Interna	166
3.2.3.2. Análise Qualitativa Externa	170
3.2.3.3. Análise SWOT	179
3.2.4. Análise Quantitativa	181
3.2.4.1. Análise Dinâmica	182
3.2.4.2. O Método dos Rácios	189
4. FATORES INDUTORES E CONDICIONANTES DO CRÉDITO	201
4.1. Os Riscos da Atividade Bancária	201
4.1.1. Risco de Mercado	204
4.1.2. Risco de Liquidez	205
4.1.2.1. Índices de Liquidez	206
4.1.2.2. A Evolução (Recente) da Liquidez na Banca Portuguesa	210
4.1.2.3. A Ação dos Bancos Centrais	212
4.1.3. Risco Operacional	213
4.1.4. Risco de Crédito	217
4.2. Avaliação e Gestão do Risco de Crédito	217
4.2.1. Perda Esperada	217
4.2.2. Probabilidade de Incumprimento	219
4.2.3. Exposição no Momento do Incumprimento	220
4.2.4. Perda em Caso de Incumprimento	220
4.2.5. Técnicas de Redução do Risco de Crédito	221
4.3. Os Pilares do Negócio Bancário	223
4.3.1. Solvabilidade e Rácio de Adequação de Fundos Próprios	224
4.3.1.1. Acordo de Basileia I	225
4.3.1.1.1. Fundos Próprios: Tier 1 e Tier 2	226
4.3.1.1.2. Ponderadores de Risco de Crédito	226
4.3.1.2. Acordo de Basileia II	227
4.3.1.2.1. Ponderadores de Risco de Mercado	228
4.3.1.2.2. Ponderadores de Risco de Crédito	229

4.3.1.2.3. Fundos Próprios: Tier 3 Capital	232
4.3.1.3. Acordo de Basileia III	234
4.3.1.3.1. Fundos Próprios: Common Equity Tier 1 Capital Additional Tier 1 Capital	234
4.3.1.3.2. Ponderadores de Risco Operacional	236
4.3.1.3.3. Rácio Core Tier 1 e Limites Mínimos de Fundos Próprios	237
4.3.1.3.4. Criação de Reservas de Capital	239
4.3.2. Rentabilidade	241
4.3.2.1. Produto Bancário: Margem Financeira e Serviços	242
4.3.2.2. Custos de Estrutura e Rácios de Eficiência	244
4.3.2.3. Rentabilidade Ajustada ao Risco	247
4.3.2.3.1. Qualidade da Carteira de Crédito	248
4.3.2.3.2. RAROC – Risk Adjusted Return on Capital	250
4.3.2.4. Formação do *Pricing*	252
4.4. Os Custos do Risco de Crédito	252
4.4.1. Imparidades	252
4.4.2. Cálculo de Imparidades: A Tabela Qualitativa da Carta Circular n.º 2/2014	254
BIBLIOGRAFIA	257
NOTAS	263

PREFÁCIO

Nos termos da globalização existente, principalmente desde o início da década de noventa, após a entrada de Portugal na União Europeia, oportunidades e desafios emergiram e impulsionaram o crescimento das empresas portuguesas. Com um foco especial nas PME, que devido ao seu caráter familiar são de menor dimensão (estima-se que 80% das empresas em Portugal sejam empresas familiares), estas encontraram na globalização um caminho para expandirem os seus negócios, passando assim a exportar para todo o mundo.

As PME que atravessaram este processo, depararam-se com os novos concorrentes diretos, vindos de uma realidade diferente, principalmente da Ásia, de países como a China, a India, o Bangladesh, etc. Foi por isso essencial conhecer estes países, como funcionavam e delinear uma estratégia onde fosse possível para as empresas portuguesas encontrarem a sua oportunidade de negócio.

As empresas que acreditaram e viram na globalização a sua oportunidade rapidamente entenderam que teriam de se aplicar em uma gestão extremamente profissional e diferenciadora, tendo em conta esta nova realidade. A investigação e a inovação passam a ser uma exigência diária, assim como a eficiência da tecnologia para a informação e o desenvolvimento.

A qualidade e a disponibilização dos produtos e o eficiente e célere serviço ao cliente passam a ser de uma importância vital. Outros grandes desafios surgem, pois as preocupações dos clientes relacionadas com os direitos e valores sociais e ambientais assumem uma exigência primordial, sobre isto muito trabalho foi feito e muito mais há para fazer.

Resumindo, a inovação, a qualidade, a satisfação dos *stakeholders* e a sustentabilidade ambiental geram competitividade e promovem a diferenciação.

Dotaram-se assim as empresas portuguesas de características únicas que as multinacionais de retalho não encontram em outros países do mundo.

É necessário continuar e aperfeiçoar a capacidade demonstrada, para que com a experiência das dificuldades e todo o trabalho realizado possamos continuar a ter futuro. Contando com a ajuda das novas gerações, destacando as gerações provenientes das sucessões atempadas, dotadas de novas competências, qualificações, ambições, sonhos e objetivos. Sendo estas capazes de criar mais valor nas empresas com a motivação extra de poder escrever a sua própria história. Considerando sempre todas as parcerias, cumprindo e fazendo cumprir compromissos, nunca esquecendo o respeito e as devidas condições dos seus colaboradores.

A crise de 2008 veio demonstrar que a gestão e a estratégia das PME estava correta, tal como nos indica a Câmara de Comércio e Indústria Portuguesa, em 2016, estimam que «as exportações de produtos têxteis tenham crescido cerca de 9,2%, para valores que ultrapassam os 4,5 mil milhões de euros e que as vendas de calçado ao exterior aumentem 8,8%, ultrapassando os 1,8 mil milhões de euros», existindo também outros bons exemplos noutras áreas.

Este trabalho desenvolvido pelo Dr. Paulo Alcarva foi para além da sua experiência académica e bancária, demonstrando o conhecimento da realidade e das necessidades das empresas portuguesas, dando importância e preocupando-se claramente em ajudar de uma forma prática a gestão das PME.

As elevadas exigências da gestão, tanto no presente como no futuro, evidenciam a necessidade de dotar as empresas de capital humano qualificado, de quadros profissionais muito competentes e com capacidade de elaborar projetos consistentes. A gestão das PME tem de ser eficaz, eficiente, capaz de demonstrar perante os parceiros financeiros o seu rigor, ultrapassando a grande dificuldade de realizar uma gestão preventiva, em tempo útil, sem nunca afastar a missão, a visão e os valores da própria empresa.

As PME devem definir investimentos com base em projetos estruturados, devidamente ponderados e estudados, sempre de forma sensata, assegurando-se que só cumprindo um objetivo é que devem passar para outro nível. Demonstrando sempre com muita clareza aos parceiros financeiros que os projetos a que são convidados a participar são credíveis, sustentados e lucrativos. Tal como autor alerta para o que deve ser a relação da banca e das PME no futuro, esclarecendo que os projetos a financiar serão marcados com maior rigor e transparência.

Gostaria ainda de expressar um enorme agradecimento ao Dr. Paulo Alcarva pelo trabalho que tem vindo a desenvolver desde o livro *A Banca e as PME*, demonstrando uma linha de pensamento muito competente e brilhante, chegando a este novo trabalho *O Financiamento Bancário de PME*, de uma forma sublime e que muito me honrou com o convite para escrever este prefácio.

ROLANDO FÉLIX DA COSTA
Sócio-gerente da RODIRO – Fábrica de Calçado, Lda.

Introdução

I

Esta segunda década do século xxi continua a ser marcada pelas réplicas do abalo sistémico da crise financeira que irrompeu no espaço público em 2007 e se agudizou a partir de 2008.

Os dados empíricos relacionados com esta crise persistente têm mostrado à saciedade que uma situação de instabilidade financeira determina graves desequilíbrios macroeconómicos, com custos elevados para as soberanias e os agentes económicos. De igual forma, também veio expor importantes falhas na supervisão financeira, tanto em casos específicos como em relação ao sistema financeiro no seu todo, evidenciando aos mecanismos de supervisão existentes a sua incapacidade para evitar, gerir ou resolver a crise. Por outro lado, o contexto de crise veio também evidenciar uma indesculpável falta de cooperação, coordenação, coerência e confiança entre as autoridades nacionais de supervisão e as estruturas supranacionais. E tudo isto apesar do quadro regulatório construído pelo Comité de Basileia.

Os bancos foram indiscutivelmente parte do problema, mas também uma parte não despicienda das vítimas. «Os bancos não são todos iguais [...] e continuam a não ser todos iguais», lembrou-nos no pico da crise financeira o CEO do BPI.

Os bancos nacionais, em particular, viveram um período muito difícil com a instabilidade do mercado financeiro, em que a única fonte de financiamento foram praticamente os depósitos dos seus clientes, em que a

redução das carteiras de crédito foi muito significativa, o volume de imparidades atingiu níveis muito mais elevados do que no passado, a procura de
novo crédito se revelou praticamente inexistente e, consequentemente, a
maioria das instituições apresentou resultados líquidos muito negativos.

Apesar das notícias mais positivas na entrada para a segunda metade da
década, as nuvens negras ainda não se dissiparam completamente, confrontados que estão os bancos com a baixíssima rentabilidade do negócio do-
méstico. A combinação do baixo nível de taxas de juro, do elevado (ainda
que decrescente) nível de remuneração dos depósitos a prazo, do peso da
carteira de crédito à habitação contratada a *spreads* muito reduzidos,
da fraca procura de novo crédito, do elevado nível de imparidades e da in-
tensificação das medidas regulatórias com forte impacto na margem, tem
testado a resiliência dos bancos que atuam em Portugal.

Acresce ainda que, neste período, três dos principais bancos nacionais
foram confrontados com mais um desafio mastodôntico, o de pagar o apoio
estatal no aumento de capital subjacente à crise da dívida soberana e cumprir todas as regras que foram impostas como contrapartida, isto num contexto de implosão de um dos *big five* (BES), de fragilização de dois *players*
médios (Banif e Montepio Geral), de recapitalização da CGD e do Millennium BCP, do *takeover* do BPI e quando ainda se lambem as feridas deixa-
das pelo desaparecimento do BPP e do BPN.

Daqui resultou a imperatividade da constituição/desenvolvimento de
novos instrumentos de estabilização do setor financeiro: a liquidez dos
bancos foi apoiada diretamente por operações de refinanciamento por
parte do Banco Central Europeu, a solvabilidade pela referida linha de
capitalização de 12 mil milhões de euros e por medidas regulatórias mais
espartanas, com destaque para a elevação do rácio mínimo de capital para
10 por cento, enquanto a supervisão passou a estar presente com mais vigor, com análise às imparidades constituídas e à carteira de crédito dos
principais clientes, e, finalmente, pela constituição do Fundo de Resolução
(precocemente utilizado).

II

Apesar da indefinição generalizada, a espiral recessiva parece estar paulati-
namente a ficar para trás, para empresas, Estado, famílias e bancos.

No caso dos bancos, nota para o crescimento do crédito, que se tem
mostrado de acordo com o ajustamento, como revela a melhoria das

condições do mercado de crédito, com a redução do *pricing*, o aligeiramento das garantias e o aumento dos prazos.

Sem surpresa, verifica-se também que o (novo) crédito tem fluído para as empresas mais dinâmicas e produtivas, sobretudo as empresas exportadoras do setor privado, uma resposta consequente às empresas que resistiram à crise e também ao surgimento de novas áreas de negócio e de uma nova geração de empreendedores, mais atentos às oportunidades de crescimento no mercado internacional, e para *start-ups* essencialmente ligadas à tecnologia e inovação.

Este renascimento do crédito concedido sucede a um esforço enorme de readequação dos balanços dos bancos, que começou precisamente com a redução do ativo via contração do crédito a clientes, parcialmente compensado por instrumentos de dívida (sobretudo soberana), e com a mudança da estrutura de financiamento, induzida pela redução do mercado interbancário e pelo maior protagonismo dos depósitos de clientes e do refinanciamento no eurossistema. Mas a mais impressionante das alterações do sistema bancário nacional foi o processo de desalavancagem, com a forte redução do rácio *loan-to-deposits*.

Contraprudecentemente, ou não, a desalavancagem dos balanços exponenciou o risco de crédito, que continua elevado, apesar de os rácios de cobertura do risco se manterem relativamente estáveis. A confiança aumenta também com o reforço consistente dos rácios de solvabilidade, com o rácio *Core Tier 1* bem acima dos 10 por cento definidos pelo programa de ajustamento do sistema financeiro nacional.

Mas, como já foi referido, a rentabilidade continua sob pressão. Esta redução significativa da margem do negócio bancário vai exigir que os bancos centrem os seus investimentos nos segmentos prioritários e tentem gerir o resto dos clientes da forma mais eficiente possível. No caso do segmento das empresas, passa pelos grandes *drivers* de crescimento, que se concentram nas empresas de bom risco e exportadoras.

Neste processo inevitável de ajustamento do sistema bancário português, as empresas foram profundamente afetadas e, nesta fase do processo, parece claro que a concessão de crédito sofreu uma mudança conceptual. Os bancos têm maior liquidez, mas critérios de risco de crédito mais elevados, a segmentar as empresas-alvo por *rating* e a dar preferência a empresas exportadoras.

O risco, que passou a afetar diretamente o consumo de capitais na concessão de crédito, tem levado cada vez mais os bancos a sobrepor o crédito comercial ao crédito financeiro e, neste último, a partilhar o risco de crédito com entidades terceiras, como sejam as sociedades de garantia mútua, o complemento a sistemas de incentivo e a garantias BEI/FEI.

As PME, dada a sua estrutura endemicamente subcapitalizada, foram inevitavelmente as empresas que mais sofreram. As insolvências dispararam, o desemprego ficou descontrolado e o crédito em incumprimento multiplicou-se.

Mas esta maior vulnerabilidade concretizou-se também no reforço nos mecanismos de apoio. No novo quadro comunitário de apoio, o Portugal 2020, as PME são destinatários preferenciais, procurando o programa estimular o empreendedorismo, a capacidade inovadora e o desenvolvimento de estratégias mais avançadas, baseadas em recursos humanos qualificados e com uma forte atenção à cooperação e a outras formas de parceria, como redes e *clusters*. Portugal vai receber 25 mil milhões de euros até 2020, estando um quinto desses fundos destinado diretamente às microempresas e às PME.

Entre outros incentivos financeiros (destaque para a continuidade da linha PME Crescimento) e fiscais e o programa Revitalizar, está montada uma estrutura de apoio às PME, para se fortalecerem neste contexto ainda instável. Entretanto abriu portas a Instituição Financeira de Desenvolvimento, que ambiciona uma maior intervenção do lado do *equity*, complementando os bancos na imprescindível capitalização das empresas exportadoras e resilientes.

III

Pode gostar-se ou não dos bancos, mas é irrefutável que eles foram, são e continuarão a ser muito importantes nas sociedades modernas, como intermediários-chave ou facilitadores do crescimento económico. E a sua posição na vanguarda tecnológica continuará a ser indutora e promotora de inovação nos demais setores de atividade.

A resposta à instabilidade que se abateu sobre o negócio bancário faz-se em simultâneo com a necessidade de continuar a servir os clientes de forma mais eficiente e rentável. A enorme evolução tecnológica está a obrigar os bancos a serem mais móveis e interativos. O *omnichannel* chegou para ficar.

A oferta bancária tenderá a ser cada vez mais simples e desmaterializada, até por necessidade dos próprios bancos de reduzirem custos,

INTRODUÇÃO

simplificarem a escolha pelos clientes e a venda pelas equipas comerciais. Neste contexto, é nevrálgico o desenvolvimento de ofertas «modulares», segmentando os clientes por grau de risco e *expertise* e integrando as ofertas numa plataforma de gestão operacional flexível e tecnologicamente capaz.

IV

A estrutura deste livro é simples. Refiro-me no capítulo 1 à relação umbilical entre os bancos e as PME, refletindo sobre a inevitabilidade de um bom relacionamento entre as duas partes, que resulta da quase inexistência de alternativas de financiamento fora do espetro bancário. Desde logo, os mercados de capitais não proporcionam alternativas de capitalização para as empresas, circunscrevendo-se a atividade essencialmente a transações em mercado secundário. Inserida nesta realidade, a indústria de capital de risco não encontra alternativas, nem para a captação de recursos nem para a rotação de carteiras, o que se traduz num argumento acrescido para explicar a prudência na celebração de contratos de participação em empresas de menor dimensão e promotoras de projetos cuja avaliação envolve maior complexidade.

Ainda no capítulo 1 traça-se um esquisso das principais características das PME nacionais, daí decorrendo a razão de serem a espinha dorsal da economia nacional e a maior fonte potencial de emprego e crescimento. Deste modo, a parceria entre o sistema financeiro e as PME constitui um inegável fator de desenvolvimento da atividade económica, em que é crucial a tomada de decisões relativamente às opções de financiamento e às entidades potencialmente financiadoras, a exigir reflexão especial.

No extenso capítulo 2 expõe-se a oferta segmentada de produtos e serviços bancários que de uma forma universal os bancos comerciais exibem no seu escaparate, mas também se discute uma nova organização da sua oferta na abordagem aos clientes-alvo, com uma segmentação «modular». Quanto a este último ponto defende-se que os bancos, numa era tecnológica desenfreada, devem pensar e comunicar a sua oferta conjugando risco, *know-how* e complexidade dos clientes, o que só será possível com plataformas informáticas robustas. O *front-office* tem de ser mais interativo, numa lógica de distribuição *omnichannel*, e o *back-office* informatizadamente rápido e flexível.

Mas nem só de oferta bancária vive o capítulo 2. Os mecanismos de apoio às PME ultrapassam a esfera estritamente bancária, estendendo--se a um vasto conjunto de incentivos financeiros e fiscais. Primazia para o COMPETE 2020 e o PDR 2020, como instrumentos do Portugal 2020 para intervir nas PME com os objetivos traçados pelo mais vasto Programa Horizonte 2020: inovação e crescimento sustentado e equilibrado – sem esquecer a importância da garantia mútua e do seguro de créditos na mitigação do risco de crédito concedido pelos bancos.

O, assim publicamente denominado, «banco de fomento» é uma pergunta à data deste livro, ainda que pretenda responder a uma das questões mais imperativas do tecido empresarial nacional: a desalavancagem por capitalização. Não foi esquecido no capítulo 2, mais não seja para sublinhar a importância de uma política de *equity*, em complemento da política de *debt*, no equilíbrio da estrutura de capitais das PME nacionais.

Conhecer a oferta bancária sem entender a forma como se podem alcançar os produtos de crédito será sempre incongruente. O capítulo 3 sintetiza por isso as práticas correntes da análise de risco de crédito conduzidas pelos bancos. A análise económico-financeira tudo resume. A vertente quantitativa, sempre dependente da qualidade e do *timing* da informação, terá de estar em plena simbiose com o conhecimento qualitativo. A experiência e a qualidade da gestão conjugam-se com o método dos rácios; a análise dinâmica das principais peças contabilísticas só se completa com a definição da estratégia e o posicionamento da empresa no seu mercado.

A máxima *cash is king* é o grande memo do capítulo 3, e remete-nos para a atenção permanente ao ciclo de caixa e ao financiamento das necessidades do fundo de maneio, em conformidade com o setor de atividade em que a empresa se integra, o modelo de negócio seguido e estádio do ciclo de vida em que se encontra.

Até ao capítulo 3, o livro é intemporal. Com o capítulo 4 percebe-se que o negócio bancário está a viver uma profunda transformação, que, inevitavelmente, está a condicionar a concessão de crédito às empresas, mas em que se vislumbram também fatores indutores. Por detrás deste terramoto sistémico estão as grandes medidas de alteração regulatórias e de supervisão.

No capítulo 4 medem-se os riscos da atividade bancária, do risco de liquidez e dos seus novos índices e medidas corretivas decorrentes dos testes de *stress*, até ao risco de mercado, e em particular ao risco de taxa de juro. O risco operacional peca por ser ainda uma novidade para quem o entende ainda assim. A função *compliance* não é filha de um Deus menor; deve antes ser entendida como a grande medida preventiva dos riscos de toda a atividade.

E eis-nos chegados ao risco de crédito, com a clara perceção de que o tema só por si mereceria um livro autónomo, preferencialmente em formato digital que possibilitasse a permanente edição, tal a forma como o quadro que o regula vai mudando, e o ritmo a que isso acontece. Nesta dimensão da análise e da gestão do risco de crédito entra o primado da defesa da solvabilidade e da rentabilidade dos bancos, ou seja, identificam-se os afinamentos que têm conhecido os rácios de adequação dos fundos próprios, calculando-se os requisitos para a sua definição e os determinísticos limites mínimos, e chega-se ao conceito de rentabilidade económica, que ajusta a rentabilidade financeira ao risco de crédito.

Metodologicamente, o livro está construído como um manual prático, direcionado para empresários de PME e redigido na ótica desses empresários (e não do banco). A profusão de esquemas e gráficos pretende reforçar o seu caráter pedagógico e prático, com o objetivo de o tornar um auxiliar de trabalho a ser consultado em permanência.

Por tudo o que ficou dito, entende-se que este livro tem vários públicos-alvo. Desde logo as empresas em geral e as PME em particular, procurando leitores nos proprietários, nos gestores de topo e nos quadros técnicos, que se espera possa ajudar a interpretar os bancos neste contexto de mudança, ao mesmo tempo que funcionará também como guia prático de informação de gestão.

Por outro lado, dado o seu caráter esquemático e pedagógico, dirige-se também a um público académico, dos cursos superiores nucleares de Gestão, Economia e Contabilidade ao público dos estudos superiores e técnico-profissionais, para o qual pretende funcionar como complemento, passando pela formação técnica em ambiente de trabalho.

Mas o propósito maior do autor é que o seu livro chegue a todas as mentes curiosas, que gostam de refletir sobre a banca de empresas e a valorizam como barómetro das mutações do modelo de crescimento das regiões, dos países e dos blocos económicos.

1
A Importância das PME e as Diferentes Formas de Financiamento

Small and medium-sized businesses account for 99% of private sector companies. But, out of the big business limelight, these businesses are all too often overlooked by policy makers and the complexity of the SME leader's job is grossly underestimated.

– Sabine Vinck, *Associate dean da London Business School*

As pequenas e médias empresas (PME) desempenham um papel central na economia europeia, constituindo uma importante fonte de competências empresariais, inovação e emprego. Na União Europeia, cerca de 23 milhões de PME asseguram aproximadamente 75 milhões de empregos e representam 99 por cento do total de empresas.

Também em Portugal as PME são os verdadeiros gigantes da economia. De acordo com o INE, existem cerca de 440 mil PME, representativas de 99,9 por cento de todo o tecido empresarial e empregando 2,1 milhões de pessoas, o que corresponde a 78,1 por cento do emprego privado em Portugal. Apesar da sua menor dimensão, as PME em conjunto faturam 57,6 por cento do volume de negócios gerado por todas as empresas nacionais, o que ascende a vendas na casa dos 181 mil milhões de euros anuais.

FIGURA I-1: PME – As gigantes da economia nacional

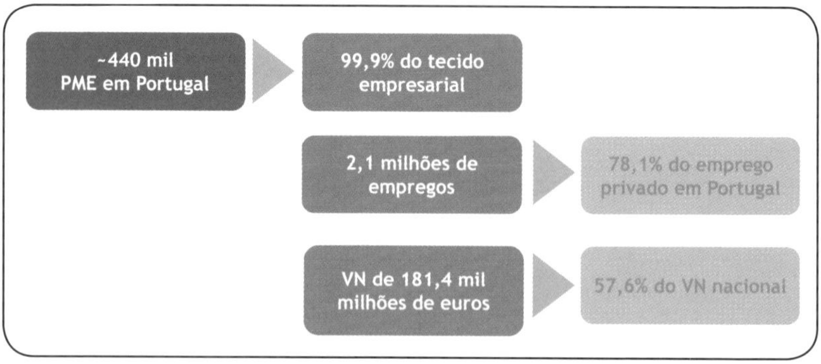

~440 mil PME em Portugal	→	99,9% do tecido empresarial		
		2,1 milhões de empregos	→	78,1% do emprego privado em Portugal
		VN de 181,4 mil milhões de euros	→	57,6% do VN nacional

Fonte: INE – Anuário Estatístico de Portugal 2013, Edição 2014

A importância das PME, reconhecida por governos nacionais e supra-nacionais e pelos bancos, justifica o reconhecimento de que estas compõem maioritariamente a estrutura empresarial, quer como empregadoras e geradoras de riqueza, quer também como contribuintes fulcrais para a dinamização da economia. Dotadas de características diferentes das apresentadas pelas grandes empresas, como a maior flexibilidade ou a rapidez de decisão e capacidade de adaptação às mudanças, as PME são inevitavelmente um cliente-alvo das instituições financeiras e um desígnio político das instituições públicas.

1.1. PME: DEFINIÇÃO

Antes de se iniciar uma análise mais aprofundada da realidade das PME nacionais, importa definir, à luz do conceito adotado no espaço da União Europeia, de acordo com o disposto na Recomendação da Comissão 2003/361, o que se entende por PME.

De acordo com a disposição comunitária, as pequenas empresas são definidas como as que empregam menos de 50 pessoas e cujo volume de negócios anual ou ativo total anual não excede os 10 milhões de euros; as microempresas são definidas, por sua vez, como as empresas que empregam menos de 10 pessoas e cujo volume de negócios anual ou ativo total anual não excede os 2 milhões de euros. As médias empresas são balizadas por um número máximo de 250 trabalhadores, 50 milhões de euros de volume de negócios ou 43 milhões de euros de ativo.

Contudo, para que a definição por empresa seja efetiva, cada uma tem de calcular os seus dados à luz da classificação das empresas em três categorias, com cada uma a corresponder ao tipo de relação que uma empresa pode estabelecer com outra: autónoma, parceira e associada. Esta distinção é necessária para obter uma imagem nítida da situação económica de uma empresa e para excluir as que não sejam verdadeiras PME.

FIGURA I-2: Definição de PME

Fonte: Recomendação da Comissão 2003/361

Em geral, as PME são autónomas, uma vez que ou são completamente independentes ou têm uma ou mais parcerias minoritárias (inferiores a 25 por cento) com outras empresas. Se essa participação não exceder os 50 por cento, considera-se que existe uma relação entre empresas parceiras. Acima daquele limite, as empresas são associadas. Assim, para calcular os dados individuais de classificação como PME, ter-se-á de determinar se a empresa é autónoma, parceira ou associada. Para o efeito, têm de se levar em conta quaisquer relações com outras empresas. Vejamos com maior detalhe.

A **empresa é autónoma** se for totalmente independente, ou seja, se não tiver participações noutras empresas e nenhuma outra empresa tiver nela uma participação, e se detiver menos de 25 por cento do capital ou dos direitos de voto (consoante a percentagem mais elevada) noutra ou noutras empresas ou nenhum agente externo detiver nela mais de 25 por cento do capital ou dos direitos de voto (consoante a percentagem mais elevada).

Note-se que é possível que a empresa tenha vários investidores, possuindo cada um deles uma participação inferior a 25 por cento, e continue a ser autónoma, desde que estes investidores não estejam associados entre si.

FIGURA I-3: Empresas autónomas

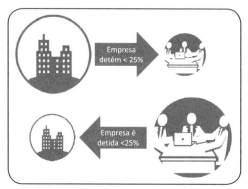

Por sua vez, por **empresa parceira** entende-se todo o tipo de relação em que se estabelecem parcerias financeiras consideráveis com outras empresas, sem que uma exerça um controlo direto ou indireto efetivo sobre a outra. Assim, uma empresa é parceira se detiver uma participação igual ou superior a 25 por cento do capital ou dos direitos de voto de outra empresa ou outra empresa detiver uma participação igual ou superior a 25 por cento na empresa.

Finalmente, por **empresa associada** define-se um tipo de relação correspondente à situação económica de empresas que constituem um grupo, mediante um controlo direto ou indireto da maioria dos direitos de voto de uma empresa por outra ou através da capacidade de exercer influência dominante.

> **PME E ORGANISMOS PÚBLICOS**
>
> Uma empresa não pode ser considerada PME se 25% ou mais do seu capital ou dos seus direitos de voto forem controlados, direta ou indirctamente, por um ou mais organismos públicos, a título individual ou conjuntamente. O fundamento desta disposição é que a propriedade pública pode conferir a empresas nesta situação determinadas vantagens, designadamente financeiras, em relação a outras financiadas por sociedades de investimento. Além disso, muitas vezes não é possível calcular os dados financeiros e de efetivos pertinentes dos organismos públicos.
>
> Esta norma, no entanto, não se aplica às universidades ou às autoridades locais e autónomas, que têm também o estatuto de organismo público nos termos da legislação nacional. Estes organismos podem deter uma participação entre 25 por cento e não mais de 50 por cento numa empresa sem que esta perca a qualidade de PME.

Considera-se que duas ou mais empresas são associadas se estabelecem qualquer das relações seguintes:
- Uma empresa detém a maioria dos direitos de voto dos acionistas ou sócios de outra empresa;
- Uma empresa tem o direito de nomear ou exonerar a maioria dos membros do órgão de administração, de direção ou de controlo de outra empresa;
- Uma empresa tem o direito de exercer influência dominante sobre outra por força de um contrato com ela celebrado ou de uma cláusula dos estatutos desta última empresa;
- Uma empresa controla sozinha, por força de um acordo, a maioria dos direitos de voto dos acionistas ou sócios de outra.

FIGURA I-4: Empresas parceiras

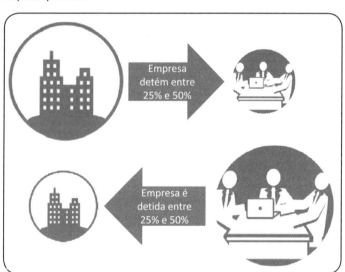

A parceria de empresas é a que se verifica em menor dimensão, ainda que seja a que evidencia maior impacto económico. De acordo com o INE, em 2011 existiam em Portugal 444 grupos de empresas, 62 por cento dos quais eram grupos multinacionais, incluindo entidades participadas estrangeiras no seu perímetro de influência.

As sociedades integradas em grupos correspondiam apenas a 1,3 por cento do total de sociedades e 13,3 por cento dos trabalhadores, mas ainda assim representavam 27 por cento do VAB e 40,7 por cento do excedente bruto de exploração do total. As empresas pertencentes a grupos apresentaram em geral níveis superiores aos das restantes sociedades num conjunto de indicadores de desempenho económico-financeiro, sendo de realçar que o VAB por trabalhador (53,5 mil euros) foi, em 2011, mais do dobro da média apurada para o conjunto das sociedades não financeiras (26,4 mil euros).

1.2. PME: UMA CARACTERIZAÇÃO NACIONAL

A proporção de empresas com menos de 10 pessoas, ou seja, microempresas, no total das empresas é na ordem de 95,9 por cento, abrangendo 44,8 por cento dos trabalhadores e representando 18,6 por cento do volume de negócios. Alargando o indicador às empresas com menos de 50 pessoas (pequenas empresas), verifica-se que este conjunto representa 99,3 por cento do número de empresas, a que correspondeu uma proporção de 63,9 por cento do número de pessoas ao serviço e de 37,6 por cento do volume de negócios. Ou seja, constata-se sem surpresa que o tecido empresarial nacional é profundamente atomizado, ainda que o grosso da riqueza criada no país decorra da atividade das grandes empresas.

FIGURA I-5: Estrutura empresarial por tipo de empresa

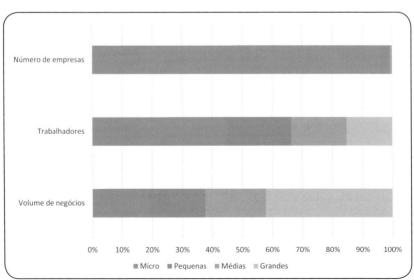

Fonte: INE – Anuário Estatístico de Portugal 2013, Edição 2014

No que concerne à distribuição do tecido empresarial de PME por setor de atividade, mantém-se o forte domínio dos serviços, o que acentua de forma clara a terciarização da economia portuguesa.

REJUVENESCIMENTO

A dinâmica das microempresas e das PME revela-se também na forma como se rejuvenescem, através da permanente criação de novas empresas *(start-ups)*. Entre 2009 e 2013 foram criadas em média 32 822 novas empresas por ano, das quais cerca de 74 por cento iniciaram efetivamente a sua atividade e aproximadamente 60 por cento continuavam operacionais ao fim do quarto ano. Estes números relevam o peso das *start-ups* no quadro da economia nacional, em que representam 6,5 por cento do tecido empresarial e 18 por cento do novo emprego (cerca de 46 mil pessoas).

Com o surgimento da crise financeira e a sua agudização, o crescimento do número de empresas em termos líquidos (dissoluções e insolvências) não só parou, como entrou num processo de recrudescimento. Assim, entre 2007 e 2014, apesar de o espírito empreendedor se ter mantido sem grandes oscilações – o valor mais baixo do número de empresas criadas foi atingido em 2010, com pouco mais de 23 mil –, as dissoluções aumentaram vertiginosamente, tal como as insolvências.

Contudo, em 2014, os níveis de expansão do tecido empresarial já estavam ao nível do alcançado em 2007. Os encerramentos continuaram a baixar de forma acentuada, com uma redução de encerramentos de 13,2 por cento face a 2013. O mesmo decréscimo ocorreu no que respeita às insolvências, que diminuíram para 4401 em 2014 (menos 20,6 por cento do que em 2013).

TECNOLOGIAS DE INFORMAÇÃO

FIGURA I-6: O efeito da crise no número de empresas

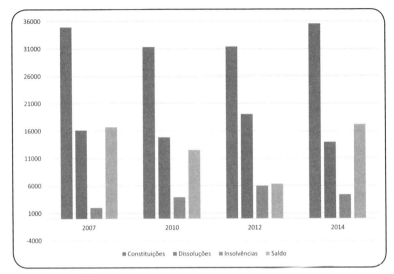

Fonte: Barómetro Informa DB

Mas mais relevantes que esta resiliência empreendedora são as alterações de estrutura e dimensão e o desempenho das novas empresas, que emergem com um perfil muito distinto das que encerraram: menor dimensão, menos trabalhadores empregados, mais especializadas e centradas no exterior; cerca de 81 por cento das exportadoras são microempresas.

Outro exemplo dessa alteração estrutural evidencia-se ao nível da utilização de TIC, que mantém a tendência para a sua difusão generalizada. De acordo com o inquérito às empresas feito pelo INE sobre esta matéria, a proporção de empresas que dispunham de computadores em 2013 foi de 98,2 por cento, um pouco mais de 7 por cento que em 2005; por outro lado, 96,2 por cento das empresas dispunham de acesso à internet, e 93,2 por cento do total poderiam aceder através de banda larga (mais 14,7 por cento e 30,2 por cento, respetivamente, do que em 2005). No caso da proporção de empresas com presença na internet, com *website* próprio, verificou-se também um avanço na proporção de empresas (59,5 por cento).

Imutável continua um dos grandes constrangimentos do crescimento das PME, que é o seu excessivo endividamento e a subcapitalização.

A reduzida autonomia financeira das PME portuguesas, nomeadamente quando comparadas com as empresas na maioria dos países na União

A IMPORTÂNCIA DAS PME E AS DIFERENTES FORMAS DE FINANCIAMENTO

Europeia, traduz uma dupla fragilidade do nosso tecido empresarial: uma fragilidade financeira, já que as empresas são particularmente vulneráveis

SOBREENDIVIDAMENTO E SUBCAPITALIZAÇÃO

a alterações nas condições de financiamento, quer em termos de volume quer de taxa de juro, e uma fragilidade estratégica, dado que uma elevada alavancagem, por ser incompatível com a salvaguarda da capacidade de resposta às alterações na envolvente, fragiliza o crescimento sustentado da empresa.

Esta situação resulta de um conjunto de fatores que se acumulam ao longo de muitas décadas e revelam uma atitude pouco cautelosa de muitos empresários, que apostaram numa estratégia de alavancagem máxima e distribuição de lucros, e fruto do ambiente generalizado de alguma complacência que caracterizou o período anterior à crise financeira, que conduziu a uma expansão do crédito, nem sempre com adequada ponderação do risco envolvido.

A crónica subcapitalização das PME é ainda mais perturbadora se se tiver consciência da sua dimensão: considerando as PME que apresentaram lucros em 2010 e 2011, um terço têm um rácio de autonomia financeira inferior a 30 por cento; assim, o reforço de capital necessário para trazer a autonomia financeira até esse limiar de 30 por cento seria da ordem dos 18,4 mil milhões de euros, o equivalente a 11 por cento do PIB. Para a levar a níveis mais confortáveis de autonomia financeira, até 50 por cento, o esforço de capitalização ascenderia a cerca de 55,6 mil milhões de euros, ou 32 por cento do PIB!

As estruturas de capital das PME têm mantido além disso um elevado rácio de endividamento, superior a 60 por cento.

FIGURA I-7: Endividamento e solvabilidade das PME

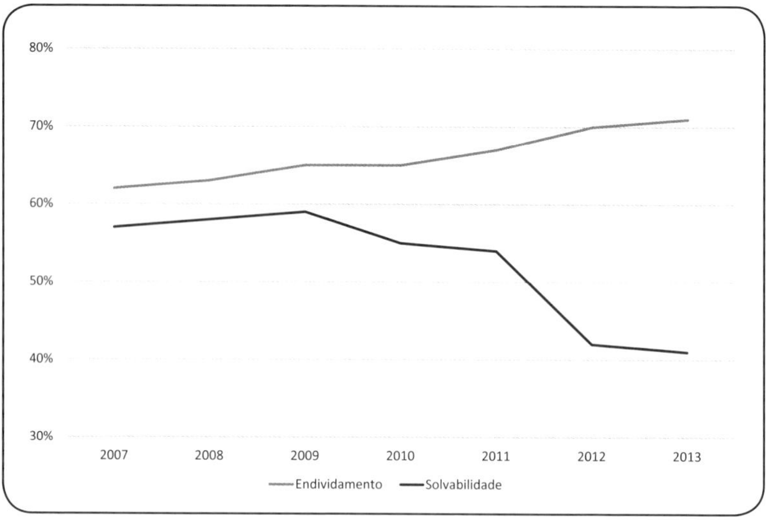

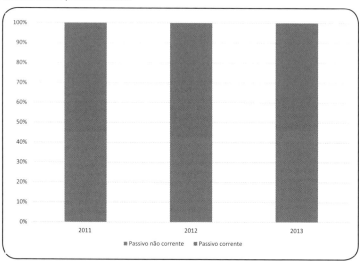

Fonte: INE e Banco de Portugal

Ao elevado endividamento acresce a preocupante estrutura do passivo, verificando-se que a maior parte do passivo das PME é de curto prazo, o que exige um maior esforço de tesouraria e, naturalmente, em situações de constrangimento no acesso ao crédito, agrava a saúde financeira das empresas.

FIGURA I-8: Estrutura do passivo das PME

Fonte: INE.

O outro lado do sobreendividamento das PME, na combinação nefasta com um período de recessão, evidencia-se na análise à evolução do peso dos juros suportados no EBITDA, crescente e preocupante largamente superior aos rendimentos gerados na atividade operacional.

FIGURA I-9: Rácio juros/EBITDA

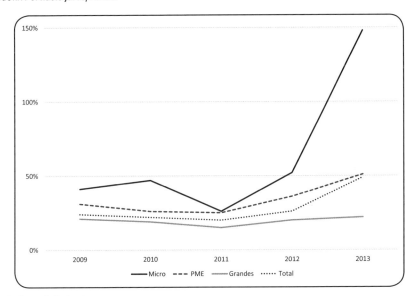

Fonte: Banco de Portugal

As restrições do lado da oferta nestes últimos anos permitiram que os rácios de endividamento e *debt-to-equity* das empresas fossem em 2012 menores que em 2008, ainda que se tenha verificado uma redução menos acentuada nas grandes empresas do que nas PME, o que poderá ter sido motivado, pelo menos em parte, por as grandes empresas terem sido menos afetadas pelas restrições de acesso ao crédito.

O FINANCIAMENTO BANCÁRIO DE PME

FIGURA I-10: Principais rácios económico-financeiros por tipo de empresa

		Rácios financeiros		Rácios económicos		
		Endividamento	Debt-to-Equity	Resultado líquido	ROE	Taxa de investimento
		Valor		Euros	%	
PME	2012	0,73	2,70	- 13 588	-5,7	15,0
	2008	0,75	2,97	-316	-0,1	30,1
Grandes	2012	0,71	2,49	3 804.806	7,0	15,5
	2008	0,72	2,58	3 830 466	8,5	29,8
Total	2012	0,72	2,61	-2 628	-0,7	15,2
	2008	0,74	2,82	11 387	3,2	30,0

Fonte: INE – Empresas em Portugal 2008-2012

No que respeita aos rácios económicos, nota-se que as grandes empresas, embora registando um decréscimo do nível médio de resultados líquidos, mantiveram valores positivos e também rendibilidades positivas, o que não aconteceu nas PME, com uma redução para níveis mais negativos. No entanto, em ambos os casos, as taxas de investimento em 2012 caíram para cerca de metade dos valores de 2008.

Na maior parte dos principais indicadores económicos as grandes empresas apresentaram um desempenho menos negativo do que as PME no período 2008-12, o mais agudo da crise financeira e económica, verificando-se reduções no número de trabalhadores, no volume de negócios e no VAB (de 5,6, 3,9 e 6,6 por cento), significativamente inferiores à forte contração verificada nas PME (de 14,4, 16,0 e 20,1 por cento).

Em 2013, o volume de negócios das PME manteve-se estável em comparação com 2012 (-0,1 por cento). Este indicador é positivo quando comparado com o mesmo indicador em 2012 face a 2011; neste período, o volume de negócios agregado desceu 5,6 por cento.

A figura 11 evidencia uma situação de agravamento da recessão, que em 2013 conheceu já um certo alívio. Os resultados líquidos agregados do tecido empresarial cresceram 116 por cento em 2013/12, uma melhoria significativa face à descida de 77,9 por cento em 2012/11. Mais de metade das empresas melhoraram o desempenho dos resultados líquidos obtidos, independentemente de terem alcançado lucro no exercício de 2013. Das empresas que melhoraram os seus resultados líquidos, 49 por cento aumentaram os lucros, 26 por cento passaram de prejuízo para lucro e 25 por cento reduziram os prejuízos verificados em 2012. De referir ainda que 44,6 por cento das empresas pioraram o seu desempenho em 2013, um registo mais positivo que o de 2012, ano em que 59 por cento das empresas registaram esta tendência.

FIGURA I-11: **VAB médio por tipo de empresa**

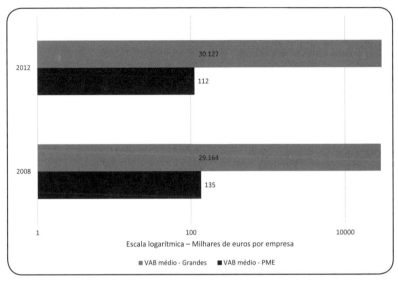

Fonte: INE.

A estabilidade alcançada no volume de negócios agregado em 2013 deveu-se quase exclusivamente ao crescimento das exportações. As vendas ao mercado externo cresceram 7 por cento em 2013, depois de um crescimento de 2,4 por cento em 2012. A representatividade das exportações no volume de negócios do universo das empresas que exportam passou de 32,9 por cento em 2012 para 35 por cento em 2013 e 19,1 por cento das empresas apresentaram exportações em 2013, contra 18,1 por cento em 2012. Todas as dimensões de empresas cresceram em exportações, em especial as pequenas e as grandes, que apresentam um crescimento de exportações de 8,9 e 7,7 por cento, respetivamente.

Esta dinâmica exportadora, que não se circunscreveu às PME, caracterizou-se por um movimento de diversificação de destinos e produtos e por ganhos de competitividade preço e não preço, que culminou num aumento de quota em diversos mercados, com particular relevo para o bloco exterior ao espaço comunitário.

Em termos gerais, a internacionalização das PME portuguesas está na média da UE, encontrando-se mesmo em 2010 acima dessa média em percentagem de PME exportadoras, o que reforça ainda mais a importância da internacionalização para a economia: 32,69 *vs.* 27,13 por cento da média da UE.

O FINANCIAMENTO BANCÁRIO DE PME

Numa análise temporal mais larga, observa-se a dimensão estrutural desta tendência de interna- **EXPORTADORAS** cionalização: no período 2007-12 a percentagem de empresas que exportam aumentou em todos os segmentos, destacando-se as PME, que passaram de 47 para 57 por cento, e as grandes, de 66 para 71 por cento.

FIGURA I-12: Exportações indutoras de crescimento

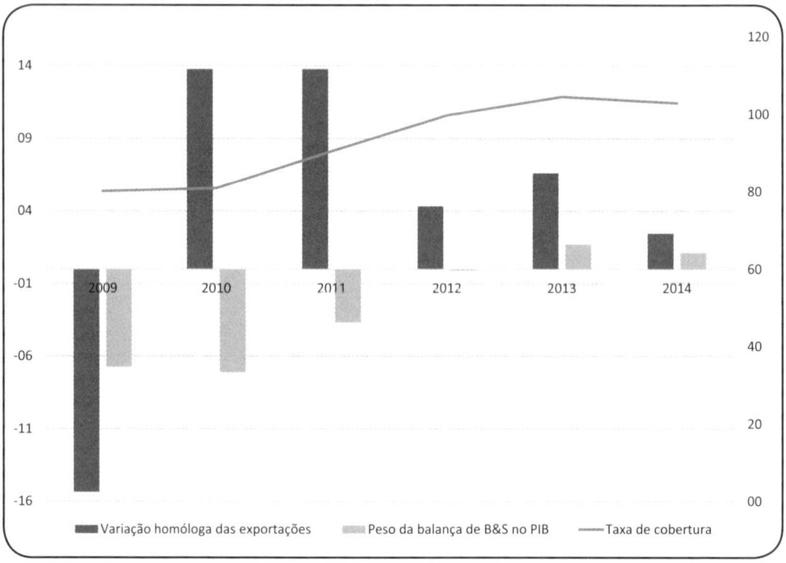

Fonte: Gabinete de Estratégia e Estudos – Ministério das Finanças.

Em 2012, a maioria das empresas que exportavam eram microempresas – 81 por cento do total de empresas exportadoras, correspondente a 35 371 microempresas num universo total de 43 430 exportadoras –, mas representaram apenas 8 por cento do volume de exportação – 4683 milhões de 57 428 milhões de euros exportados. Sem surpresa, mais de metade das exportações são geradas pelas grandes empresas – a média de exportações das grandes empresas é de 76,5 milhões de euros por ano, contra 1,4 milhões de euros das pequenas e 7,5 milhões de euros das médias empresas. Contudo, o peso das exportações das PME no total do volume de negócios dessa tipologia de empresa (22 por cento) rivaliza diretamente com esse mesmo peso nas grandes empresas (25 por cento).

FIGURA I-13: **Exportações por tipo de empresa**

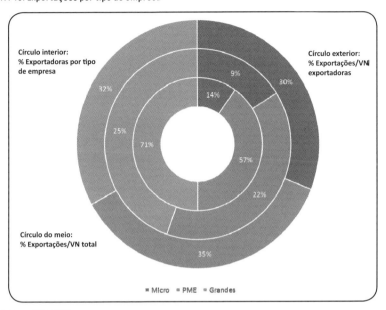

Fonte: Informa D&B (2013).

Se se observar a relação entre o volume das exportações nas empresas internacionalizadas, conclui-se que as PME que exportam o fazem com um maior peso em relação às vendas internas do que as grandes: 35 por cento do volume de negócios das PME exportadoras é realizado para o exterior, enquanto nas grandes empresas esse peso é de 32 por cento.

Importa também sublinhar que 4 por cento das empresas que exportam são *start-ups* e exportam em média 107 mil euros.

MAIS INOVADORAS

De acordo com um estudo realizado em 2010 pela Comissão Europeia, existe uma forte correlação entre as PME internacionalmente ativas e a obtenção de melhores resultados e desempenho do negócio. As PME internacionalizadas revelam melhor desempenho e são mais competitivas do que as não internacionalizadas, garantindo assim uma maior sustentabilidade a longo prazo.

As PME exportadoras tornam-se mais arrojadas, com uma perceção significativamente menor das barreiras do que as que somente têm planos para internacionalizar.

FIGURA I-14: Barreiras internas na internacionalização das PME

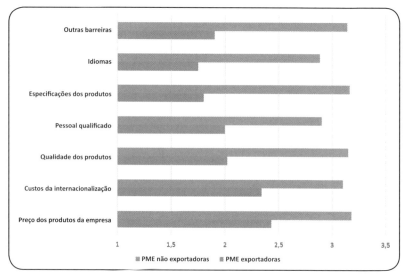

Fonte: Comissão Europeia (2010).

Quanto à variação da perceção das barreiras de acordo com a dimensão da empresa, a única diferença significativa regista-se no caso das microempresas, que, naturalmente, sublinham a falta de pessoal qualificado.

FIGURA I-15: Barreiras à internacionalização de acordo com a dimensão das empresas

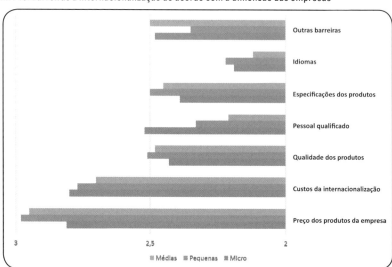

Fonte: Comissão Europeia (2010).

Existe uma perceção generalizada de fraca capacidade de inovação das PME portuguesas. Mas se é verdade que as PME nacionais permanecem classificadas como «inovadoras moderadas» quando comparadas com os seus pares da UE, não é menos verdade que Portugal se encontra entre os países que registaram uma melhoria mais significativa da sua posição, em conjunto com a Estónia e a Letónia).

Figura I-16: Crise afetou a inovação das PME nacionais

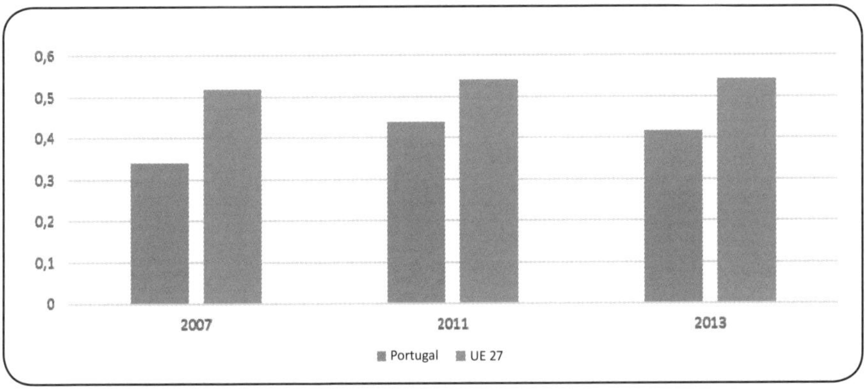

Fonte: *Innovation Union Scoreboard* 2013.

1.3. FINANCIAMENTO E ESTRUTURA DE CAPITAIS

Independentemente da dimensão da empresa, todas são confrontadas com o mesmo tipo de decisões que tentam responder à sua visão financeira de continuidade de negócio e criação de valor. A decisão de financiamento é uma das quatro grandes questões que confrontam as empresas nessa procura permanente de aumentar o seu valor.

FIGURA I-17: **As decisões de** *corporate finance*

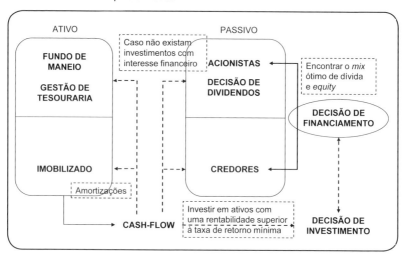

Ou seja, a decisão de financiamento está no mesmo plano de importância do que a gestão de tesouraria, a decisão de distribuição de riqueza pelos proprietários e a decisão de investimento. Aliás, entre o financiamento e esta última decisão existe uma ligação intersticial, já que se trata das duas faces da mesma moeda, já que é depois de decidida a realização do investimento que a empresa tem de se preocupar com encontrar a forma mais económica de obter os recursos financeiros de que necessita durante a vida útil do projeto. Tudo isto em prol da maximização do valor da empresa.

FIGURA I-18: **A decisão de financiamento**

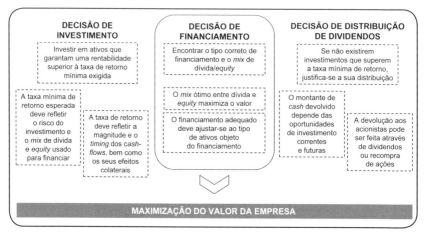

A IMPORTÂNCIA DAS PME E AS DIFERENTES FORMAS DE FINANCIAMENTO

1.3.1. DIFERENTES ORIGENS DO FINANCIAMENTO

A mobilização de poupanças para acudir ao investimento é alcançada por intermédio da celebração de contratos entre a empresa e os seus financiadores, estando os últimos conscientes da existência de riscos e fazendo exigências em conformidade. Existem duas grandes modalidades contratuais para financiar o investimento: de um lado, o capital próprio – correspondente às ações – e do outro a dívida – correspondente ao crédito. Teoricamente, são duas formas extremas, e entre uma e outra existe, na prática, uma multiplicidade de soluções híbridas.

A distinção entre capital próprio e dívida deriva do grau de exposição a risco associado a cada um dos contratos. Por norma, o risco assumido pelos proprietários do capital próprio (isto é, os sócios/acionistas) é mais elevado que o assumido pelos detentores da dívida (isto é, os credores ou os obrigacionistas, no seu sentido mais lato). Assim, os primeiros são justamente reconhecidos na literatura como «credores residuais», significando isto que em caso de incumprimento apenas são pagos depois de extintas todas as responsabilidades da empresa para com os restantes credores.

É natural que, perante riscos distintos, o custo de financiamento correspondente a cada um destes contratos também seja distinto. É fácil intuir que deve existir uma estratégia ótima no que respeita à escolha da estrutura de financiamento.

A definição da política de financiamento de uma empresa passa por responder a um conjunto vasto de questões: autofinanciamento ou dívida? E que autofinanciamento está disponível? E onde procurar o financiamento? Que tipo de ativo financeiro (obrigações, empréstimo bancário ou ações) deve a empresa emitir? Que maturidade para a dívida? Que regime de taxa de juro? Ativos convertíveis? Com cláusula *call?* Ações ordinárias ou preferenciais? Que tipo de colocação?

Suprir as necessidades de financiamento recorrendo a financiamento interno passa por reter os resultados libertados pela atividade, enquanto o financiamento externo obriga o empresário a optar entre aumento do capital próprio, endividamento e híbridos.

FIGURA I-19: Origens do financiamento

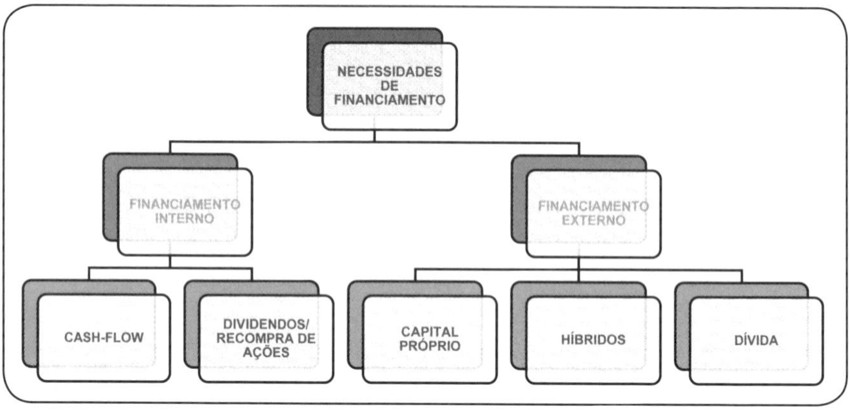

NECESSIDADES DE FINANCIAMENTO

FINANCIAMENTO INTERNO
FINANCIAMENTO EXTERNO

CASH-FLOW
DIVIDENDOS/ RECOMPRA DE AÇÕES
CAPITAL PRÓPRIO
HÍBRIDOS
DÍVIDA

Reforçar o capital próprio não passa apenas pela emissão de ações ou da denominada *owner's equity*, mas também entram na equação as soluções de *private equity* e *venture capital*, bem como a emissão de *warrants* como alternativa às *common stocks*. Por sua vez, a dívida pode ter natureza bancária ou concretizar-se por via de emissão de obrigações ou *leasing*. Finalmente, a sofisticação financeira permite também aceder a outras fontes de financiamento mais híbridas, como sejam a dívida convertível, as ações preferenciais e as *option-linked bonds*.

A decisão de estruturar os capitais passa por avaliar o *trade-off* entre capitais próprios e dívida, de onde resulta escolher uma estrutura que minimize o custo de capital e se adeque aos ativos que se pretende financiar.

Na literatura sobre financiamento das empresas duas teorias dominam a discussão sobre a estrutura de capital: a *teoria trade-off* e a *teoria pecking order*.

1.3.2. AS TEORIAS DO *TRADE-OFF* E DO *PECKING ORDER*

As decisões de estrutura de capital das empresas têm sido alvo de muita investigação desde que Modigliani e Miller (1958) demonstraram que a estrutura de capital é irrelevante para a valorização da empresa. Esta proposição de irrelevância estabelece que, de acordo com hipóteses específicas, nomeadamente a ausência de impostos, a estrutura de capital é irrelevante para determinar o valor de uma empresa. A hipótese sobre os impostos revelou-se crucial para esta conclusão. De facto, alguns anos mais tarde, Modigliani e Miller (1963) concluíram que a introdução de impostos sobre o rendimento das empresas e a possibilidade de deduzir o pagamento de juros aos lucros tributáveis induziriam as empresas a ser totalmente financiadas por dívida. No entanto, tendo em conta que tal raramente se verifica, vários autores, nomeadamente Modigliani e Miller (1963), argumentaram que os custos da falência e outros associados à dívida poderiam explicar as razões pelas quais as empresas não eram totalmente financiadas com dívida.

Esta discussão sobre os benefícios e os custos da dívida é crucial para a *teoria trade-off*, segundo a qual as empresas escolhem o nível ótimo de dívida tendo em consideração o *trade-off* entre os benefícios da dívida e os respetivos custos. Os benefícios da dívida incluem a dedução nos impostos das despesas incorridas com juros e a redução dos custos de agência decorrentes do excedente de *cash-flows* livres. Os custos da dívida referem-se sobretudo a custos de falência, quer diretos quer indiretos, que podem ocorrer numa situação de dívida excessiva. De acordo com esta teoria, as empresas atingem um nível ótimo de dívida quando o benefício marginal de uma unidade de dívida adicional é igual ao seu custo marginal.

As principais conclusões desta teoria do rácio de endividamento estão relacionadas com a rendibilidade das empresas. De facto, a rendibilidade terá um impacto positivo sobre o rácio de endividamento devido a três razões principais: 1. à medida que a rendibilidade aumenta os custos de falência diminuem, conduzindo as empresas a acumular níveis de dívida mais elevados; 2. empresas mais lucrativas enfrentam taxas de imposto mais elevadas do que as empresas menos lucrativas ou com prejuízos; esta tributação assimétrica sobre lucros e perdas faz com que as empresas mais lucrativas tenham níveis de dívida mais elevados, para beneficiarem de melhores condições fiscais; 3. as empresas mais lucrativas tendem a ter mais *cash-flow* livre, ou seja, maiores fluxos de caixa após a realização de todos os projetos de investimento lucrativos.

Além da rentabilidade, há outras características da empresa que ajudam a explicar os rácios de endividamento ótimos. De acordo com a teoria, espera-se que os custos de falência sejam inferiores para empresas com mais ativos tangíveis, pois estes podem ser utilizados como garantia na contratação de dívida, por oposição às empresas que possuem mais ativos intangíveis.

Além disso, a existência de despesas de amortização ajuda a explicar a razão de algumas empresas apresentarem um menor rácio de endividamento, dado que estas despesas resultam em benefícios fiscais. Por fim, em contraste com os modelos de agência previamente referidos, as empresas com mais investimentos deveriam ter menos *cash-flow* livre para os gestores afetarem em benefício próprio. Consequentemente, para as empresas com mais investimentos, a dívida não é tão importante para monitorizar e limitar as ações dos gestores.

A *teoria pecking order* foi desenvolvida por Myers (1984) tendo por base a teoria de informação assimétrica de Myers e Majluf (1984). Neste modelo assume-se que os *insiders* de uma empresa, em geral os gestores, têm mais informação sobre as perspetivas futuras da empresa que os investidores externos. Consequentemente, enquanto detentores de informação privilegiada, os gestores irão emitir títulos de risco somente quando estes estiverem sobrevalorizados (e voltarão a comprar os títulos se estes estiverem subvalorizados).

No entanto, como este comportamento dos gestores é previsto pelos investidores, quando são anunciadas novas emissões de títulos de risco os investidores deverão ajustar para baixo o preço dos novos títulos assim como o preço dos já existentes. Consequentemente, os gestores podem decidir não emitir títulos de risco devido aos seus custos, o que pode inviabilizar a concretização de investimentos potencialmente lucrativos.

De modo a evitar distorções nas decisões de investimento, a *teoria pecking order* sugere uma hierarquia de financiamento: as empresas devem financiar os seus investimentos recorrendo a meios gerados internamente, de modo a evitar a exposição a problemas de informação assimétrica; de seguida, caso seja necessário capital externo, as empresas devem proceder à emissão de títulos de dívida, ou seja, títulos que garantem uma remuneração predefinida e envolvem um nível de risco baixo; somente quando a capacidade de endividamento da empresa é alcançada esta deve considerar a emissão de capital, pois trata-se de uma forma de financiamento muito mais arriscada e, consequentemente, resulta num maior ajustamento do preço dos títulos para baixo.

Segundo esta teoria, existe portanto uma hierarquia ótima quanto ao tipo de financiamento das empresas, num contexto de assimetria de informação entre *insiders* da empresa (grandes acionistas ou gestores) e *outsiders* (sobretudo pequenos acionistas e outras classes de financiadores da empresa). O custo de emissão de novos títulos é a questão central, sobrepondo-se à discussão sobre benefícios e custos da dívida. De acordo com esta teoria, as empresas preferem utilizar lucros não distribuídos como sua primeira fonte de financiamento, seguidos pela dívida e finalmente por capital. O capital é a fonte de financiamento menos interessante para as empresas dado que tem subjacentes maiores custos de assimetria de informação, o que faz que a sua emissão seja mais dispendiosa do que outras fontes de financiamento.

Muito embora as teorias estejam em contradição no que diz respeito à previsão do impacto da rendibilidade sobre o rácio de endividamento, estão de acordo relativamente ao impacto da volatilidade da rendibilidade sobre esse mesmo rácio. De acordo com a *teoria trade-off*, o impacto da volatilidade é negativo pois aumenta os custos de falência; de acordo com a *teoria pecking order*, as empresas com *cash-flows* mais voláteis também apresentam uma probabilidade menor de incorrer em dívida de modo a reduzir a possibilidade de terem de emitir novos títulos de risco ou de sacrificar investimentos futuros lucrativos quando os *cash-flows* gerados internamente são insuficientes.

1.3.3. A ESTRUTURA ÓTIMA DE CAPITAIS

A decisão do empresário acomodada pela teoria financeira pretende estabelecer o melhor *trade-off* entre dívida e capitais próprios, isto é, escolher uma estrutura de capitais que minimize o custo de capital e se adeque aos ativos que se pretende financiar.

Sinteticamente, pode afirmar-se que do lado dos benefícios da utilização de dívida se encontram os ganhos fiscais, tanto maiores quanto maior for a taxa de imposto que incide sobre os rendimentos da empresa, mas também o aumento da disciplina imposta aos gestores, pois o aumento do endividamento resulta numa redução dos custos de agência. Neste último ponto referimo-nos aos gestores de empresas sem dívida e com elevados *cash-flows* tenderem a tornar-se complacentes e a investir em projetos sem valor, pelo que «forçar» o aumento do endividamento poderá ser o antídoto para tal ineficiência da gestão.

Do lado dos custos da utilização da dívida encontram-se os custos de falência, tanto maiores quanto maior o risco de negócio e o custo da dívida, e a redução da flexibilidade financeira da empresa.

Os custos esperados de falência são função da probabilidade de falência sobre os *cash-flows* futuros e do custo de falência, diretos (legais e administrativos e o valor atual dos efeitos do atraso no pagamento dos *cash-flows*) ou indiretos (por exemplo a redução de encomendas; os clientes protegerem-se contra o *default;* as dificuldade de obtenção de capital). Enquanto os custos diretos de falência não tendem a variar entre setores e empresas, os indiretos já variam de forma significativa entre empresas. Quanto maior o nível de dívida maior a probabilidade de falência e os respetivos custos.

Daqui resultam dois corolários: as empresas com resultados e *cash-flows* mais voláteis terão uma maior probabilidade de falência para qualquer nível de dívida e de resultados, e, tudo o resto constante, quanto maiores os custos indiretos de falência, menor o nível de endividamento que uma empresa está disposta a aceitar.

A questão da redução da flexibilidade financeira da empresa é uma preocupação maior entre os custos da tomada de dívida. Num estudo liderado por dois economistas norte-americanos a CEO de 176 empresas dos Estados Unidos, sobre os fatores que consideraram mais importantes nas decisões de financiamento por dívida, a manutenção da flexibilidade financeira liderava o *ranking*, sobrepondo-se, por exemplo, a assegurar a sobrevivência a longo prazo e a manutenção da independência da empresa.

1.4. PME: A PARCERIA COM A BANCA

A profunda heterogeneidade e atomização das PME, bem como os seus desequilíbrios estruturais, obriga-a impreterivelmente a estabelecer parcerias. E são vários os domínios em que é indicado e racional realizar parcerias, do relativo ao reforço de capitais, com entrada de novos acionistas ou fusões/associações para aumentar a dimensão, aos que visam a comercialização, incluindo a integração em redes, até ao reforço da área tecnológica e de inovação.

No entanto, do conjunto enunciado de parcerias, as relações com o setor financeiro são sem dúvida prioritárias. Os bancos e outras instituições do sistema financeiro são os principais parceiros das PME.

Na Europa, os bancos têm sido historicamente a principal fonte de financiamento do investimento, com os mercados de capitais num papel muito secundário: 70 por cento das necessidades de financiamento da Europa são cobertas por crédito bancário, contra 30 por cento nos Estados Unidos. Em Portugal, a situação ainda é mais desequilibrada. De acordo com o INE, entre 2002 e 2005, o financiamento das novas empresas foi realizado essencialmente com recurso a fundos próprios (87,2 por cento), enquanto o capital de risco foi utilizado apenas por 0,2 por cento das empresas.

FIGURA I-20: **Alternativas de financiamento de PME**

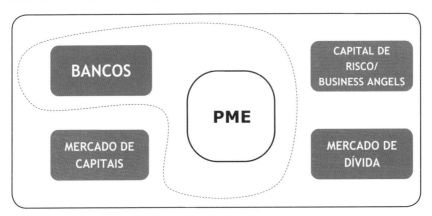

Ou seja, como o acesso ao mercado de capitais é limitado e, uma vez que nem todas as empresas conseguem financiar-se com recursos próprios (sobretudo na fase inicial e de maturação) nem aceder a *private equity* e à emissão de obrigações, a forma de financiamento mais recorrente na economia nacional para este tipo de empresas acaba por ser o crédito bancário.

1.4.1. A DÍVIDA BANCÁRIA

A dívida bancária assume-se sobretudo como um compromisso de pagar prestações financeiras futuras, fiscalmente dedutíveis à matéria coletável, e o seu incumprimento pode levar à insolvência/falência ou à perda do controlo da empresa para o credor. A dívida bancária considerada assume todo o passivo, de curto e médio/longo prazo, que gera juros, acrescido das obrigações que decorrem das operações de *leasing* (isto é, o valor atual das rendas até à maturidade, descontadas à taxa de juro).

Relativamente às outras formas de dívida, a bancária oferece várias vantagens que atraem as PME, como seja:
- Possibilidade de contratação de pequenos montantes, o que se ajusta a qualquer tipo/dimensão de empresa;
- Grande flexibilidade, permitindo o financiamento de necessidades não identificadas ou sazonais;
- Rapidez de implementação (contratação e desembolso);

- Reduzidos custos legais e administrativos; como são negociados entre banco e empresa, esta não incorre em custos de *marketing*, montagem e subscrição.

1.4.2. A ATIVIDADE BANCÁRIA

Um banco está longe de ser uma realidade unidimensional, que oferece apenas empréstimos, e disponibiliza produtos e presta serviços de igual forma a uma PME, a um particular da classe média ou a um empreendedor com uma *start-up*. A complexidade crescente da atividade económica e dos relacionamentos entre os seus diferentes agentes fez que a atividade bancária se tenha transformado num caleidoscópio que, só por conveniência na utilização de uma mesma estrutura de *back-office*, continua agregada e a comunicar para o mercado sob uma mesma marca.

Assim, os bancos na sua relação com as empresas assumem-se sobretudo como parceiros de negócios, cuja função ultrapassa a questão de fornecimento de dinheiro. Ou seja, ao contrário dos outros agentes e instrumentos financiadores, os bancos providenciam um conjunto de serviços imprescindíveis ao bom funcionamento diário e contínuo das empresas.

FIGURA I-21: Tipologia de operações ativas

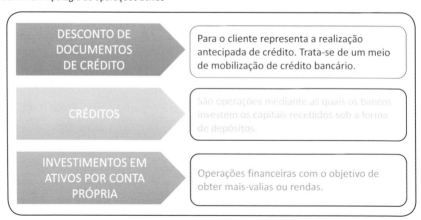

Nas operações ativas os bancos concedem crédito e figuram como credores; por sua vez, nas operações passivas figuram como devedores e assumem a conduta esperada quanto ao pagamento de juros e à restituição do capital. Nas operações acessórias os bancos não efetuam a intermediação do crédito, mas realizam a prestação de serviços.

Especifiquemos com um pouco mais de pormenor. As operações ativas são os investimentos realizados pelos bancos ou a utilização dos recursos obtidos através das operações passivas. Neste tipo de operações os clientes entregam ao banco dinheiro ou outros ativos tangíveis, com fins de diversa natureza, de aforramento sem risco ao investimento especulativo, passando pelo mero serviço de guarda de valores.

Nas operações passivas os clientes são credores do banco relativamente àquilo que entregaram; por sua vez, através das operações passivas o banco contrai dívidas que lhe permitem conceder financiamentos através de operações ativas.

FIGURA I-22: Tipologia de operações passivas

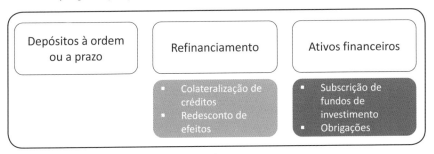

As operações de garantias são aquelas em que o banco assume riscos, mas não de forma imediata como nas operações de crédito; antes assume um compromisso garantindo responsabilidades de um terceiro que é o cliente do banco. Para que seja efetivo o risco assumido pelo banco, e acionada a garantia bancária, devem ocorrer determinadas condições, pelo que este tipo de operações também é conhecido como de risco condicionado. As operações de gestão são processadas, contra o recebimento de uma comissão, sem qualquer risco e sem a utilização de recursos do banco, uma vez que se trata de um serviço prestado por conta e ordem dos clientes. Visto não ocorrer qualquer antecipação de fundos, este tipo de operação não gera juros, sendo cobrado apenas uma *fee*/comissão pela gestão.

FIGURA I-23: Tipologia de operações de gestão

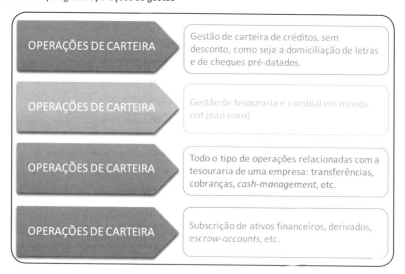

Acresce a toda esta tipologia de operações mais um conjunto de serviços financeiros que acabam por ser um repositório de tudo o que é excluído dos anteriores, desde que não envolva a concessão de crédito ou a receção de ativos por parte dos clientes. Trata-se de serviços tão díspares como a prestação de informação aos auditores das empresas, a assessoria em matérias fiscais e financeiras ou o aluguer de cofres.

FIGURA I-24: Serviços financeiros globais

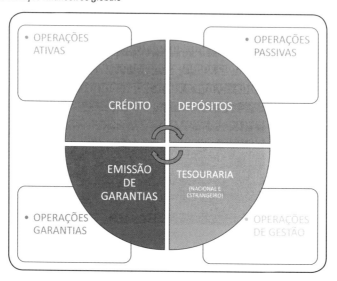

1.5. ALTERNATIVAS COMPLEMENTARES AO FINANCIAMENTO BANCÁRIO

A presença das PME no mercado de capitais continua a ser diminuta, parecendo ainda muito distante o cenário de financiamento paritário com a banca por parte do *angel finance* e do *venture capital*, bem como a integração das PME portuguesas nas plataformas de negociação não regulamentadas presentes no mercado, como o ALTERNEXT e o PEX.

Esta situação trouxe particulares constrangimentos às PME no contexto da crise financeira global e da subsequente crise da dívida soberana, que desencadearam o ajustamento que se caracterizou por uma assinalável contração da oferta, decorrente das restrições dos bancos no acesso a financiamento no exterior e maiores exigências de capital.

FIGURA I-25: Estrutura de financiamento global de PME

Independentemente da conjuntura que se viva, o sistema bancário não está vocacionado para financiar certos tipos de atividade e investimentos, sendo por isso imperativo desenvolver instrumentos financeiros alternativos e novas formas de financiamento. Contudo, será sempre desejável que as formas de financiamento alternativas, mais do que substituir, venham a complementar o crédito bancário, potenciando um financiamento mais favorável das PME.

Este desígnio encontra-se plenamente inscrito no ambicioso projeto em curso de criação de uma união de mercado de capitais. Os objetivos a curto prazo visam fomentar o financiamento da economia, constituindo os mercados de capitais uma espécie de «pneu suplente» do crédito bancário, para a longo prazo ser possível criar um sistema financeiro mais eficiente e competitivo, bem como mais resiliente (devido a uma maior diversificação de fontes de financiamento).

FIGURA I-26: Alternativas ao financiamento bancário

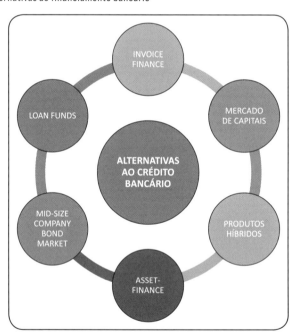

Acresce que a tipologia de financiamento está intimamente ligada ao modelo de negócio adotado pela empresa e à fase do ciclo de vida que atravessa. Este último fator condiciona em muito a rentabilidade dos capitais investidos, já que cada fase evolutiva tem associadas diferentes necessidades de financiamento e distintas capacidades de obter esse financiamento: uma *start-up* tem por definição pouca capacidade de autofinanciamento e uma tendência inicial para os resultados negativos, enquanto uma empresa madura, e com sucesso, tende a libertar *cash-flow* que a ajuda a não recorrer a capitais alheios para se financiar (exploração e novo investimento).

Numa situação idílica, o financiamento das PME devia encadear-se como evidencia a figura I-24, numa estrutura de várias modalidades de financiamento correlacionadas por diferentes objetivos de utilização.

O crédito bancário será sempre o principal eixo da estrutura de financiamento das PME nacionais, mas tal não deve ser impeditivo de criar e estimular instrumentos complementares. A criação de alternativas ao crédito bancário passa por um conjunto vasto de instrumentos, alguns dos quais foram já apropriados pelos bancos, como é o caso do *invoice e asset finance*, que inclui as modalidades de *factoring* e de serviço de pagamento a fornecedores (vulgo *confirming*) e a emissão de programas de papel comercial.

1.5.1. FINANCIAMENTO COM CAPITAIS PRÓPRIOS

O autofinanciamento é uma solução interna, que corresponde aos fundos financeiros libertados pela atividade da empresa, que ficam disponíveis para financiar investimentos, ou seja, os meios libertos líquidos da empresa, que corresponde, num determinado momento, à soma dos resultados líquidos do período anterior e das amortizações e provisões do período dos resultados líquidos.

A expansão de uma empresa depende da sua acumulação de capital a partir dos lucros correntes, isto é, depende essencialmente da sua capacidade de autofinanciamento, levando em consideração que o próprio acesso ao mercado de capital e financeiro, ou, por outras palavras, o montante de recursos de terceiros que se pode obter depende em grande parte do volume do capital próprio da empresa, da sua autonomia financeira.

Esta modalidade pode ser a única opção da empresa quando a rentabilidade é inferior ao custo disponível do capital de terceiros, ou quando o seu nível de endividamento não permite captar um volume maior de recursos de terceiros em função do elevado risco financeiro. A maior proporção de recursos próprios na estrutura de capital permite à empresa, se assim o desejar, aumentar o seu nível de endividamento, o que pode ser desejável quando a utilização de recursos de terceiros proporciona um retorno maior aos acionistas, pelo efeito da alavancagem.

Contudo, a excessiva dependência de autofinanciamento pode produzir uma reação de aversão total a qualquer nível de endividamento, o que pode

O FINANCIAMENTO BANCÁRIO DE PME

fazer que a empresa perca oportunidades de realizar bons investimentos por falta de capital. O incremento de autofinanciamento também tem a desvantagem de poder significar uma menor distribuição de dividendos.

1.5.2. MERCADO DE CAPITAIS

O mercado de capitais continua a ser apontado como a principal alternativa ao crédito bancário, quer na sua vertente de dispersão do capital social em bolsa, quer na de emissão de dívida. Além de ser uma fonte alternativa de financiamento para empresas mais pequenas, a bolsa permite atrair mais investidores, clientes e fornecedores, uma vez que após a entrada em bolsa as empresas ficam obrigadas a uma maior disciplina interna e transparência, o que implica maior (e melhor) exposição; em troca, podem obter um reforço de capital através da emissão de ações (capital) e obrigações (dívida).

A ALTERNEXT é uma plataforma de bolsa concebida para acolher PME, em contraposição à EURONEXT, mais vocacionada para as grandes empresas. Este segmento do mercado de capitais destina-se a empresas com negócio com alguma sustentabilidade, mas que procuram fontes de financiamento alternativas, através quer da emissão de ações quer de dívida. Este mercado está aberto a empresas com um mínimo de três acionistas, que estejam dispostos a dispersar pelo menos 2,5 milhões de euros do seu capital social.

Esta plataforma tem exigências bastante mais leves do que a EURONEXT, além de oferecer maior rapidez nos processos de admissão à cotação: a empresa pode optar pela realização de uma oferta pública ou particular; apesar de terem que reportar contas semestralmente, só o relatório anual tem de ser auditado; apenas estão obrigadas a reportar participações de investidores, mas só para posições acima de 50 e 95 por cento dos direitos de voto. É obrigatório, no entanto, um *listing sponsor* – por norma um banco de investimento –, que assume o papel de conselheiro e, além de preparar a sociedade para entrar na bolsa, também guia e aconselha a empresa em relação às suas principais obrigações de informações e publicações financeiras.

Criado em 2005, o ALTERNEXT conta atualmente com cerca de 180 empresas cotadas, em Paris, Bruxelas, Amesterdão e Lisboa, sendo apenas duas portuguesas – a ISA, Intelligent Sensing Anywhere, que entrou em junho de 2012, e a NEXPONOR, que se estreou em maio de 2013. Todas aquelas empresas conseguiram financiamentos através do ALTERNEXT, num total de mais de 3 mil milhões de euros, quer em operações de admissão ao mercado quer nas operações subsequentes de aumento de capital.

Os números mostram também que as empresas cotadas apresentam capitalizações bolsistas na sua maioria entre os 5 e os 50 milhões de euros (média de 45 milhões) e realizam operações de financiamento em média inferiores a 10 milhões de euros. São oriundas de variados setores de atividade, com o setor industrial a dominar (23 por cento), e atraem um leque diversificado de investidores: 160 de 16 países, com 226 milhões investidos.

Os custos suportados pelas empresas na admissão ao ALTERNEXT variam de acordo com o valor do capital dispersado. De acordo com os cálculos da Dealogic, rondam 5 a 10 por cento do capital disperso, situando-se a média em 8,1 por cento.

A EURONEXT é o mercado mais desenvolvido, e por isso aberto para as empresas mais bem preparadas para lidar com investidores e as exigências diárias deste segmento. Regra geral destina-se às empresas de maior dimensão, mas não obrigatoriamente. A pedra de toque passa por ter modelos de negócio atrativos, bem como por garantir políticas transparentes de gestão e governo da sociedade. Neste patamar, as empresas já têm de contar com uma estrutura financeira e de organização bastante avançada, em que o mínimo de dispersão de capital social é de 25 por cento, sendo exigido um capital mínimo inicial de 5 milhões de euros.

Os custos de colocar uma empresa na EURONEXT oscilam entre 3 e 7,5 por cento do capital disperso, fixando-se numa média de 5,7 por cento, segundo números da Dealogic. Os valores variam assim consoante o montante colocado em bolsa.

1.5.3. MERCADO DE DÍVIDA

O mercado da dívida é outra das alternativas para as empresas em busca de financiamento. As cotadas portuguesas podem emitir obrigações a partir de uma colocação mínima de 200 mil euros, seja no mercado EURONEXT seja no ALTERNEXT.

Apesar de se tratar de uma forma de diversificação de investimento, o mercado da dívida está normalmente reservado às empresas com maior credibilidade no mercado, que sejam reconhecidas pelos investidores.

A operação é montada e colocada junto dos investidores por um ou mais bancos, que recebem uma percentagem sobre o valor vendido.

Nos últimos anos, fruto da crise, a colocação de obrigações junto de investidores internacionais esteve vedada, dada a perceção de risco das empresas portuguesas, sobretudo nos mercados internacionais. A opção recaiu na emissão de títulos de dívida para investidores de retalho, a quem são oferecidos juros elevados. Assim, existe a expectativa de que a estabilização da situação financeira do país e a sua maior robustez económica permitam que as empresas voltem a contar com os institucionais para obterem liquidez, com taxas mais atrativas.

Existem vários tipos de obrigações, sendo as mais comuns as de taxa fixa, de taxa indexada (definida como um *spread* face a uma taxa de juro de referência) ou as obrigações de cupão zero (não existem cupões periódicos sendo a obrigação emitida abaixo do par – com preço inferior a 100 por cento –, e como tal a rendibilidade obtida pelo investidor é constituída apenas pela diferença entre o valor de emissão e o valor nominal).

A emissão de obrigações é um meio alternativo de financiamento eficaz, que não implica acréscimo de dívida bancária ou de esforço por parte dos sócios/acionistas para aumentarem o capital social da empresa. Oferece uma maior flexibilidade da estrutura de capitais da empresa, uma vez que a qualquer momento o empréstimo pode ser reembolsado – pondo-lhe um ponto final ou substituindo-o por um outro com melhores condições. Permite a dispersão da emissão por muitos investidores, o que diminui o risco de distribuição e tende a ser uma solução mais barata do que o financiamento bancário para montantes mais elevados, uma vez que a atomização dos tomadores mitiga o efeito volume do empréstimo, que os bancos penalizam. É fiscalmente eficiente por isentar de imposto do selo a utilização de capital e os juros de cupão.

A emissão de dívida de mais curto prazo também está mais disponível para as empresas de menor dimensão, através da emissão de papel comercial, decorrente da alteração do seu regime jurídico ocorrido em 2014. O diploma alterou os requisitos das emissões de papel comercial, tornando mais flexíveis as emissões dirigidas a investidores institucionais, sem prejudicar os requisitos de segurança e transparência aplicáveis às emissões que se destinem a investidores não qualificados. A partir de agora será possível emitir papel comercial, sem limites à obtenção de fundos e independentemente do nível de capitais próprios, quando a estrutura de capitais do emitente permita assegurar, depois da emissão, um rácio de autonomia financeira considerado adequado. Além disso, o novo diploma cria a figura do «patrocinador da emissão», figura que, além do compromisso de retenção de uma parte da emissão, terá como principais funções a criação de mercado e a assistência no cumprimento dos deveres de informação por parte da entidade emitente.

1.5.4. *EQUITY* E *GROWTH CAPITAL*

De acordo com o estádio de evolução da empresa e o estado de subcapitalização, podemos ter alternativas muito específicas ao financiamento bancário. Os fundos de capital de risco, também conhecidos como financiamento por capital, *venture capital* ou *private equity*, são uma forma de financiamento alternativa que não se traduz em endividamento para as empresas. Sobretudo as empresas em início de vida – *start-ups* e projetos de risco mas com elevado potencial de rentabilização – recorrem aos fundos de capital de risco em busca de um reforço dos capitais próprios, oferecendo em troca uma percentagem do negócio, que pode variar consoante os objetivos de crescimento. Os investimentos sob a forma de capital de risco são feitos com base numa análise cuidada do potencial de crescimento e do risco associado à operação.

FIGURA I-27: *Equity* e *growth capital*

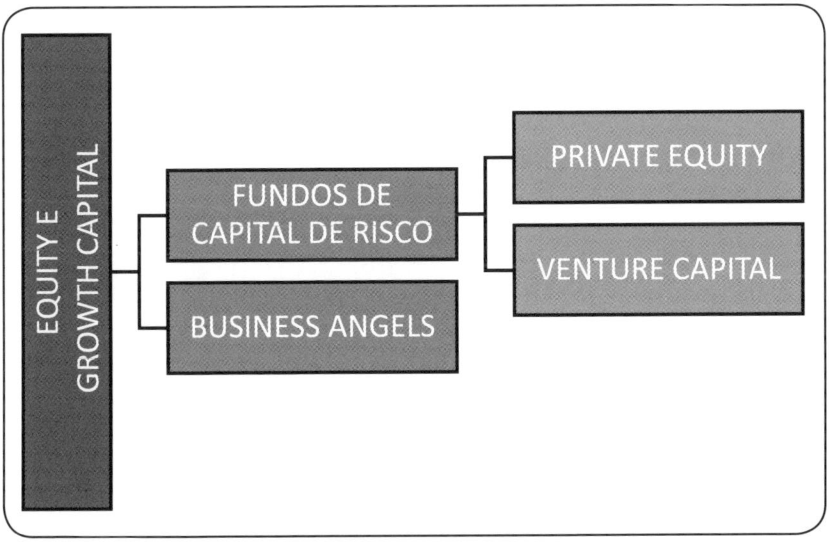

O FINANCIAMENTO BANCÁRIO DE PME

Desta forma, as sociedades ou os fundos de capital de risco assumem uma participação quase sempre minoritária e temporária (entre três e sete anos) no capital da empresa, participando no processo de gestão e partilhando o risco com o empresário. O fundo de capital de risco recebe o retorno do seu investimento no momento de saída do negócio. Em Portugal existem vários operadores a atuar no mercado de capital de risco, contudo o seu grau de influência no financiamento das empresas nacionais tem de ser visto à luz da comparação relativa com os restantes mercados onde estes veículos atuam. Como evidencia a figura I-28, os países anglo-saxónicos continuam a ser os que mais cultivam esta formulação de financiamento.

Os *business angels* atuam em paralelo com os fundos capital de risco, que se constituem como investidores privados que realizam investimentos em oportunidades nascentes – *start-up* ou *early stage* – e participam nos projetos com *smart money*, ou seja, além da capacidade financeira contribuem com a sua experiência e *network* de negócios. Para os empresários em início de atividade, os *business angels* podem ser considerados uma espécie de «padrinhos», que contribuem com capital em troca de uma participação no negócio, tal como no capital de risco.

FIGURA I-28: *Private equity/Venture capital* na Europa

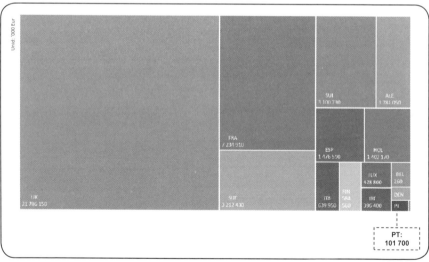

Fonte: EVCA (2015).

Também os *business angels* procuram um elevado retorno nos projetos em que investem, bem como novos desafios empresariais; além de se assumirem como mentores nas jovens empresas em que investem, dando uma ajuda preciosa com a sua experiência e *know-how* na gestão de pequenos negócios, os *business angels* realizam investimentos que por norma variam entre os 25 mil e os 500 mil euros. Em resumo, intervêm no capital de empresas emergentes, cuja dimensão é ainda muito pequena para atraírem fundos de capital de risco.

1.5.5. PRODUTOS HÍBRIDOS E ESTRUTURADOS

Os produtos financeiros denominam-se híbridos porque simultaneamente representam dívida para a empresa, por serem uma obrigação desta, mas também têm características de capital próprio, dada a sua convertibilidade, em certas circunstâncias, em *equity*.

Os produtos híbridos mais conhecidos são talvez as ações preferenciais e a dívida convertível. Esta última permite converter num determinado número de ações (capital próprio) as obrigações (dívida) detidas pelo investidor, de forma a reduzir a taxa de cupão, pois a convertibilidade tem um valor intrínseco. Por sua vez, o investidor beneficia de ter capital garantido (exceto em caso de incumprimento) e uma rentabilidade mínima assegurada, com um direito de tomar propriedade com valor, pois se a ação da empresa subir muito a conversão dá à obrigação um valor muito maior do que a mera devolução do capital.

As ações preferenciais estabelecem um pagamento fixo, acima do dividendo atribuído às ações ordinárias, e com preferência sobre estas relativamente ao pagamento de dividendos e à liquidação de ativos; caso a empresa não gere *cash-flow* suficiente para o pagar vai acumulando e só paga a totalidade quando isso acontecer. O não pagamento de dividendos durante um número de exercícios pré-estabelecido pode levar ao acionamento de cláusulas que convertem as ações preferenciais em ações ordinárias.

Estas ações preferenciais conferem assim direitos especiais ao seu titular, normalmente de caráter patrimonial, como o direito de satisfação prioritária a quinhoar nos lucros de exercício da empresa e o direito à quota de liquidação, em detrimento do direito de voto (controlo da sociedade). Não apresentando direitos de controlo na empresa equipara-se a dívida, de onde resulta a sua natureza híbrida.

O FINANCIAMENTO BANCÁRIO DE PME

Além destes produtos híbridos as empresas têm à sua disposição um conjunto de produtos «estruturados» múltiplos, em conformidade com o grau de inovação e sofisticação do mercado financeiro em que se inserem. Dadas as características destes produtos, que exigem normalmente montantes iniciais muito elevados e têm uma estrutura de comissões pesada, as PME não são os seus grandes utilizadores (pelo que não serão objeto de desenvolvimento).

Trata-se de transações financeiras complexas, que podem envolver a transferência efetiva ou sintética de ativos ou de exposição a riscos, com o propósito de alcançar determinados objetivos contabilísticos, regulatórios ou fiscais, e que normalmente são baseadas numa empresa veículo (SPV). Nesta modalidade de produtos encontram-se, por exemplo, as operações de titularização de ativos, *covered bonds*, *project finance*, *leveraged acquisitions*, entre outras.

FIGURA I-29: Capital de risco *vs.* dívida bancária

CAPITAL DE RISCO	DÍVIDA BANCÁRIA
Perspectiva de MLP	Qualquer prazo
Empenhamento total até ao desinvestimento	Análise do risco de solvabilidade e exigência de garantias patrimoniais
Disponibiliza o financiamento com objetivos de crescimento e valorização do negócio	Salvaguarda do risco; quanto mais conservadora a situação patrimonial e financeira da empresa, mais o recurso ao crédito fica facilitado
Pagamento de dividendos e amortização do capital dependente dos resultados da empresa	Imposição de planos predefinidos de reembolso e pagamento de juros
A rentabilidade está dependente dos resultados do negócio	O retorno depende apenas do cumprimento do plano de pagamentos e da manutenção dos ativos apresentados em garantia
Se o negócio for inviável, o capital de risco fica na mesma posição de qualquer outro sócio/acionista	As garantias conferem aos bancos uma acionista posição credora privilegiada
Se algo correr menos bem, o capital de risco trabalha em conjunto com o seu parceiro de negócio para encontrar melhores soluções	Se existiram sinais de problemas, os financiadores tradicionais procurarão renegociar a dívida, impondo mais garantias ou precipitando o reembolso, para salvaguardarem a sua posição
Parceiro que partilha os riscos do negócio e que contribui para a sua gestão e valorização	A parceria não envolve a gestão

Fonte: Guia Prático do Capital de Risco, IAPMEI/APCRI.

2
Oferta: Modulização e Segmentação do Crédito e dos Serviços Bancários

Online and mobile banking will not yield the best results if they are not combined with customized services. Banks need to understand the specific needs and preferences of their clients, and be sensitive and open to client concerns. This is how banks will build an emphatic relationship.

– BBVA Compass Banking Report 2014

2.1. OS BANCOS E O SEU IMPACTO NA ECONOMIA

O setor bancário esteve sempre na vanguarda da inovação tecnológica e em permanente mutação na procura de melhores níveis de eficiência e rentabilidade. A grande convulsão que o setor financeiro e bancário tem vindo a registar nos últimos anos é mais um desafio que o setor enfrenta para se autorregenerar.

A partir dos anos 80 do passado século os bancos passaram a ser grandes «supermercados financeiros», oferecendo um vasto leque de diferentes produtos e serviços. O banco dos nossos dias está muito longe de se reduzir a um mero fornecedor de dinheiro, ainda que a concessão de crédito continue a ser a principal atividade desenvolvida pelos bancos e aquela que gera mais valor acrescentado para a economia.

O FINANCIAMENTO BANCÁRIO DE PME

Além dos bancos centrais, os principais «produtores» de dinheiro nas nossas economias, os bancos comerciais são os grandes criadores de dinheiro, através do crédito bancário concedido às pessoas, às empresas não financeiras ou aos seus pares no negócio. Deste modo, como a maior parte do dinheiro usado hoje em dia é crédito, é indiscutível que os bancos podem influenciar de forma determinante a economia.

Sinteticamente, pode dizer-se que o dinheiro é o lubrificante da máquina económica. Os bancos centrais são os gestores desse dinheiro e os bancos comerciais os intercomunicadores na sua gestão e distribuição.

2.1.1. AS ATIVIDADES PRINCIPAIS DOS BANCOS

A função económica dos bancos pode resumir-se em quatro grandes atividades:
- Transformação de poupanças cm crédito;
- Intermediação;
- Plataforma de pagamentos;
- *Trader* de propriedades.

A principal atividade é indiscutivelmente fazer chegar dinheiro aos clientes que dele necessitam a partir de clientes que têm excedentes de dinheiro e estão dispostos a emprestá-lo. A atividade de concessão de crédito é uma ação de transformação de poupanças em crédito, em que o banco paga um juro (passivo) pelo dinheiro que «compra» e recebe um juro (ativo) pelo dinheiro que «vende». A diferença entre estes dois juros resulta na primeira margem financeira que sustenta o grosso dos resultados operacionais dos bancos.

A intermediação engloba todas as atividades desenvolvidas pelos bancos na prestação de serviços financeiros aos seus clientes. Essas atividades são remuneradas através de comissões, que constituem a segunda margem financeira da conta de exploração dos bancos.

A atividade de intermediação pode organizar-se em quatro grandes blocos: *brokerage*; gestão de ativos; fusões e aquisições (M&A)/emissão e tomada de valores mobiliários; e custódia. A atividade de *broker* passa pela compra e venda de um conjunto imenso de produtos financeiros – por exemplo obrigações, ações, papel comercial, divisas ou derivados –, executando as transações nos respetivos mercados financeiros. A gestão de ativos centra-se

OFERTA: MODULIZAÇÃO E SEGMENTAÇÃO DO CRÉDITO E DOS SERVIÇOS BANCÁRIOS

no serviço de gerir os fundos dos clientes para exponenciar a sua rentabilidade. A custódia é uma atividade fundadora dos bancos, que se dispõe a guardar ativos a pessoas ou empresas. Se alguns desses ativos, dada a sua materialidade física, exige a guarda em cofre, outros ativos desmaterializados – mormente os valores mobiliários – são custodiados digitalmente, passando o serviço bancário pelo reporte às entidades de supervisão e gestão dos mercados financeiros. Finalmente, o serviço de M&A é um exemplo perfeito de intermediação negocial, em que o banco assessora e executa ações de compra e venda dadas por empresas.

Retomando o elenco das principais atividades dos bancos, importa sublinhar a de plataforma para processamento de pagamentos, que permite que o dinheiro flua de forma segura e rápida entre as partes.

Dentro da atividade de *asset trading* encontra-se sobretudo a especulação e a geração de mercado. A primeira passa pela compra de produtos financeiros com a expectativa de obtenção de preços futuros mais elevados ou pela venda com a expectativa futura de preços mais baixos; por sua vez, o *market-making* é uma atividade de grandes volumes de *trading*, com a compra e venda em grandes quantidades e frequência de ativos financeiros, com a expectativa de obter ganhos na diferença entre os preços de compra *(bid price)* e de venda *(offer price)*.

2.1.2. TIPOS DE BANCOS

Enformados por estes tipos de grandes atividades, há também vários tipos de bancos. Os retalhistas *(retail banks)* são os mais abrangentes, pela transversalidade da sua zona de ação, diretamente junto do cliente particular e das pequenas empresas, com contas-poupança e contas correntes, da concessão de crédito ao *brokerage* passando pelos serviços de pagamento. Em contraposição, o *wholesale bank* está vocacionado para servir médias e grandes empresas, que exigem serviços financeiros mais complexos do que os requeridos em média pelos clientes dos *retail banks*.

RETAIL BANKS

Os *private banks* estão centrados na gestão de grandes fortunas. Os bancos de investimento elegem como principal atividade a captação e/ou aumento de capital para os seus clientes, através da emissão de ações (capital próprio), obrigações (dívida) e produtos híbridos; outra atividade fulcral é a assistência aos

WHOLESALE BANKS

seus clientes em processos de M&A, que pode passar entre outros serviços pela avaliação de empresas e pela estruturação financeira, fiscal e legal da operação.

PRIVATE BANKS Todos estes tipos de bancos podem viver em separado, mas, tendencialmente a partir das décadas de 80/90 passadas, começaram a aglutinar-se **SHADOW BANKS** em grandes bancos universais.

À margem da atividade regulada dos bancos ou com um nível de regulação menos assertiva, encontram-se os *shadow banks*, de que são exemplos os fundos mutualistas, os *hedge funds* e, de certa forma, os próprios bancos de investimento quando constroem veículos de securitização, através das *special investment vehicles* (SPV). Ao contrário dos bancos, os *shadow banks* não captam depósitos, que estão ao abrigo dos esquemas de proteção contra a falência dos bancos, mas também não se fi- **INVESTMENT BANKS** nanciam junto dos bancos centrais.

A falta de regulação, logo de transparência, e a escala alcançada pelos *shadows banks* esteve indiscutivelmente na base da crise financeira de 2008. O facto de a atividade de *shadow banking* ser desenvolvida também por bancos regulados, correlacionando as duas dimensões do negócio bancário, exponenciou o efeito que desestabilizou todo o sistema financeiro. Hoje pode afirmar-se que o sonho libertário da autorregulação terminou com estrondo na crise de 2008.

O próximo nível no estádio de evolução do negócio bancário encontra-se agora nas *fintech*, as plataformas estritamente *on-line* de concessão de crédito e prestação de serviços financeiros. Dada a sua leve estrutura de custos, alicerçada em soluções tecnológicas, **FINTECHS** conseguem oferecer aos clientes um serviço mais rápido e mais barato.

As *fintech* identificaram uma tendência social crescente, liderada por uma procura dos consumidores por serviços cada vez mais inovadores e digitais. De facto, um estudo recente conduzido pela McKinsey mostra que mais de um terço dos clientes bancarizados deixará os bancos convencionais se eles não oferecerem a tecnologia mais atualizada. Trata-se de uma história que está a nascer e tem ainda muito caminho a fazer.

Num espetro diferente do dos bancos co- **BANCOS CENTRAIS** merciais encontram-se os bancos centrais, que funcionam como gestores do dinheiro que circula num país (por exemplo a Reserva Federal ou FED nos Estados Unidos ou o Banco de Inglaterra) ou numa união monetária (por exemplo o Banco Central Europeu na zona euro). O objeto principal dos bancos centrais é manter estável todo o sistema financeiro, o que passa pela estabilidade das instituições financeiras, dos preços e do sistema de pagamentos.

A supervisão financeira dos bancos centrais aos bancos visa assegurar que as instituições sob a sua égide estão saudáveis, ou seja, que os aforradores não têm de temer pelas suas poupanças aí depositadas. A estabilidade dos preços é crucial para que as pessoas e as empresas acreditem no valor do dinheiro, uma vez que a inflação diminui o seu valor, punindo a poupança (e o poder de compra) e beneficiando a dívida; igualmente lesivo é o fenómeno de deflação, que adia a decisão de consumo e investimento, pois os agentes económicos pretendem aguardar os preços mais baixos e os devedores optam por amortizar os seus créditos. Finalmente, a estabilidade do sistema de pagamentos tem como principal objetivo evitar problemas de iliquidez.

A um nível supranacional o sistema bancário depende do Bank of International Settlements (BIS), fundado em 1930, e que assegura a execução das transações nos mercados financeiros efetuadas pelos bancos centrais, além de recolher e tratar a informação obtida junto das instituições financeiras. Para além deste caráter operacional, o BIS funciona como plataforma internacional de cooperação entre os bancos centrais para promover a estabilidade financeira e monetária a nível global.

A crise financeira gerada em 1974 pela insolvência do alemão Herstatt Bank evidenciou a tendência crescente dos impactos globais de *defaults* supostamente nacionais e levou o BIS a criar, em 1976, o Comité de Basileia. Na prática o Comité de Basileia funciona como orientador dos governos nacionais/bancos centrais para as boas práticas preventivas de incumprimentos bancários, por forma a evitar crises financeiras globais. As orientações do Comité de Basileia têm sido publicadas sob a forma de acordos de Basileia e têm sido adotadas generalizadamente pelos governos de todo o mundo.

No centro dos acordos de Basileia está a padronização de níveis mínimos e de qualidade dos capitais próprios dos bancos, já que estes funcionam como *buffers* fundamentais para absorver perdas não esperadas ou *write-offs* efetivos e concomitantemente reduzindo a probabilidade de incumprimento dos bancos. Os acordos de Basileia são por isso a coluna vertebral da supervisão conduzida pelos bancos centrais.

2.2. ORGANIZAÇÃO MODULAR PARA EMPRESAS

Estruturados nesta plataforma de funcionamento setorial, os bancos comerciais focados no negócio de empresas – micro, pequenas, médias ou grandes – têm hoje uma paleta de oferta muito grande e diversificada.

Deste modo, com crescente relevância, o êxito comercial de um banco depende de forma muito significativa da sua capacidade de avaliar as novas oportunidades de mercado, de conquistar novos clientes (nomeadamente de outras instituições concorrentes) e de melhorar a efetividade da sua estratégia de *marketing*.

Acresce que o ritmo acelerado a que o negócio de banca de empresas está a mudar, tornando-se cada vez mais móvel e integrado, obriga a repensar o modelo de comercialização/dinamização da oferta.

Tendo estes objetivos em mente, e assumindo que as empresas são diferentes de diversas formas, os bancos tendem cada vez mais a perscrutar as necessidades dos clientes e a modulizá-los, o que envolve a identificação dos grupos de empresas homogéneos entre si, porém diferentes de outros grupos. São quatro as condições que devem ser consideradas para realizar uma segmentação efetiva: as características do segmento devem ser identificáveis e mensuráveis, deve ser possível atingir o segmento em questão com as estratégias de *marketing* adequadas, o segmento deve ter condições propícias para gerar lucro para o banco e cada segmento deve ter uma reação única a diferentes esforços de *marketing*.

A modulização que se tem mostrado mais eficaz passa pela distinção dos clientes empresas via dimensão das mesmas, o que se cristalizou numa tríade hoje em dia perfeitamente reconhecida por todos, conforme espelha a figura seguinte.

Embora o processo de segmentação do mercado financeiro se tenha iniciado no final do século passado, as ações para o aprimorar continuam muito ativas no mercado. Com esse processo, os bancos pretendem oferecer um atendimento cada vez mais personalizado e concomitantemente com produtos cada vez mais adequados aos seus clientes.

FIGURA II-1: **A grande segmentação do negócio** *corporate*

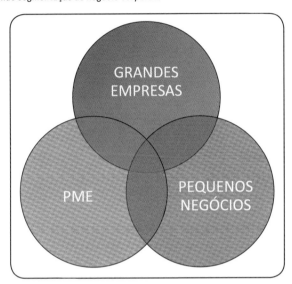

A concretização de todo este processo só está a ser possível por tentativa e erro dos bancos ao longo dos anos e, é claro, através de um forte investimento em CRM *(customer relationship management)*. Note-se que a modulização não se limita à simples tarefa de definir a dimensão do segmento, que se trata sobretudo de caracterizar cada um dos módulos.

A proposta que se traz agora para uma modulização da oferta de produtos e serviços bancários mimetiza de certa forma a divisão anteriormente identificada entre pequenos negócios/PME/grandes empresas, mas vai um pouco além por definir uma estratégia distinta de *marketing* e de ação comercial para cada um desses módulos. No fundo visa desenvolver uma plataforma de gestão interna de produtos/serviços de crédito, que permita uma afetação mais eficiente da oferta por segmento/módulo.

A divisão estrita entre segmentos não chega; é necessário criar módulos compostos que interpretem os clientes nas suas necessidades e ao mesmo tempo permitam manter uma operação eficiente e rentável.

FIGURA II-2: **Modulização do negócio** *corporate*

A figura II-2 cristaliza os três grandes módulos a que o negócio de banca de empresas deve atentar e que a seguir se sintetiza.

2.2.1. MÓDULO «PACOTE»

Este módulo está particularmente direcionado para os clientes menos «sofisticados», não no sentido depreciativo, mas na medida em que não têm tantas necessidades (em diversidade e quantidade); concomitantemente, a sua organização financeira é também menos estruturada. Aqui enquadram-se sobretudo as pequenas empresas familiares (quase todas microempresas).

Neste conceito a oferta bancária deve posicionar-se na forma de *packs* de produtos/serviços integrados. Ou seja, para esta tipologia de cliente, quase sempre estruturado exclusivamente sob a função comercial (não financeira), importa ter uma oferta *standard* e completa que responda de uma só vez a todas as suas necessidades; isto é, o cliente tem num só ato de levar e usar e com isso ter a sua necessidade financeira/bancária suprida.

Por exemplo, se uma microempresa tem necessidade de abrir uma carta de crédito para importar uma determinada matéria-prima, o empresário estará interessado num *pack* completo que lhe permita no ato da abertura não ter de se preocupar com mais nada, como sejam a constituição de um seguro para o transporte dessa importação e as soluções de liquidação da respetiva carta de crédito. Neste exemplo, o *pack* seria constituído pelo CDI (crédito documentário de importação), pelo seguro de transporte (atividade de *cross-selling*), pela assessoria sobre a operacionalização do processo de importação via banco (da abertura do CDI ao desalfandegamento do produto e à liquidação da carta de crédito) e pelo produto financeiro para pagamento do CDI quando este chegar à sua data de validade.

FIGURA II-3: Exemplo de oferta do módulo «pacote»

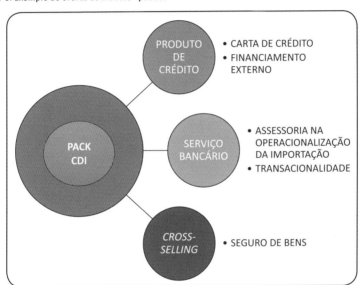

Além do *pack* de produtos/serviços específicos, esta visão enquadra outros tipos de modulização em «pacote», como sejam os produtos integrados feitos à medida para classes profissionais (dentistas, contabilistas, etc.) ou atividades económicas (medicina, restauração, etc.).

Um «pacote» pode ser feito assim à medida para um pequeno negócio de restauração (conta-corrente ou descoberto autorizado, terminal de pagamento automático, pagamentos e transferências por *e-banking*), que será necessariamente diferente do pacote para uma exploração agrícola (adiantamento de incentivos, apoio à certificação agrícola, à aquisição de equipamento, seguros vários).

Outro tipo de pacote possível e funcional alicerça-se em países (Angola, Moçambique, etc.), espaços regionais (Magrebe, América Latina, etc.) ou comerciais (UE, OCDE, etc.). Neste caso torna-se no entanto fundamental o perfil internacional do banco, quer através de participações diretas quer de acordos de colaboração nos países ou blocos económicos para que se monta o *pack* específico.

2.2.2. MÓDULO «CESTO»

O módulo «cesto» já não é tão padronizado como o anterior. As empresas para o qual está montado, apesar de algumas poderem ser ainda pequenas e médias (PME), já têm uma certa organização e cultura financeira, nomeadamente com uma estrutura de gestão financeira autónoma ou diferenciada.

Esta maior atenção às questões financeiras implica um maior grau de conhecimento das necessidades, e dessa forma conduz a um maior cuidado na preparação das soluções bancárias mais eficientes (operacional e financeiramente). Neste quadro de maior elaboração pelas questões bancárias, também o *shopping-around* passa a ser prática corrente, em que os clientes propõem e testam por defeito as várias alternativas dos bancos parceiros.

A conceptualização de um módulo de oferta para esta tipologia de empresa deve passar pelo conceito de prateleira de supermercado: os vários produtos/serviços (mais ou menos) padronizados encontram-se na paleta de oferta do banco e, em conformidade com a necessidade do cliente e a sua gestão comercial por parte do banco, serão selecionados aqueles que respondam de forma mais capaz ao propósito final do cliente. A partir da oferta base do banco, o cliente retirará para o seu «cesto» os produtos/serviços que lhe interessam.

Voltando ao nosso exemplo da abertura da carta de crédito, neste módulo será pueril acreditar que o grosso das empresas esteja interessado em não negociar separadamente a componente crédito da do seguro. De facto, as PME tenderão a escolher os produtos bancários em conformidade com a sua efetiva adequação às necessidades e a sua competitividade operacional e financeira.

O «cesto» para a abertura de um CDI tenderá a ser de menor dimensão quanto ao número de produtos, mas a crescer em valor acrescentado. Ou seja, o grau de exigência da procura aumenta, e com isso a intervenção não padronizada e, logo, com um acrescento de mais-valia final e necessariamente de rentabilidade.

OFERTA: MODULIZAÇÃO E SEGMENTAÇÃO DO CRÉDITO E DOS SERVIÇOS BANCÁRIOS

Figura II-4: Exemplo de oferta do módulo «cesto»

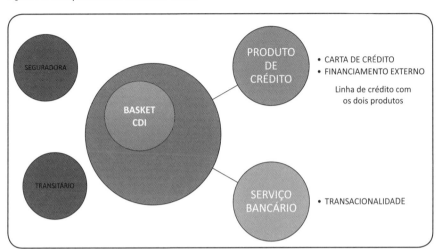

Deste modo, e voltando ao nosso exemplo, a PME tenderá a recorrer a vários interlocutores para concretizar a sua importação na perspetiva financeira e operacional (banco, seguradora/mediador, transitário), mas do banco exigirá uma estruturação da sua oferta menos simplificada. No caso vertente, e a título de exemplo, modelizou-se a oferta de crédito com a composição de uma linha multiproduto, integradora de um *plafond* para a abertura de cartas de crédito e de financiamento para a liquidação do CDI, ou seja, o produto integrado permite um *revolving* perfeito das necessidades de financiamento da empresa, uma vez que transforma a responsabilidade do CDI num empréstimo a prazo fixo de forma automática permitindo-lhe estender o prazo de pagamento do produto importado – acrescenta ao prazo decorrido do CDI o prazo estipulado para liquidar o empréstimo – e adequar a sua tesouraria ao ciclo efetivo do produto, que só termina com o recebimento dos seus clientes. Em conclusão, o banco vende menos produtos, mas com maior valor-acrescentado.

2.2.3. MÓDULO «FREE-WILL»

Quando se chega às grandes empresas, o nível de padronização diminui radicalmente e aumenta o grau de interação entre a oferta do banco e a estrutura financeira da própria empresa. Obviamente, nem todas as soluções terão de ser *taylor made*, mas mesmo uma simples conta-corrente tenderá a ter um nível de personalização qualquer. Neste contexto impera a customização de soluções, que estarão sempre ligadas às idiossincrasias das operações.

FIGURA II-5: Exemplo de oferta do módulo *free-will*

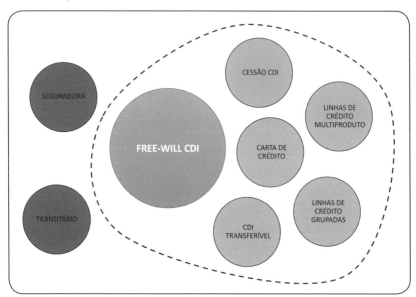

O banco funciona aqui quase como uma parte interna da estrutura da empresa, pensando a solução exclusivamente em função do caso específico em análise.

2.3. BANCA 2.0 E OFERTA MODULAR: MOBILIDADE, INTERAÇÃO E ADAPTABILIDADE

A oferta modular apresentada só poderá funcionar em pleno se integrada numa plataforma de gestão interna de produtos/serviços, que, a partir dos três módulos apresentados (ou outros), capacite as ferramentas de gestão de limites de crédito da flexibilidade necessária a permitir aos clientes, sobretudo por via remota (mobilidade), gerir os produtos contratados ao abrigo dos seus limites.

A montante, com os sistemas operativos de gestão dos produtos de crédito, e a jusante, com as plataformas de mobilidade, o banco tem de criar um todo integrado para que a flexibilidade modular possa ser completamente exponenciada.

FIGURA II-6: **Plataforma de gestão interna de produtos/serviços de crédito**

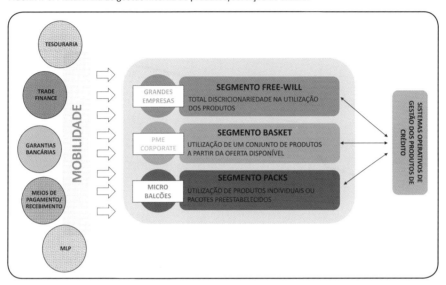

Hoje em dia, qualquer definição estratégica do negócio bancário tem de ser enquadrada num ambiente de mobilidade, interatividade e adaptabilidade contínua. Tudo isto é concretizado através da desmaterialização da banca convencional de balcão e suporte físico, que crescentemente passará a ser complementada (substituída?) pelas plataformas digitais. A evolução tecnológica dos últimos tempos alterou significativamente a forma como os clientes se relacionam com os seus bancos, prevendo-se que essa transformação sofra uma forte aceleração nos próximos anos, devido essencialmente ao forte desenvolvimento da oferta de soluções bancárias através de dispositivos móveis, em particular o telemóvel, com soluções de comunicação por vídeo.

FIGURA II-7: **A (forte) evolução das plataformas móveis**

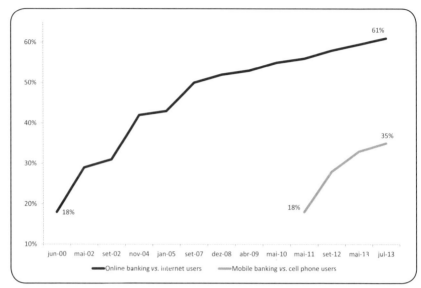

Fonte: BackBase

À medida que cresce o número de clientes com interesse em aceder a produtos e serviços bancários através de novos canais digitais em simultâneo com os canais mais tradicionais, aumenta a pressão para que os bancos desenvolvam estratégias multicanal completas e integradas.

De facto, cada vez mais pessoas acedem aos serviços bancários através do telemóvel e de outros equipamentos móveis. De acordo com o estudo *BASEF Internet Banking*, da Marktest, em 2014 eram 641 mil os portugueses com conta bancária que utilizavam os serviços de *internet banking* e também o serviço *mobile banking*. Os números são ainda mais impressionantes na esfera global do *internet banking*: os resultados acumulados até setembro de 2015 do mesmo estudo BASEF indicavam que 2,6 milhões de portugueses utilizam *internet banking*. A taxa de penetração de *internet banking* tem crescido sistematicamente desde 2003, quando 11,8 por cento dos bancarizados referiam possuir/utilizar o serviço; desde então, a penetração deste serviço já triplicou.

Não surpreende por isso que os bancos admitam crescentemente a intenção de aumentar o investimento no desenvolvimento de soluções para *smartphones* e planos para aumentar o investimento em aplicações para *tablets* e, de uma forma geral, reforçar o investimento em soluções que

OFERTA: MODULIZAÇÃO E SEGMENTAÇÃO DO CRÉDITO E DOS SERVIÇOS BANCÁRIOS

possibilitem a criação de uma visão integrada dos seus clientes, assim como as soluções de análises de clientes.

A origem do *internet banking* recua aos anos 80 do século passado, altura em que se registava a tentativa das entidades do setor bancário de oferecerem aos seus clientes serviços processados com a ajuda de meios eletrónicos. Em outubro de 1994 surgiu o primeiro esboço, pelo pioneiro Stanford Federal Credit Union, banco californiano, que tirou partido da expansão das telecomunicações em rede e da internet para quebrar as barreiras da distância e possibilitar a alternativa de realizar *online* diversas operações.

FIGURA II-8: Omnichannel banking

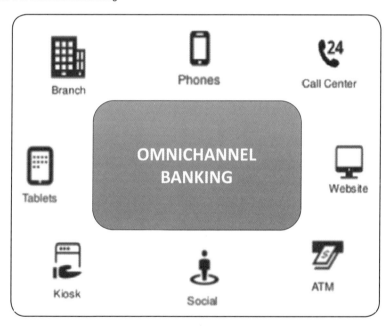

Desde então o conceito de *e-banking* alargou-se a qualquer atividade bancária com recurso a meios tecnológicos de informação, aplicando-se tanto a nível interno como externo às organizações. Enquanto dentro das empresas tem essencialmente funções estruturais, junto dos clientes é uma espécie de banco de acesso instantâneo a qualquer momento e em qualquer local.

Mas se o conceito operacional é o mesmo, os objetivos e a forma de os atingir têm vindo a modificar-se a um ritmo alucinante. O desafio atual passa por transformar os bancos em instituições orgânicas e permanentemente adaptáveis num ambiente *online*, ou seja, o banco deve servir os seus clientes numa plataforma digital global: *omnichannel*.

O *e-banking* tem poucos anos, mas a sua mutação tem sido violenta; o canal balcão passou a multicanal, este a *cross-channel*, e chegamos por fim ao atual *omnichannel*. Falamos de uma plataforma complexa em que tudo está integrado: as preferências e os comportamentos dos clientes são auscultados em permanência, importa estar presente com conteúdos e em contexto, alertar e notificar, personalizar os serviços e (se possível) os produtos, transmitir conteúdos de interesse (dentro da lógica dos interesses pessoais de cada cliente) e garantir segurança e confidencialidade.

FIGURA II-9: Do canal único ao *omnichannel*

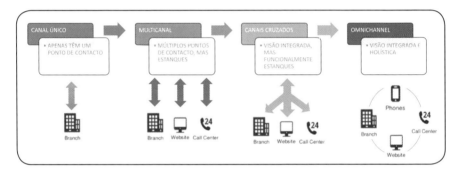

Naturalmente, esta aposta crescente na banca digital vai ter um forte impacto na estrutura comercial dos bancos. Além de passarem a existir menos espaços físicos, esses espaços vão ter menos pessoas e com formação distinta – uma vez que passarão a ser usados essencialmente para venda de produtos mais complexos e aconselhamento – e muitos dos contactos poderão ocorrer sem que os clientes se desloquem fisicamente aos balcões.

Continuarão também a surgir novos formatos, como sejam espaços quase *self-service* muito tecnológicos, ancorados em balcões *flagship*, geralmente espaços grandes que servem de montra de todas as soluções tecnológicas de que os bancos já dispõem, tratando-se essencialmente de iniciativas para reforçar o posicionamento das marcas em termos de inovação e menos relevantes em termos de negócio.

2.4. OFERTA SEGMENTADA PARA EMPRESAS

Independentemente da organização modular da oferta bancária, continuará a fazer sentido segmentar os diferentes produtos/serviços com base em critérios eles próprios elementos definidores do crédito bancário.

Assim, antes de se pormenorizar o vasto e multifacetado conjunto de instrumentos de apoio à atividade das PME, que constam no cardápio de praticamente todos os bancos que praticam em Portugal uma atividade universal, importa refletir sobre esses critérios de segmentação.

2.4.1. ELEMENTOS DEFINIDORES DO CRÉDITO BANCÁRIO

Ainda que possam ser distintos, complementares, substitutos ou não implicados, todos os instrumentos que fazem parte da oferta bancária têm estruturalmente os mesmos elementos definidores do crédito bancário.

O montante da operação de crédito está diretamente ligada ao objeto de financiamento, não tendo o seu valor de ser igual ao custo de aquisição do bem a financiar ou à necessidade de fundo de maneio da empresa. Aliás, na maior da parte das vezes não o é.

Ou seja, ao emprestar apenas uma parte do valor de que a empresa necessita, o banco está a ter um propósito muito preciso: por um lado, determina um maior compromisso da empresa com a operação de crédito e com o objeto do financiamento, não havendo nada mais envolvente que afetação de capitais próprios; por outro lado, o banco estabelece também uma margem de segurança face à volatilidade do preço de mercado do ativo financiado.

MONTANTE

Além destas considerações, importa referir que o Banco de Portugal, na sua Instrução n.º 59/96, paternaliza esta questão com a seguinte definição: «O montante da operação de crédito deverá ser fixado de harmonia com o valor do investimento a realizar considerando-se a capacidade de autofinanciamento, a sempre que possível contribuição de capitais próprios adicionais, a existência de subsídios, a situação financeira do potencial beneficiário e as orientações específicas eventualmente fixadas para o empreendimento a financiar.»

FIGURA II-10: **Elementos definidores do crédito**

O Decreto-Lei n.º 58/2013, de 8 de maio, classifica os créditos bancários quanto à sua maturidade, isto é, os prazos de vencimento, como créditos a curto, médio e longo prazo:
- São operações de crédito a curto prazo quando o prazo de vencimento não excede um ano;
- São operações de crédito a médio prazo quando o prazo de vencimento for superior a um ano, mas não a cinco anos;
- São operações de crédito a longo prazo quando o prazo de vencimento exceder cinco anos.

O prazo das operações, para efeitos de classificação, conta-se desde a data em que os fundos são postos à disposição do respetivo beneficiário e termina na data estipulada para a liquidação final e integral da operação em causa.

OFERTA: MODULIZAÇÃO E SEGMENTAÇÃO DO CRÉDITO E DOS SERVIÇOS BANCÁRIOS

Mas mais importante do que definir estas fronteiras é estabelecer uma correlação entre o prazo da operação e a vida económica do projeto/ativo a financiar e da capacidade previsional de reembolso. O princípio do equilíbrio financeiro aconselha que se financie um ativo através de uma fonte de financiamento com uma maturidade ou exigibilidade compatível com a via económica desse ativo e respetiva capacidade para se transformar em dinheiro. Consequentemente, um princípio simples de financiamento consiste em financiar os ativos correntes, ou capital circulante, com capitais de curto prazo e os ativos imobilizados com capitais de médio e longo prazo.

PREÇO E RISCO

Contudo, na prática, este princípio não pode ser aplicado de forma rígida. Assim, em primeiro lugar, levanta-se a questão de saber o que são ativos de caráter temporário ou permanente. Os ativos com caráter permanente incluem quer os ativos imobilizados quer o capital circulante de caráter permanente, como o capital circulante permanente acrescido de um *stock* de segurança de disponibilidades, e devem ser financiados tendencialmente com capitais permanentes. Já os ativos com caráter temporário ou sazonal incluem apenas o capital circulante de caráter transitório.

O custo do empréstimo (preço) e a avaliação da capacidade de reembolso (risco) serão objeto de uma análise mais fina nos capítulos seguintes.

GARANTIAS

As garantias associadas às operações de crédito são medidas de mitigação do risco, mas também de comprometimento e confiança que o empresário deve passar para o banco. O crédito não deve, portanto, ser concedido com base nas garantias dadas, servindo estas sobretudo para aproximar o grau de risco percecionado pelo banco e pela empresa.

Neste livro não nos vamos debruçar sobre a natureza jurídica das diferentes garantias que podem ser dadas, mas apenas elencá-las e defini-las, dentro de uma divisão quádrupla:

- Garantias pessoais;
- Garantias reais;
- Quase-garantias;
- Cláusulas de *default*.

Importa ainda notar que as garantias dadas podem ter uma natureza específica, se restringidas a uma operação em concreto, ou genérica, se a sua abrangência se generalizar a mais de uma responsabilidade creditícia.

As garantias pessoais existem quando uma pessoa ou entidade, além do mutuário, assegura o cumprimento das obrigações contratuais de uma segunda pessoa ou entidade caso esta entre em incumprimento. O aval é a grande representante das garantias pessoais.

O aval mais comum é aquele que é dado sobre uma livrança em branco subscrita pelo mutuário. Nesta modalidade, o aval cauciona o valor pelo qual a livrança é preenchida, conforme condições espelhadas num pacto de preenchimento da referida livrança em branco (restringe ou especifica o grau de abrangência da garantia). A fiança é muito semelhante ao aval, com a diferença de que não é aposta sobre um título específico; contudo, tal como no aval, o fiador responde com o seu património por todas as responsabilidades do contrato assinado pelo devedor caso este último não o cumpra.

Como garantia pessoal também se podem enquadrar as garantias dadas por outros bancos, normalmente de execução automática (on first demand), ou seguradoras (seguro de caução).

Por sua vez, as garantias reais asseguram o pagamento ao credor caso haja incumprimento, através do valor de um bem ou dos rendimentos gerados por certos bens. As garantias reais são dominadas por completo por hipotecas e penhores.

A hipoteca serve como proteção para o banco em caso de incumprimento do devedor, em que é ressarcido através do valor de bens imóveis ou equiparados, dados como garantia por parte do devedor e pertencentes ao mutuário ou a terceiros. Muito importante, caso o devedor entre em incumprimento generalizado com terceiros, é que o credor com hipoteca tem privilégios especiais ou prioridade de registo.

As hipotecas mais usuais são as que incidem sobre o direito de propriedade de imóveis. Contudo, também se podem hipotecar apenas o direito de superfície (isto é, o direito de construir em terreno alheio) ou de usufruto, de direitos de concessão (normalmente em bens públicos) e de bens móveis equiparados a imóveis porque objeto de registo (por exemplo automóveis, aviões e barcos).

O penhor é uma espécie de hipoteca sobre os bens e direitos que não são objeto de registo. Aqui a multiplicidade de bens e direitos que podem ser penhoras é imensa. Deixam-se alguns exemplos: depósito bancário e penhor financeiro em geral, direitos de propriedade intelectual (direitos de autor) e industrial (marcas, patentes, logótipos), créditos que o devedor tem sobre terceiros (rendas), estabelecimento comercial e direito ao trespasse e arrendamento, obras de arte e joias, etc.

Finalmente, importa referir ainda como garantia real a consignação de rendimentos, que consiste em afetar como garantia do cumprimento de um crédito os rendimentos gerados por bens imóveis ou bens móveis sujeitos a registo.

As quase-garantias não são efetivamente garantias, já que não oferecem imediatamente a possibilidade de compensar o incumprimento, mas são peças jurídicas que confortam os bancos. Esta natureza de quase-garantia apenas se impõe perante duas situações: a impossibilidade de se obter uma garantia efetiva, entendendo o banco que a valia da operação não deve ser posta em risco por esse facto, e o poder negocial do mutuário, surgindo esta solução como um meio-termo.

A quase-garantia mais conhecida é a carta de conforto *(confort letter)*. Estas declarações são feitas quase sempre por sociedades-mãe ou pelo Estado, que desta forma pretendem confortar com o seu risco o banco na concessão de crédito a uma sua participada. E se é verdade que a carta de conforto não tem força jurídica como garantia, atendendo a que se trata de uma declaração, o teor da mesma define diferentes níveis gradativos de conforto. Esse grau de conforto pode ir assim de uma mera declaração moral a um conteúdo «versão fiança».

Outros instrumentos que obrigam os mutuários sem os implicarem como garantes são as promessas de constituição de garantias (mesmo que promessas irrevogáveis), o cativo e a consignação de receitas (este um mero compromisso, ao contrário da garantia real, que é a consignação de rendimentos gerados por imóveis ou móveis objeto de registo).

Finalmente, e ainda enquadrada nesta temática das garantias, surge também a inclusão nos contratos de empréstimo, seja qual for a sua modalidade, de um conjunto de cláusulas que, não sendo garantias, os protegem quanto a alterações às condições iniciais da contratação. As cláusulas em questão, chamadas de *default* ou incumprimento, implicam quando incumpridas a constituição do direito do banco de revogar automaticamente o contrato.

A seguir apresentam-se as mais recorrentes cláusulas de *default* em contratos de empréstimos bancários.

Na cláusula de *negative pledge* a empresa assume a obrigação de não constituir a favor de terceiros (ou mesmo prometer a constituição) de qualquer garantia sobre ativos que façam ou venham a fazer parte do seu património, desde que para tal não obtenha a prévia autorização por parte do banco. Com esta cláusula o banco pretende salvaguardar o direito de recuperação do seu crédito em caso de incumprimento, uma vez que terá de ter sempre conhecimento da constituição de garantias sobre os ativos desonerados do mutuário. Assim, não será surpreendido em caso de incumprimento ao ver outros credores terem privilégios de execução sobre ativos do mutuário.

Atenda-se ao seguinte exemplo: o banco X concede um crédito sem garantias reais à empresa Y, mas tem conhecimento de que a empresa possui um imóvel desonerado de valor superior ao financiamento; entretanto, a mesma empresa Y contrai um novo empréstimo junto do banco Z, mas dá em garantia a hipoteca sobre o referido imóvel. Se o banco X desconhecer a existência da hipoteca, caso a empresa Y incumpra com os dois bancos, só o banco Z estará devidamente garantido.

Na cláusula de *cross default*, caso a mutuária (ou outra empresa por si detida ou controlada) incumprir num financiamento qualquer contraído junto de determinado banco, este tem o direito de antecipar o vencimento de todos os outros empréstimos. Esta cláusula permite antever problemas futuros para o banco, que perante o início de um problema não tem de aguardar o incumprimento de todos os financiamentos para agir e acionar todas as suas garantias.

A *ownership clause* protege o banco da alteração da estrutura societária da empresa, permitindo-lhe antecipar o vencimento do contrato caso não autorize a mudança do equilíbrio de forças dentro do capital social da mutuária. A *ownership clause* vai ao encontro da importância do risco dos sócios na concessão do crédito. Ou seja, tendo o banco contratado um financiamento com uma empresa em que sabe que determinado indivíduo ou sociedade exerce um controlo, tem todo o direito de ponderar se pretende manter o empréstimo com a nova estrutura societária.

A cláusula de *pari passu* consubstancia-se numa mera declaração por parte do mutuário segundo a qual inexistem e inexistirão créditos privilégios sobre o seu património. Estão todos os créditos no mesmo patamar sem privilégios (*pari passu*). Contudo, esta cláusula deve ser bastante relativizada por parte dos bancos, uma vez que a lei geral estabelece privilégios creditórios a outras entidades, nomeadamente o Estado.

As cláusulas de *default* funcionam como *covenants*, ou seja, circunstâncias que permitem ao banco declarar o vencimento antecipado do crédito concedido. No âmbito da liberdade contratual podem ser considerados inúmeros *covenants* financeiros ou não financeiros.

Os *financial covenants* são incluídos nos contratos de financiamento para garantirem desempenhos económico-financeiros mínimos às mutuárias. Ultrapassados esses níveis mínimos, os bancos ficam com a liberdade de ponderar se pretendem manter os empréstimos nas condições inicialmente contratadas.

Deste modo, perante um incumprimento dos *financial covenants*, o banco pode, numa decisão extremada, revogar automaticamente o contrato ou, numa decisão mais comum, conceder um *waiver* ao seu cumprimento e aproveitar para introduzir alterações contratuais. Esses ajustamentos passam normalmente pelo agravamento do *pricing*, mas podem converter-se ainda no reforço das garantias ou na introdução de mais *covenants*.

Alguns dos *financial covenants* mais comuns são os que se seguem:

- Grau de autonomia financeira;
- Dívida bancária ou equiparada (isto é, dívida remunerada) líquida de caixa e disponibilidades ponderadas pelo *cash-flow* operacional; este *covenant* é muitas vezes denominada pela sua expressão anglo-saxónica *net debt*/EBITDA;
- Rácio de cobertura dos juros pagos (*interest coverage ratio*: EBITDA/juros) e/ou rácio de cobertura do serviço da dívida (*debt service coverage ratio*: EBITDA/(juros mais capital));
- Rácio financiamento/garantia *(loan-to-value)*, que mede a relação entre o montante do empréstimo e o valor da garantia.

A aplicação de um determinado *financial covenant* a um empréstimo depende do critério arbitral do banco, que tende a ajustar os rácios de incumprimento de acordo com o objeto do financiamento. Em financiamentos a ativos imobiliários é quase inevitável não se associar o *loan-to-value*, sendo o rácio *net debt*/EBITDA é incontornável em quase todos os financiamentos que tenham *financial covenants* na ficha técnica.

A melhor combinação de *financial covenants* é a que cruza rácios de balanço com rácios da demonstração de resultados. Por exemplo, a combinação mais comum e eficaz é aquela que cruza o grau de autonomia financeira com o rácio *net debt*/EBITDA. O primeiro centra-se na estrutura financeira da empresa (balanço) e o segundo na situação económica (demonstração de resultados).

Além das garantias e dos *covenants*, os contratos de financiamento podem considerar uma multiplicidade de condições, quer precedentes à contratação, quer subsequentes, implicando o seu incumprimento a possibilidade de o banco declarar a dívida vencida. A seguir expõe-se uma bateria de condições, com indicação (possível, fora do contexto do empréstimo) do seu racional:

- Obtenção de licença de construção e aceitação dos contratos de empreitada: condição prévia imprescindível em operações de financiamento à construção;
- Não contratação de endividamento adicional (além de um valor máximo razoável para investimentos de substituição operacionais) e proibição de distribuição de quaisquer resultados e reservas: condição importante para garantir que o mapa de *cash-flows* que sustentou o financiamento não é adulterado;
- Subordinação dos fundos próprios e quaisquer outros créditos dos sócios ao reembolso da dívida: o mesmo racional da condição anterior;
- Inexistência de dívidas junto dos organismos públicos, nomeadamente Segurança Social e Finanças: entre outras (e muitas) razões, porque funcionam como indicadores claros de degradação da situação económico-financeira;
- Obrigatoriedade da cobertura do risco de taxa de juro para 100 por cento do financiamento: forma de fixar a taxa de juro e deste modo estabilizar o mapa de *cash-flows* do financiamento;
- Obrigatoriedade de dar todo o tipo de informações económico--financeiras sempre que solicitado pelo banco, dentro de um quadro de periodicidade razoável: forma de monitorizar com proximidade a empresa ou o projeto financiado.

Por fim, e em tom introdutório da oferta segmentada, volta-se ao princípio dos elementos definidores do crédito bancário, para falar no objeto de aplicação do crédito. A finalidade das operações de crédito pode ser variada, julgando-a o banco FINALIDADE à luz da sua análise económico-financeira da empresa e da operação *per se*, mas todas têm de cumprir a todo o momento com dois princípios basilares:

- A operação tem de estar de acordo com a política de crédito do banco; e
- Terá de ser aplicada em atividades legais.

FIGURA II-11: **Crédito por desembolso e por assinatura**

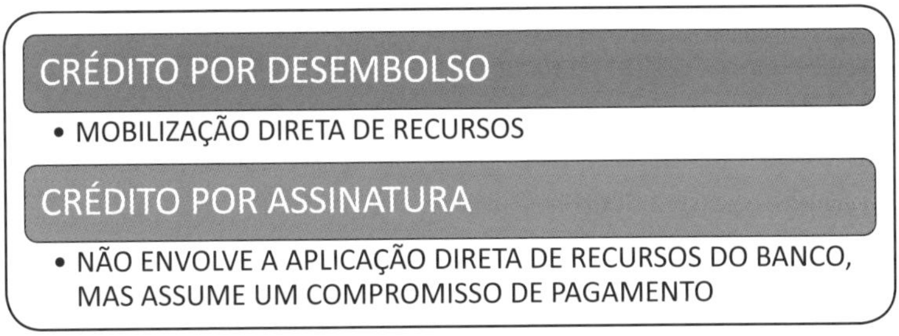

CRÉDITO POR DESEMBOLSO
- MOBILIZAÇÃO DIRETA DE RECURSOS

CRÉDITO POR ASSINATURA
- NÃO ENVOLVE A APLICAÇÃO DIRETA DE RECURSOS DO BANCO, MAS ASSUME UM COMPROMISSO DE PAGAMENTO

Tendo a finalidade como elemento primeiro de definição, pode fazer-se a principal divisão macro do crédito bancário, que se encontra na existência ou não de desembolso de fundos aquando da concessão desse crédito. Na presença de uma operação de crédito sem desembolso diz-se que se trata de crédito por assinatura, em que o banco assume uma obrigação de um eventual fluxo financeiro futuro; por isso mesmo estas operações não são registadas em balanço, pois são responsabilidades contingentes e não efetivas.

Numa escala mais desagregada, ainda que sintética, a segmentação pode ser ainda mais apurada (cf. figura).

FIGURA II-12: **Principais operações de crédito**

Contudo, a segmentação que mais se adequa à organização modular e a funcionar interativamente numa plataforma multidisciplinar, defendida atrás, é a que formata a oferta em *packs* de soluções para empresas, princípio que continua fiel à segmentação por finalidade da operação de crédito.

FIGURA II-13: Oferta segmentada

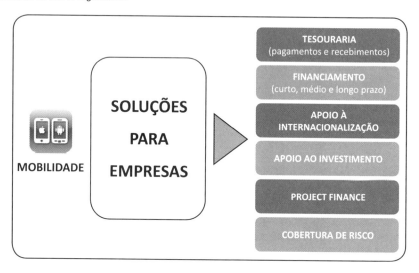

2.4.2. TESOURARIA

Os fatores críticos de sucesso de uma empresa são em geral identificados como o domínio da tecnologia de produção, o acesso ao capital e a capacidade para suprir competitivamente necessidades reais de mercado. Não poucas vezes esquecemo-nos de um igualmente muito importante fator de sucesso: a capacidade de gerir a tesouraria. Uma empresa com produto, mercado/clientes, meios de produção e capacidade de venda nunca será o protótipo de uma empresa de sucesso se o seu ciclo de tesouraria não for gerido com propósito.

Já todos ouvimos falar em empresas que «morrem na praia», uma expressão representativa de empresas cuja viabilidade é posta em causa pelas insuficiências de tesouraria, ou seja, de honrar os compromissos a curto prazo que permitem manter o ciclo de exploração. As decisões financeiras de curto prazo, apesar de não tão exigentes tecnicamente como as de longo prazo, não são menos importantes. Uma empresa poderá

OFERTA: MODULIZAÇÃO E SEGMENTAÇÃO DO CRÉDITO E DOS SERVIÇOS BANCÁRIOS

identificar oportunidades de investimento extremamente valiosas, encontrar um rácio de endividamento ótimo, seguir uma política de distribuição de *cash-flows* perfeita e, no entanto, desmoronar-se porque ninguém se preocupa com angariar fundos para pagar as faturas do mês seguinte. Desta forma, o planeamento financeiro a curto prazo desempenha um papel fundamental em qualquer organização empresarial.

Mas se a gestão do fluxo de caixa para assegurar que em circunstância alguma o saldo da conta se encontra numa situação deficitária é crítico, por interromper o abastecimento normal de recursos à empresa e suspender o processo produtivo, as situações de excesso de tesouraria também são de evitar, dado o custo de oportunidade de recursos financeiros ociosos.

A gestão da tesouraria é sobretudo um processo de ajustamento, mas está intimamente relacionado com os níveis e necessidades de capital circulante da empresa. Convém não esquecer que a dimensão temporal do processo produtivo implica que os fluxos de pagamentos e de recebimentos não são coincidentes. Por norma, há um hiato entre o momento em que se efetua o pagamento das matérias-primas e se recebe o proveito das vendas que lhes correspondem, o que exige disponibilidade permanente de caixa.

O desfasamento, ou a maior ou menor extensão do ciclo de tesouraria, é por norma financiado com recurso a capitais permanentes. Contudo, a empresa pode atuar sobre o ciclo de tesouraria através de políticas comerciais e instrumentos financeiros de modo a reduzir o nível das necessidades permanentes. Há também circunstâncias em que é possível adotar estratégias produtivas e comerciais que aumentam a coincidência dos fluxos de entrada e saída de fundos financeiros, além de soluções que os intermediários financeiros põem ao dispor das empresas, em condições mais vantajosas do que o custo dos capitais permanentes.

Para fazer da tesouraria um centro de criação de valor, as empresas, na sua relação com os bancos, necessitam essencialmente de soluções de pagamentos/recebimentos e de gestão de saldos.

Uma oferta integrada de tesouraria passa por crédito, serviços e recursos, e desdobra-se num apoio aos pagamentos da empresa, da transacionalidade corrente à disponibilização aos fornecedores de crédito para antecipação das faturas *(confirming)*, bem como aos recebimentos, que passa pela oferta de diferentes módulos de cobrança/receção de fundos (TPA, pagamento por multibanco, ordens de pagamento recebidas, cobranças) e pelo desconto/adiantamento dos valores a receber das vendas (desconto comercial, *factoring*). A colar estas duas faces da mesma moeda, a gestão eficiente (financeira e fiscal) dos saldos de tesouraria.

FIGURA II-14: Oferta integrada de tesouraria

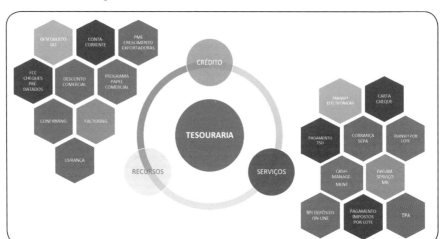

Apenas o endividamento a curto prazo, passivo discricionário de curto prazo, tem caráter de fonte de financiamento de curto prazo. A característica essencial que diferencia o financiamento de curto prazo do financiamento de médio e longo prazo é a vida económica do financiamento, já que, por convenção, o financiamento a curto prazo designa o financiamento de duração no máximo igual a um ano.

Entre a diversidade de produtos e serviços que constituem a oferta de tesouraria, destacar-se-ão os mais disruptivos e que, apesar de toda a informação divulgada pelos bancos, continuam a ser menos conhecidos.

OFERTA: MODULIZAÇÃO E SEGMENTAÇÃO DO CRÉDITO E DOS SERVIÇOS BANCÁRIOS

FIGURA II-15: A tríade da oferta de tesouraria

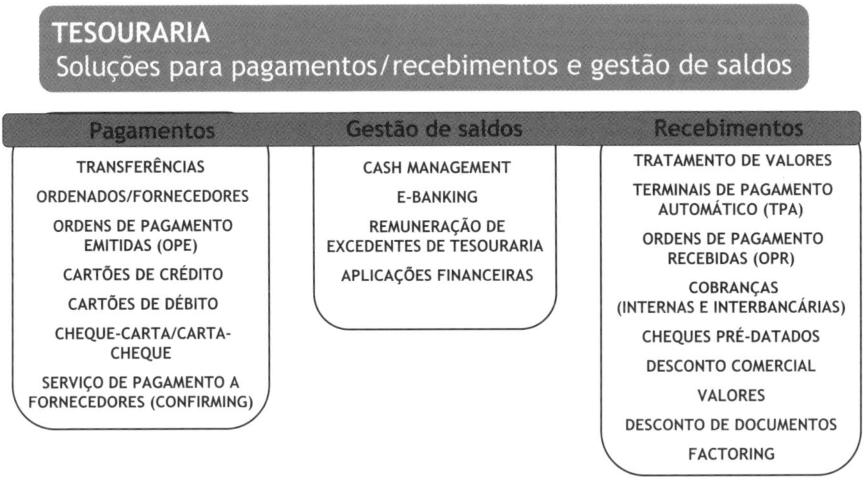

TESOURARIA
Soluções para pagamentos/recebimentos e gestão de saldos

Pagamentos	Gestão de saldos	Recebimentos
TRANSFERÊNCIAS	CASH MANAGEMENT	TRATAMENTO DE VALORES
ORDENADOS/FORNECEDORES	E-BANKING	TERMINAIS DE PAGAMENTO AUTOMÁTICO (TPA)
ORDENS DE PAGAMENTO EMITIDAS (OPE)	REMUNERAÇÃO DE EXCEDENTES DE TESOURARIA	ORDENS DE PAGAMENTO RECEBIDAS (OPR)
CARTÕES DE CRÉDITO	APLICAÇÕES FINANCEIRAS	COBRANÇAS (INTERNAS E INTERBANCÁRIAS)
CARTÕES DE DÉBITO		CHEQUES PRÉ-DATADOS
CHEQUE-CARTA/CARTA-CHEQUE		DESCONTO COMERCIAL
SERVIÇO DE PAGAMENTO A FORNECEDORES (CONFIRMING)		VALORES
		DESCONTO DE DOCUMENTOS
		FACTORING

2.4.2.1. CASH-MANAGEMENT

O conceito de *cash-management* pode ser traduzido livremente como gestão integrada de tesouraria. Não são apenas meios de pagamento e recebimento integrados com linhas de crédito de apoio à tesouraria e não é apenas *cash-pooling*. Um serviço completo de *cash-management* ambiciona integrar uma conta D. O., uma conta poupança e/ou uma conta crédito, bem como o serviço de transferência automática entre contas, em função da escassez ou do excesso de liquidez.

Num âmbito mais alargado, a solução de *cash-management* relaciona-se com soluções de *factoring* e *confirming* e, como não podia deixar de ser, em qualquer solução de tesouraria, com uma oferta completa de soluções de meios de pagamento e recebimento, que funcionam como facilitadores da retenção da tesouraria das empresas.

A solução desagrega-se num conjunto de ofertas que terá de apresentar à cabeça a possibilidade de utilização, por parte de várias empresas pertencentes a um mesmo grupo, de um descoberto grupado. Isto é, a partir de um limite de crédito único, todas as empresas do grupo podem ser utilizadoras em conformidade com as suas necessidades de tesouraria.

O passo seguinte da solução de *cash-management* passa pela robustez de um sistema de *cash-pooling*, que permita à empresa maximizar ao mesmo tempo os saldos credores e devedores nas suas contas bancárias.

O FINANCIAMENTO BANCÁRIO DE PME

FIGURA II-16: As partes do *cash-management*

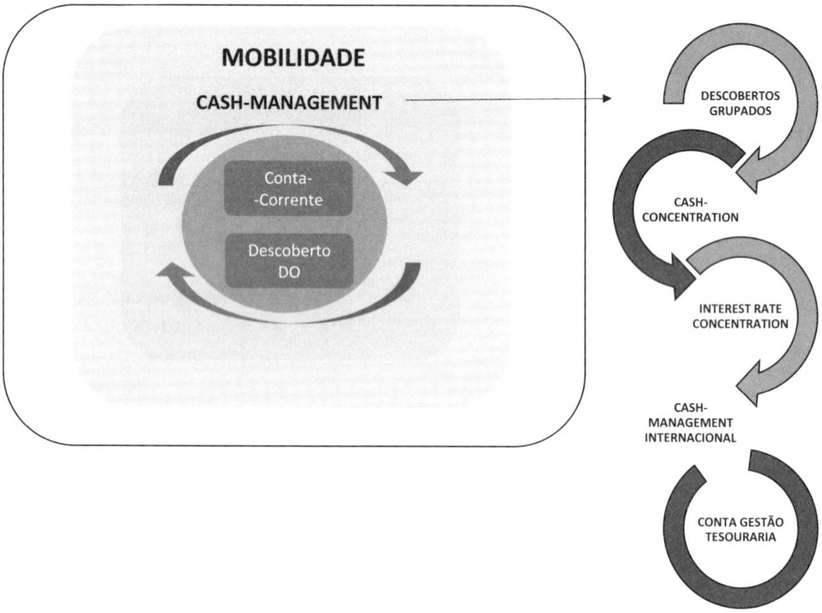

MOBILIDADE

CASH-MANAGEMENT

Conta-
-Corrente

Descoberto
DO

DESCOBERTOS
GRUPADOS

CASH-
CONCENTRATION

INTEREST RATE
CONCENTRATION

CASH-
MANAGEMENT
INTERNACIONAL

CONTA GESTÃO
TESOURARIA

Com a aplicação do *cash-pooling* as diferentes contas bancárias são compensadas, restando apenas um saldo positivo ou negativo, o que obsta ao pagamento de juros sobre contas descobertas (negativas) a uma taxa superior àquela de que a empresa usufrui nas contas positivas. Ou seja, com um sistema de *cash-pooling* procede-se à concentração da liquidez da empresa, para que esta possa usufruir das melhores condições possíveis, quer nos saldos credores quer nos devedores.

São vários os modelos de gestão centralizada de tesouraria. Contudo, os mais interessantes e usualmente utilizados são os seguintes:

- *Zero balancing*
- *Cash-pooling* virtual;
- *Pooling*.

Vejamos cada um destes modelos através do seguinte exemplo-base, com os seguintes pressupostos e alicerçada numa empresa com quatro contas bancárias:

Cenário base	Taxa de juro	Conta A	Conta B	Conta C	Conta D	Cash-pooling
	Credora	2,0%	2,0%	2,5%	1,5%	2,5%
	Devedora	4,0%	5,0%	4,0%	5,0%	5,0%
	Saldo	-1.000	3.000	-2.500	5.500	

Na circunstância de a empresa estar num cenário sem *cash-pooling*, apesar de ter um valor de saldo credor superior ao saldo devedor, regista no final do mês um saldo final compósito inferior ao saldo inicial.

Contas	Saldo inicial	Taxas de juro inicial	Cash-pooling	Taxas de juro final	Juros	Impostos	Saldo final
A	-1.000,00	4,0%		4,0%	-3,33	-0,13	-1.003,47
B	3.000,00	2,0%		2,0%	5,00	-1,00	3.004,00
C	-2.500,00	4,0%		4,0%	-8,33	-1,67	-2.510,00
D	5.500,00	1,5%		1,5%	6,88	-1,38	5.505,50
Total	5.000,00				0,21	-4,18	4.996,03

Desta forma, fica evidenciada a importância de se recorrer a uma gestão de tesouraria mais eficiente.

Na solução *zero balancing* não revertido existe uma conta central que concentra todos os saldos, que originará no final do dia um saldo zerado. Por norma neste modelo apenas a conta concentradora *(pool)* é remunerada.

Contas	Saldo inicial	Taxas de juro inicial	Cash-pooling	Taxas de juro final	Juros	Impostos	Saldo final
A	-1.000,00	4,0%		0,0%	0,00	0,00	0,00
B	3.000,00	2,0%		0,0%	0,00	0,00	0,00
C	-2.500,00	4,0%		0,0%	0,00	0,00	0,00
D	5.500,00	1,5%		0,0%	0,00	0,00	0,00
Pool	0,00	2,5%	5.000,00	2,5%	10,42	-2,08	5.008,33
Total	5.000,00				0,21	-2,08	5.008,33

Esta é a solução mais simples e mais utilizada. O resultado final evidencia também o efeito positivo de se zerar ao final do dia todas as contas revertendo os seus saldos a favor de uma conta aglutinadora: o saldo final é superior ao inicial.

Na gestão de tesouraria com *cash-pooling virtual* não existe *zero balancing*, sendo o apuramento da taxa de juro efetuado numa «conta virtual». Após a determinação da taxa de juro a aplicar (neste caso 2,5 por cento), a determinação do juro e do imposto é efetuada em cada conta.

Contas	Saldo inicial	Taxas de juro inicial	Cash-pooling	Taxas de juro final	Juros	Impostos	Saldo final
A	-1.000,00	4,0%		2,5%	-2,08	-0,08	-1.002,17
B	3.000,00	2,0%		2,5%	6,25	-1,25	3.005,00
C	-2.500,00	4,0%		2,5%	-5,21	-1,04	-2.506,25
D	5.500,00	1,5%		2,5%	11,46	-2,29	5.509,17
Pool	0,00	2,5%	5.000,00		0,00	0,00	0,00
Total	5.000,00				10,42	-4,67	5.005,75

Finalmente, na gestão com *pool* também os saldos das contas parcelares não são zerados. Em cada uma das contas parcelares é efetuado o cálculo

O FINANCIAMENTO BANCÁRIO DE PME

de juros e imposto como se não existisse *cash-pooling*; o processo só é gerido eficientemente na conta *pool*, que apura o juro pela diferença entre os dois processos de cálculo – com e sem *cash-pooling* – e nesta conta aglutinadora são lançados os juros dessa diferença.

Contas	Saldo inicial	Taxas de juro inicial	Cash-pooling	Taxas de juro final	Juros	Impostos	Saldo final
A	-1.000,00	4,0%		4,0%	-3,33	-0,13	-1.003,47
B	3.000,00	2,0%		2,0%	5,00	-1,00	3.004,00
C	-2.500,00	4,0%		2,5%	-8,33	-1,67	-2.510,00
D	5.500,00	1,5%		1,5%	6,88	-1,38	5.505,50
Pool	0,00	2,5%	5.000,00	2,5%	7,08	-1,42	5,66
Total	5.000,00				10,41	-4,67	5.005,45

(Pooling)

Ou seja, nesta solução os juros da conta *pool* resultam da seguinte diferença: juro com *cash-pooling* [5000 × 2,5 por cento/12 = 10,41] – juro sem *cash-pooling* de cada conta parcelar [-3,33 + 5,00 – 5,21 + 6,88 = 3,33].

Como se constata no exemplo aplicado para cada um dos métodos de *cash-pooling*, a solução escolhida implica resultados diferenciados e estes decorrem do efeito fiscal.

2.4.2.2. FACTORING

Na base do produto de crédito *factoring* está, antes de tudo o mais, um serviço de cobrança a empresas fornecedoras de bens e/ou serviços, que cedem créditos de curto prazo (sobretudo faturas) sobre os seus clientes. Em complementaridade ao serviço de cobrança é que existe o produto de crédito, que passa pelo adiantamento dos créditos cedidos.

Assim, se a empresa apenas pretender externalizar a gestão de cobrança da sua carteira de créditos, pode contratar o serviço de *factoring* a um banco, que, à imagem do que acontece com os cheques pré-datados e as letras, na data de vencimento das faturas procede à sua cobrança. Em acrescento, e perante o reconhecimento por parte do banco do valor a prazo das faturas cedidas, a empresa pode antecipar o recebimento dessas faturas mediante o seu adiantamento.

Existem duas modalidades de *factoring*: com e sem recurso. Na primeira dessas modalidades, caso o devedor não pague a fatura na data do seu vencimento, o banco tem o direito de regresso, ou seja, de debitar o aderente. Por sua vez, no *factoring* sem recurso o banco assume integralmente o risco sobre os devedores, acontecendo isto independentemente de existir adiantamento. Atendendo ao risco envolvido nesta última modalidade, normalmente o *factoring* sem recurso está coberto por um seguro de crédito que cobre até 85 por cento do valor das faturas quando estas são sobre o mercado interno e 95 por cento do mesmo valor se as faturas são sobre o mercado externo.

Como não podia deixar de ser, o acesso a este produto envolve requisitos que espelham as suas próprias idiossincrasias. Destacam-se os seguintes: os créditos cedidos têm de ser a curto prazo, ou seja, o prazo que medeia entre a data de emissão da fatura e a sua data de vencimento não pode ultrapassar um ano; os devedores têm de ser notificados da cessão dos créditos, que não pode ser por eles recusada; toda a faturação correspondente a cada devedor tem de ser entregue ao mesmo banco, e é motivo de exclusão do devedor de um contrato de *factoring* caso este pague diretamente à empresa, apesar de notificado quanto à cessão dos créditos.

FIGURA II-17: Fluxos do contrato de *factoring*

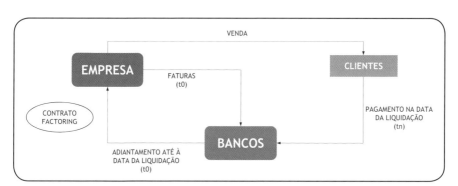

Os documentos de suporte a um contrato de *factoring*, definidos pelo banco, dependem de várias questões, nomeadamente do circuito de venda e faturação do aderente, do modo de transporte das mercadorias, do setor de atividade, dos devedores envolvidos, etc. Dependendo dos documentos de suporte exigidos, a operação poderá ser classificada como de confirmação completa, em que o devedor, explícita e irrevogavelmente, confirma as faturas que vai pagar ao banco e o seu valor líquido.

Por outro lado, caso não seja possível obter dos devedores um documento que elimine totalmente o risco comercial, existe a operação com confirmação adequada, que não garante que ele venha a pagar a fatura ao banco. Nesta condição, o banco costuma solicitar para seu conforto outros documentos de suporte, como sejam a guia de remessa assinada pelo responsável de armazém, juntamente com as faturas.

Claro que existe ainda a situação limite da operação sem confirmação, em que a empresa se limita a entregar a fatura ao banco.

As vantagens deste produto para as empresas são muito claras:

- Liberta a empresa da tarefa de gestão das cobranças, com redução dos custos operacionais;
- Simplifica o processo contabilístico, substituindo diversas contas de cliente por uma única conta-corrente que é a do banco, sem perda de informação relativa ao comportamento dos clientes (cobranças realizadas, créditos em atraso, saldo de cada cliente, etc.);
- Maior liquidez e estabilidade na tesouraria com o pagamento à vista de vendas realizadas a prazo, eliminando qualquer risco de cobrança no caso do *factoring* sem recurso;
- Fonte de financiamento, de natureza comercial, mais acessível às PME do que o crédito financeiro puro;
- Maior segurança nas exportações, que quase se tornam vendas nacionais, dado que o serviço de cobrança no estrangeiro é assegurado pelo banco local.

Note-se, finalmente, que os bancos evitam contratar *factoring* com empresas de alguns setores, por exemplo os relacionados com bens perecíveis e de moda, em que existem devoluções frequentes de mercadorias ou bens entregues à consignação, bem como aquelas em que se praticam prazos de pagamento superiores a um ano; os prestadores de serviços com muita litigância relativa à dificuldade de definição dos termos contratuais (consultoria, publicidade, informática, limpeza, segurança, etc.) também não são moldados para este produto.

2.4.2.3. CONFIRMING

Tal como acontece com o *factoring*, o *confirming* tem uma dupla natureza de serviço e de financiamento. O serviço é uma vez mais de gestão da carteira de créditos da empresa aderente, comunicando o banco aos fornecedores da empresa aderente que o seu cliente deu instruções para proceder ao pagamento de um lote de faturas numa data futura.

Contudo, no *confirming* o serviço de financiamento complementar à gestão das faturas não é prestado a quem tem o serviço contratado, mas sim ao seu fornecedor. Ou seja, no *confirming* o fornecedor poderá proceder ao pedido de pagamento antecipado do valor total ou parcial dos créditos, passando a instituição financeira a garantir o pagamento integral das faturas entretanto antecipadas.

FIGURA II-18: **Fluxos do contrato de *confirming***

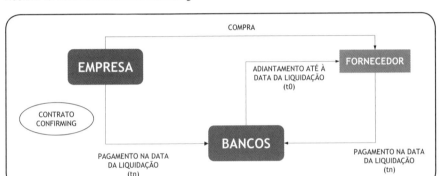

Através do *confirming*, a gestão do pagamento a fornecedores passa a ser feita pela instituição financeira, que fica encarregada de notificar os fornecedores e de os informar sobre os montantes a serem pagos e as datas de vencimento. Este serviço tem acoplada, e é aí que os bancos apostam, a possibilidade de o fornecedor pedir o pagamento antecipado das faturas, com base no valor que tem a receber e nas suas necessidades de tesouraria.

O aviso de pagamento informa o fornecedor do valor que o banco, por conta e ordem da empresa devedora, irá pagar em data futura; caso o fornecedor solicite o pagamento antecipado de uma fatura, pelo valor total ou parcial, o pagamento integral do valor da fatura passa a ser garantido pelo banco.

No caso do *confirming* podem perceber-se vantagens quer na ótica da empresa aderente, quer da sua empresa fornecedora:
– Empresa aderente
  - Permite dilatar os prazos de pagamento aos fornecedores, uma vez que permite ao fornecedor antecipar os recebimentos;
  - Confere aos fornecedores uma garantia de pagamento dada pelo banco, reforçando desta forma o poder negocial e a imagem do cliente junto desse fornecedor;

- Liberta a empresa da tarefa de gestão das cobranças, com redução dos custos operacionais.
- Fornecedor
  - Pode receber antecipadamente o valor das faturas, em condições equivalentes às de pronto pagamento, já que o financiamento obtido é equivalente ou melhor, em comparação com o desconto de pronto pagamento usualmente praticado;
  - Obtém cobertura de risco, caso se esteja na presença do pagamento antecipado de faturas confirmadas;
  - Melhora a gestão de tesouraria e reduz a carga administrativa no processo de cobranças, conhecendo-se com antecedência e rigor o valor e a data de pagamento das suas faturas.

2.4.3. FINANCIAMENTO — SOLUÇÕES DE CURTO, MÉDIO E LONGO PRAZO

As necessidades de financiamento das empresas são distintas consoante as maturidades (prazos), por sua vez relacionadas com a vida útil do bem a adquirir com os fundos disponibilizados pelo crédito bancário.

FIGURA II-19: Oferta de financiamento puro

2.4.3.1. DA CONTA-CORRENTE AO PAPEL COMERCIAL

A atividade de qualquer empresa, independentemente do setor em que atua, exige capitais circulantes para fazer frente às despesas de produção, de matérias-primas a mão de obra, passando pelos custos gerais necessários ao fabrico do produto final ou à prestação do serviço. O retorno desses capitais circulantes só ocorre quando se concretiza o recebimento das vendas, sendo objetivo primeiro da empresa que o valor recebido supere os custos (vários) de produção.

Mesmo nas empresas que produzem *just-in-time*, o recebimento das vendas processa-se a prazo. Deste modo, se a empresa pretender manter a sua atividade sem paragens, ou tem fundos próprios para iniciar um novo ciclo produtivo enquanto aguarda o pagamento dos clientes ou tem de recorrer ao crédito bancário para esse efeito.

O crédito para apoio à tesouraria é geralmente de curto prazo, uma vez que se pressupõe que será liquidado com as receitas provenientes das vendas. Contudo, porque o ciclo produtivo é ininterrupto, as linhas de tesouraria estendem-se por períodos longos em permanente *revolving* de utilização.

Para suprir estas finalidades, a oferta bancária passa seminalmente pela conta-corrente ou pelo descoberto autorizado em conta D. O. e, em menor escala, pela conta-corrente específica para adiantamento de cheques pré--datados ou, para situações mais pontuais, pelo desconto de livrança.

Trata-se em todos os casos de linhas com um elevado grau de flexibilidade, que permitem adaptar o montante de crédito ao valor verdadeiramente necessário para a tesouraria do negócio da empresa, e de simplicidade na utilização do crédito, permitindo uma correspondência perfeita entre o momento da disponibilidade do crédito e o momento da necessidade de fundos para a efetivação do negócio.

O desconto comercial de letras já teve um elevado peso em Portugal como instrumento de financiamento da tesouraria. Contudo, com o crescente abandono da letra como meio de pagamento, a tendência desta modalidade de financiamento tem sido continuamente no sentido descendente. Todavia, sobretudo nos setores mais tradicionais, a letra continua a ser utilizada, pelo que a oferta bancária de tesouraria dos bancos terá sempre de apresentar esta solução.

No desconto o banco adquire a propriedade de um título (normalmente uma letra) resultante da atividade comercial da empresa, adiantando-lhe o valor nominal do título, mediante a cobrança de juros e comissões.

A quinta-essência dos produtos de financiamento a curto prazo encontra-se, no entanto, nos programas de papel comercial (PPC), entendidos como contratos com títulos de crédito a curto prazo emitidos por empresas e livremente negociáveis e domiciliados numa instituição financeira que presta o serviço da respetiva guarda. Tudo isto pode parecer moroso e envolver demasiada burocracia. Mas não. Hoje em dia as emissões de papel comercial são todas escriturais (não envolvem títulos físicos), pelo que a emissão equivale em tudo à solicitação de autorização para um descoberto ou para a utilização de uma conta-corrente.

FIGURA II-20: A intervenção dos bancos no PPC

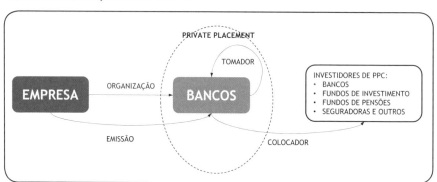

A empresa contrata junto de um banco a organização de um PPC que, na prática, passa por uma contratualização como se de um empréstimo se tratasse, posto o que a empresa passa a estar pronta a emitir títulos de dívida ao abrigo desse contrato-programa. Pode fazer tantas emissões quantas o montante máximo do PPC, o valor nominal unitário e o mínimo por emissão lhe permita.

A colocação dos títulos do PPC é efetuada através do banco organizador do programa, podendo acontecer uma de duas coisas: o banco colocador também é tomador dos títulos e/ou os títulos são tomados (através de leilão ou colocação direta) junto de investidores institucionais. No caso particular de apenas existir um tomador para todas as emissões de títulos – quase sempre o banco organizador –, está-se na presença de um denominado PPC em *private placement*, estando por norma a empresa disposta a pagar uma comissão de tomada firme para garantir essa segurança em permanência.

Essa mesma certeza de tomada da totalidade das emissões também pode existir em contratos de PPC dirigidos para vários investidores, funcionando normalmente o banco organizador como esse tomador de segurança caso a colocação direta ou em leilão não seja total.

Do ponto de vista financeiro tem-se mostrado uma forma de financiamento com um custo mais baixo que os restantes instrumentos, já que, quer as colocações das emissões sejam diretas (junto dos *dealers* da emissão) quer por leilão, a concorrência tende a reduzir os *spreads* de emissão. Por outro lado, evidencia-se como um instrumento flexível, permitindo à empresa escolher o momento mais oportuno para emitir, ajustando-o às suas necessidades de fundo de maneio e prazos do seu reembolso.

No entanto, o grande poder de atração do PPC encontra-se na poupança fiscal, resultante de não estar sujeito a imposto do selo sobre os juros (4 por cento numa qualquer outra linha de tesouraria) e sobre o montante de capital utilizado (0,04 por cento por mês nas outras facilidades de crédito).

O exemplo da figura II-21 deixa claro que, num PPC de 1 milhão de euros utilizado totalmente durante um ano, a poupança anual em relação a qualquer linha de apoio à tesouraria ascende a 6890 euros.

FIGURA II-21: Vantagem fiscal do PPC

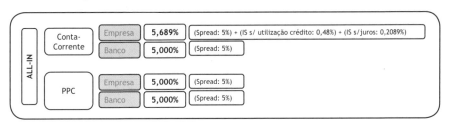

A extrema flexibilidade dos PPC também se vislumbra na capacidade de se adaptarem a diferentes objetivos por parte da empresa emitente. A seguir identificam-se três tipos de PPC não convencionais, mas com utilização corrente:
- PPC grupado: permite que o programa seja utilizado por mais de uma empresa, normalmente empresas associadas numa relação de grupo, com fixação de um montante máximo por empresa.
- PPC com alteração do montante: permite ajustar o PPC a um financiamento a médio e longo prazo, uma vez que o plano de amortizações do mútuo é aqui substituído pela redução periódica do montante máximo de emissão.

- PPC multidivisas: apesar de o montante máximo ter de estar fixado numa divisa (normalmente o euro), pode ser emitido em mais de uma, cumprindo-se o montante máximo pelo contravalor do somatório das emissões. O indexante será a Euribor para as emissões em euro e a Libor para as restantes moedas.

O PPC também marca uma fratura nas principais alternativas de financiamento por endividamento a curto prazo, pois em contraposição ao financiamento com recurso ao crédito bancário – por exemplo descobertos bancários, contas-correntes, linhas para desconto de cheques e de livranças, desconto comercial (letras), *leasing*, *factoring* e *confirming* – apresenta-se como uma modalidade de financiamento com recurso ao mercado de dívida.

2.4.3.2. EMPRÉSTIMOS A PRAZO FIXO E LEASING

Os empréstimos a prazo fixo (EPF) têm como propósito maior definido financiar os investimentos das empresas, adequando-se a maturidade, plano de reembolso e garantias de acordo com o perfil específico do projeto de investimento. Por norma os fundos são disponibilizados pelo banco para ser utilizados durante um determinado prazo, ficando a partir da sua utilização a empresa responsável pelo cumprimento do serviço da dívida (juros e reembolso de capital) e a liquidação dos impostos ao Estado. Os EPF são normalmente de médio e longo prazo e são o grande instrumento de financiamento das PME.

Com o mesmo propósito de financiar por maturidades mais longas surgem também os *leasings*, mobiliário ou imobiliário.

Por *leasing* mobiliário entendem-se todos os financiamentos em que existe a cessão na utilização de um determinado bem por parte de uma locadora (normalmente um banco) a uma empresa (o locatário), durante um determinado período, mediante o recebimento de uma renda. Neste tipo de operações a empresa tem a opção de adquirir o equipamento, no final do prazo, pelo valor residual. Na prática o *leasing* mobiliário é um instrumento de financiamento a que a empresa pode recorrer quando não pretende afetar grandes quantidades de capital ao acesso a um determinado bem, normalmente equipamento.

O *leasing* imobiliário, por sua vez, destaca-se da tipologia anterior por ter como objeto da operação financeira um bem imóvel, funcionando como forma de financiamento a médio ou longo prazo, na realidade um investimento continuado para a aquisição de bens imobiliários, para habitação permanente ou temporária em tempo prolongado (escritório, fábrica, estabelecimentos comerciais, armazéns, etc.).

Tal como acontece com o *leasing* de equipamento, neste caso o imóvel está sob o contrato de *leasing*, a propriedade jurídica do imóvel é do banco, mas a propriedade económica é da exclusiva responsabilidade do locatário. Esta repartição de obrigações significa que o banco será incumbido dos deveres relativos ao direito, enquanto o inquilino tem de suportar todas e quaisquer intervenções a realizar durante o período de arrendamento.

2.4.3.3. GARANTIAS BANCÁRIAS

Este produto agrega todo o tipo de garantias dadas por bancos às empresas, sob a forma de fianças, penhores, avales, aceites bancários ou de natureza autónoma. Por serem mais comuns, debruçar-nos-emos apenas sobre a natureza autónoma das garantias bancárias (GB).

Na GB o ordenador (empresa) solicita a sua emissão ao banco, indicando o montante, o beneficiário e o tipo de compromisso a assumir pelo banco no caso de o ordenador o não fazer. Trata-se por isso de um «crédito por assinatura», uma vez que na sua emissão não existe qualquer desembolso de fundos por parte da instituição bancária; daqui decorre também que pela emissão da GB o banco não se faz remunerar através de juros, mas sim de uma comissão de emissão (serviço).

FIGURA II-22: Tipo de garantias bancárias autónomas

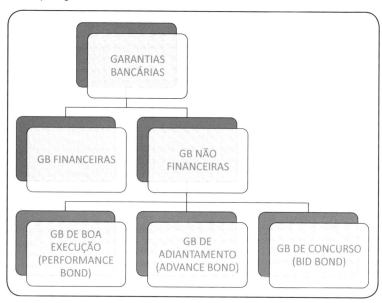

As GB financeiras ou substitutas de crédito substituem uma obrigação monetária, ou seja, quando a obrigação do ordenador perante o beneficiário da garantia é uma obrigação de pagamento. Por exemplo, quando uma empresa pretende alugar uma loja num espaço comercial, o proprietário exige a apresentação de uma garantia equivalente a um determinado número de rendas; esta GB tem uma natureza financeira, por a sua eventual execução decorrer do não cumprimento de um pagamento por parte do ordenador, neste caso, do pagamento da renda da loja.

As GB não financeiras, por sua vez, são dadas quando a obrigação do ordenador perante o beneficiário é de cumprir com o acordado (contratualmente ou não), mas não especificamente monetária. Por exemplo, quando é adjudicada uma empreitada a uma empresa de construção, esta tem de dar ao dono da obra uma garantia pela boa execução do contratado. Assim, neste caso, a execução da GB não decorre de um não pagamento, mas sim de um incumprimento não financeiro.

Estas GB não financeiras desagregam-se em três grandes categorias, sendo a principal as GB de boa execução, que garantem a execução de um serviço, o funcionamento de um equipamento, o fornecimento de um produto ou o cumprimento de um contrato. As GB de adiantamento são dadas à empresa que paga o adiantamento pela prestação de um serviço ou a

OFERTA: MODULIZAÇÃO E SEGMENTAÇÃO DO CRÉDITO E DOS SERVIÇOS BANCÁRIOS

aquisição de um bem pela boa execução até ao final desse objeto da garantia, ou seja, assegura o reembolso dos pagamentos feitos pelo beneficiário da GB de forma antecipada, sendo exigida quando houver falta de cumprimento das obrigações constantes no contrato.

Por fim, as *bid bonds* garantem que a empresa participante num concurso, caso vença, aceitará os termos do contrato de fornecimento e o assinará, oferecendo garantias adicionais se solicitado. Esta garantia é utilizada portanto para manter firmes as propostas, salvaguardando o licitante dos custos decorrentes da não assinatura do contrato pelo vencedor, com a consequente anulação da concorrência ou chamada do segundo colocado, ficando garantido pelo seguro, neste caso, o diferencial de preço.

FIGURA II-23: Exemplos de emissão de GB

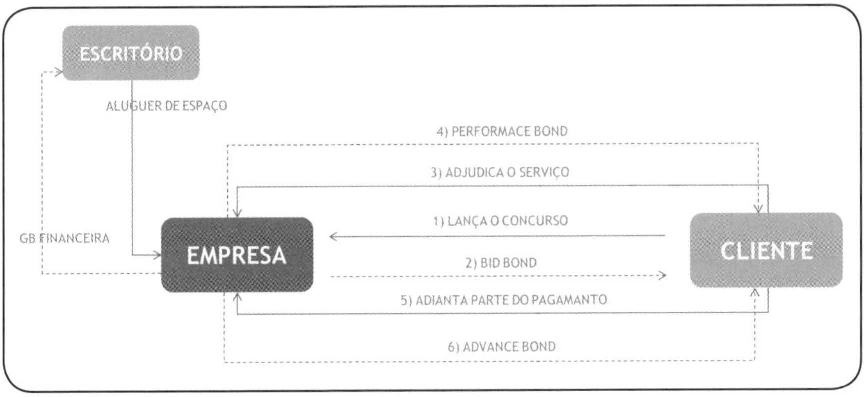

2.4.4. APOIO À INTERNACIONALIZAÇÃO — TRADE FINANCE

A economia nacional tem desde sempre uma forte componente de internacionalização (exportação e importação), pelo que as ofertas de *trade finance* são um indutor de extrema importância para que essas empresas obtenham melhores desempenhos.

FIGURA II-24: Oferta de *trade finance*

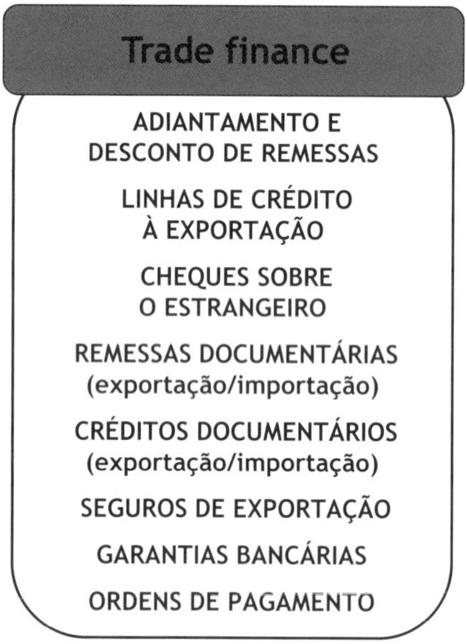

Trade finance

- **ADIANTAMENTO E DESCONTO DE REMESSAS**
- **LINHAS DE CRÉDITO À EXPORTAÇÃO**
- **CHEQUES SOBRE O ESTRANGEIRO**
- **REMESSAS DOCUMENTÁRIAS** (exportação/importação)
- **CRÉDITOS DOCUMENTÁRIOS** (exportação/importação)
- **SEGUROS DE EXPORTAÇÃO**
- **GARANTIAS BANCÁRIAS**
- **ORDENS DE PAGAMENTO**

No atual contexto, em que as empresas mais promissoras são as que produzem bens transacionáveis e com um processo de internacionalização estruturado, esta oferta dos bancos é verdadeiramente nevrálgica.

A crise internacional que atingiu praticamente todos os blocos económicos a partir do final da década passada e a imperativa estratégia das empresas exportadoras de procurar novos mercados despertaram a perceção pelas empresas do risco associado ao comércio internacional.

2.4.4.1. RISCOS NO COMÉRCIO INTERNACIONAL

O comércio internacional envolve, mais não seja pela distância a que se encontram as contrapartes, riscos, que os bancos tentam mitigar com diferentes produtos, que asseguram diferentes graus de segurança para se ajustarem à maior ou menor perceção do risco por parte da empresa.

O risco de crédito, inerente a qualquer mercado, encontra-se também aqui presente. A ele junta-se o risco de fraude que a distância referida exponencia. Do lado do importador do nacional, nota importante para o risco de produção, ou seja, após a encomenda feita o fornecedor evidencia incapacidade de executar o contrato de fornecimento por motivos de ordem

OFERTA: MODULIZAÇÃO E SEGMENTAÇÃO DO CRÉDITO E DOS SERVIÇOS BANCÁRIOS

técnica ou financeira, ou pura e simplesmente cancela ou altera unilateralmente as encomendas.

Indissociáveis da realidade do comércio internacional são também os riscos de transferência, cambiais e políticos. A realidade que se vive no mercado angolano desde 2014, após a forte redução do preço de petróleo e a correspondente redução abrupta de divisas, é o exemplo perfeito do risco de transferência. Apesar de os clientes locais evidenciarem ter meios de pagamento em moeda autóctone, a escassez de moedas internacionalmente transacionáveis (dólares e euros) continua a gerar fortes atrasos nas transações. O risco político muitas vezes está também na origem do risco de transferência, decorrente de acontecimentos político-militares que impedem as partes de cumprir os seus contratos.

O risco cambial é o mais facilmente admitido e comum, pois todas as empresas têm para elas claro que podem existir movimentos desfavoráveis da moeda do contrato face à moeda de cada contraparte.

2.4.4.2. OFERTA TRADE FINANCE E RISCO: CRÉDITOS E REMESSAS DOCUMENTÁRIAS

A oferta bancária para as soluções de estrangeiro está diretamente correlacionada com o grau de risco associado à operação ou o nível de confiança entre as partes. Assim, o produto a escolher deve ter em consideração a confiança entre o exportador e o importador, mas também o grau de segurança que se pretende conferir à transação, bem como o custo da mesma.

Entre os produtos da oferta de *trade finance*, os créditos documentários são os que garantem uma maior segurança à transação, o que se traduz também numa maior complexidade e custo. O crédito documentário tem a particularidade de ser um acordo irrevogável.

FIGURA II-25: Risco e oferta de *trade finance*

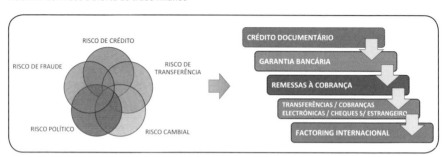

Assim, através desse acordo o banco compromete-se, por conta e ordem do seu cliente ou por sua conta, a aceitar e/ou pagar a um terceiro, ou à sua ordem, um montante determinado contra a apresentação dos documentos estipulados, desde que todos os termos e condições de crédito sejam cumpridos; assim, o beneficiário, desde que cumpra os termos e condições da abertura de crédito, isto é, apresente os documentos exigidos em boa ordem e dentro do prazo de validade do crédito, receberá o respetivo montante à vista ou em data diferida.

Com a materialização do circuito exposto nas figuras II-26 e II-27, quer exportador quer importador ficam plenamente seguros. Ao importador é garantido que o banco só procederá ao pagamento da mercadoria contra a apresentação da documentação por si exigida e se forem cumpridas todas as instruções da carta de crédito, e o exportador salvaguarda o pagamento da sua exportação, caso o mesmo cumpra escrupulosamente com os termos e condições expressos na carta de crédito.

Além das questões ligadas à erradicação de riscos, os créditos documentários têm implicações financeiras para as duas partes envolvidas: o exportador pode descontar junto do seu banco os documentos negociados na carta de crédito, antecipando as receitas da exportação, e o importador não tem de pagar antecipadamente (total ou parcialmente).

FIGURA II-26: **Abertura de um CDI**

FIGURA II-27: **Negociação e liquidação de um CDI**

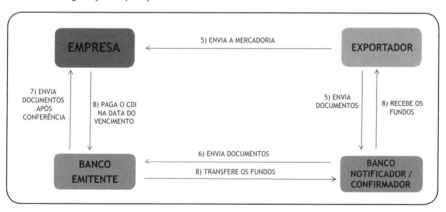

Num nível mais aligeirado de segurança e custo, que reflete um maior conhecimento entre as partes, encontram-se as remessas à cobrança, em que a operação é liquidada através do envio dos documentos, que dão acesso à mercadoria, pelo sistema bancário, para a cobrança. Neste caso o importador recebe os documentos, só podendo aceder aos mesmos se proceder em rigorosa conformidade com as instruções recebidas, normalmente contra o pagamento ou aceite de uma letra.

FIGURA II-28: Circuito da remessa à cobrança

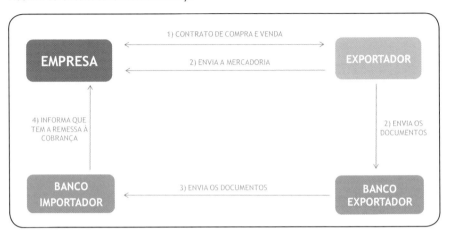

As garantias bancárias sobre o estrangeiro ou as *stand-by letters of credit* são também instrumentos irrevogáveis de pagamento. Em ambos os casos o banco assegura ao beneficiário o pagamento no caso de o seu cliente não cumprir uma obrigação ou não efetuar esse pagamento. Muito similar é o aval bancário, que funciona como garantia dada pelo banco através da assinatura de um título de crédito, letra ou livrança.

O circuito mais simples é o traçado pela negociação ou cobrança de um cheque sobre o estrangeiro ou um *pagaré*, pois trata-se de descontar o título junto da outra contraparte.

2.4.4.3. OFERTA TRADE FINANCE E FINANCIAMENTO: DESCONTO COMERCIAL E FINANCEIRO

A oferta de *trade finance* também está vocacionada para financiar os exportadores, nomeadamente para antecipar os recebimentos das vendas para o exterior.

Essa antecipação pode ser feita sob a forma de duas modalidades de desconto, comercial ou financeiro. A principal diferença entre estes dois instrumentos de financiamento decorre de os documentos de suporte à exportação passarem ou não pelo circuito bancário.

No desconto comercial sobre o estrangeiro, o banco adianta ao cedente o montante total de um efeito e/ou documentos remetidos para cobrança através do circuito bancário (fatura e documento de transporte, pagaré não vencido ou letra aceite). Esse desconto comercial é na maior parte das vezes com recurso, ou seja, o banco tem o direito de regresso contra o cliente no caso de incumprimento do sacado, mas também é possível que o seja sem recurso, no que se compagina com uma operação *a forfait*.

O desconto de remessas documentárias, acompanhadas ou não de letra para aceite, é uma das formulações de desconto comercial sobre o estrangeiro, que inclui documentos comprovativos da exportação, evidenciando mercadoria a bordo e/ou data e carimbo de expedição, constituídos por jogos de conhecimentos de embarque. O desconto de letras aceites e o desconto de *pagarés*, desde que sem a referência *não à ordem* e apresentados antes da data de vencimento, são muito semelhantes.

Finalmente, o desconto/negociação de CDE (créditos documentários de exportação) é possível desde que os CDE sejam confirmados pelo banco que desconta ou confirmados/emitidos por bancos considerados de risco aceitável.

Por sua vez, o adiantamento de remessas de exportação é um financiamento, sempre em moeda nacional, de operações em que a mercadoria e os documentos são remetidos diretamente ao importador. Neste caso o banco não tem qualquer controlo sobre a mercadoria, uma vez que, sendo os documentos originais remetidos diretamente pelo exportador ao seu cliente no estrangeiro, as operações são efetuadas tendo por base apenas cópias simples dos documentos. Nesta situação a empresa compromete-se a entregar ao banco os fundos recebidos da liquidação de exportação na data de vencimento do financiamento.

Não sobeja pois dúvida de que o desconto comercial é uma operação de crédito com menor risco para o banco, já que este controla/valida os originais dos documentos que suportam a exportação. No caso do adiantamento o risco financeiro é puro, pois, no limite, o mesmo lote de documentos de exportação pode ser apresentado em diferentes bancos e dessa forma multiplicar os financiamentos a partir de uma só exportação.

FIGURA II-29: Tipos de desconto comercial sobre o estrangeiro

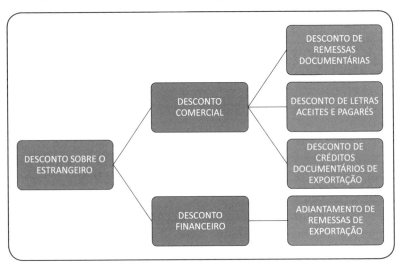

A componente financiadora da oferta de *trade finance* integra também um tipo de empréstimo associado diretamente a operações de importação ou exportação, os denominados financiamentos externos. Normalmente estes empréstimos são utilizados como apoio ao financiamento à importação ou à pré-exportação.

FIGURA II-30: Financiamento externo de apoio à importação

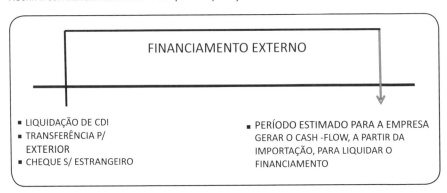

FIGURA II-31: Financiamento externo de apoio à pré-exportação

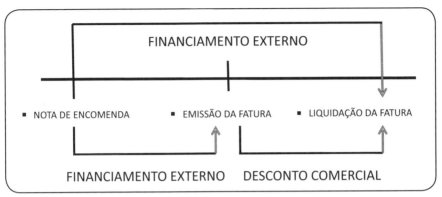

No crédito à importação o financiamento externo visa sobretudo a liquidação de cobranças e CDI ou a emissão de cheques e ordens de pagamento sobre o estrangeiro, enquanto no crédito à pré-exportação funciona como apoio de tesouraria para satisfazer as necessidades de fundo de maneio na produção de mercadorias ou na prestação de serviços para exportação. Neste último caso, o financiamento externo pode ser conjugado com o desconto comercial, após a emissão da fatura, o que reduz o risco da operação para o banco e os custos financeiros da mesma para a empresa.

2.4.5. COBERTURA DE RISCO — SOLUÇÕES DE GESTÃO DA EXPOSIÇÃO AO RISCO FINANCEIRO E AO RISCO DE CRÉDITO

Como se viu no comércio internacional, as empresas são confrontadas com diversos tipos de risco. Dois destes riscos são recorrentes seja qual for o mercado de intervenção (interno ou internacional): o risco financeiro e o risco de crédito.

O risco financeiro é multicéfalo, por agregar o risco de variação da taxa de juro e/ou de câmbio e/ou do preço das matérias-primas, enquanto o risco de crédito está relacionado com o recebimento por parte das empresas das vendas realizadas.

Entre os riscos financeiros destacam-se claramente o relacionado com as taxas de juro e o cambial. O primeiro decorre da volatilidade dos indexantes (Euribor, Libor) que formam a taxa de juro e que onera os empréstimos das empresas. O segundo resulta da volatilidade da taxa de câmbio da moeda a que a empresa está exposta face ao euro.

FIGURA II-32: **Oferta de cobertura de riscos**

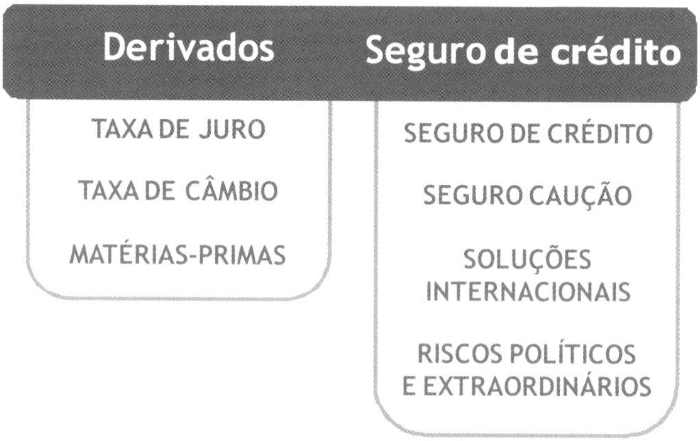

Derivados	Seguro de crédito
TAXA DE JURO	SEGURO DE CRÉDITO
TAXA DE CÂMBIO	SEGURO CAUÇÃO
MATÉRIAS-PRIMAS	SOLUÇÕES INTERNACIONAIS
	RISCOS POLÍTICOS E EXTRAORDINÁRIOS

A cobertura destes riscos recorre sobretudo a produtos derivados. A cobertura que a empresa obtenha contra o risco de variação da taxa de juro permite-lhe estabilizar o serviço da dívida, não ficando exposta às oscilações (negativas, mas também positivas) do mercado da taxa de juro; o *hedging* sobre o risco cambial permite à empresa proteger a sua margem de negócio.

2.4.5.1. SEGURO DE CRÉDITOS

O seguro de créditos cobre os riscos do não pagamento dos créditos por parte dos clientes da empresa aderente, quer se trate de riscos comerciais quer de riscos políticos.

O principal risco coberto pelas seguradoras de crédito é assim o risco de mora do devedor. Contudo, também ficam prevenidos, designadamente se ocorrerem antes da mora, os riscos de falência judicial, concordata ou moratória, e a eventual insuficiência de meios do devedor comprovada judicialmente (casos, por exemplo, da cessação de atividade ou de inexistência de património).

Para o efeito os clientes são analisados e para cada um é definido um *plafond* de crédito, assumindo a seguradora de crédito o risco do não pagamento até esse limite, numa percentagem previamente contratada.

Além da cobertura do risco de crédito, as seguradoras de crédito prestam outros serviços, que fazem deste produto um verdadeiro serviço de gestão de risco. Entre outros, fazem um esforço concertado de recuperação de créditos sobre os clientes em fase de ameaça de sinistro, a que acresce a permanente vigilância a milhares de empresas, que se traduz em informação. Deste modo, as empresas estão mais bem munidas para agir por antecipação junto dos clientes potenciais e verificar a evolução dos clientes de facto.

O seguro de créditos assume especial importância para as empresas exportadoras devido, entre outras razões, à distância geográfica dos clientes, ao desconhecimento frequente desses mercados de exportação, à dificuldade de acompanhamento da solvabilidade dos clientes e à capacidade de levar a cabo ações de cobrança eficientes nesses países.

Nota muito importante a sublinhar é o impacto positivo do seguro de créditos na capacidade de financiamento das empresas. Ou seja, a proteção que o seguro oferece tem uma implicação direta na notação de risco da empresa junto dos bancos, proporcionando acesso a melhores condições de financiamento.

Esta relação cobertura do risco de crédito por seguro e financiamento pode mesmo ser estreitada, caso a empresa ceda os direitos de eventuais indemnizações a favor do banco, como garantia direta às operações de crédito relacionadas com a sua atividade comercial. Trata-se de uma fórmula certa na redução do risco da operação e de melhorar as condições de financiamento.

2.4.5.2. DERIVADOS DE COBERTURA DE RISCO

A explanação seguinte apenas incidirá nos instrumentos de cobertura de risco de taxas de juro e câmbio, não invalidando, obviamente, a importância dos futuros e opções sobre matérias-primas *(commodities)*. Por exemplo, as grandes empresas de logística, as companhias aéreas e as refinarias de petróleo não concebem hoje em dia a sua gestão sem derivados para cobrirem a sua exposição às flutuações de preços.

2.4.5.2.1. COBERTURA DE RISCO DE TAXA DE JURO

Os instrumentos derivados para cobertura deste tipo de risco são inúmeros e perdem-se na imaginação dos *market-makers* e nas necessidades específicas das empresas.

Existem dois instrumentos de cobertura de risco de taxa de juro que normalmente não estão associados aos produtos derivados, mas cumprem o mesmo objetivo: a fixação de uma taxa de juro, que consiste num contrato mediante o qual o banco e a empresa acordam entre si uma taxa de juro fixa para uma aplicação ou um financiamento que terá início numa data futura, e o FRA (*forward rate agreement*), um contrato em que o banco e a empresa acordam trocar entre si pagamentos de juros numa data específica no futuro. O *forward* e o FRA permitem assim cobrir operações de financiamento ou aplicações com indexante variável e a posição que a empresa assume no contrato (compra/venda) depende exatamente da operação que pretende cobrir.

Ainda dentro do risco de taxa de juro, sublinhem-se o IRS (*interest rate swap*) e o *collar* como os mais preeminentes e usuais produtos de *hedging*. Com o IRS a empresa troca a sua taxa de juro variável por uma taxa de juro fixa, ou seja, passa a pagar/receber a diferença entre o indexante (taxa variável) e a taxa fixa, tendo, obviamente, de pagar sempre o *spread* associado ao crédito. Neste contexto, tem um custo *flat* para toda a maturidade da dívida.

No *collar* a empresa define um intervalo de variação para o seu custo de financiamento, com um *cap* e um *floor*, beneficiando até um determinado nível de uma variação favorável das taxas de juro. Normalmente esta estrutura de cobertura (ou o *cap* e o *floor* isolados) está associada a dois outros conceitos complementares:

- *In arrears*, que implica que a empresa troca uma taxa variável fixada *in advance* por uma taxa de juro igualmente variável, mas fixada *in arrears*, ou seja, fixada dois dias úteis antes do final do período de contagem de juros;
- Barreira *knock-in* e *knock-out*, aplicando-se o primeiro caso ao *cap* e correspondendo a um limite predefinido que quando atingido faz que o *cap* seja «desativado» (a empresa fica de novo sujeita à variação da taxa de juro), enquanto na barreira *knock-out* a situação é a oposta e adaptada ao *floor*, definindo o limite a partir do qual o *floor* é «desativado».

2.4.5.2.2. COBERTURA DE RISCO DE TAXA DE CÂMBIO

O *forward* é indiscutivelmente o instrumento de cobertura do risco cambial mais utilizado, pois permite à empresa fixar a taxa de câmbio para uma operação financeira subjacente (compra ou venda de moeda) a realizar numa determinada data futura (data de liquidação). Quer se trate de uma empresa exportadora quer importadora, este tipo de contrato é fundamental para a empresa evitar as flutuações cambiais, prejudiciais para o exportador, que pretende receber, em caso de apreciação do euro face à moeda *out*, e para o importador, que pretende pagar, em caso de depreciação do euro.

O *swap* cambial, por sua vez, visa fixar uma taxa de câmbio futura aproveitamento o diferencial de taxa de juro entre duas moedas. Nesta circunstância a empresa e o banco acordam trocar duas moedas à taxa de câmbio *spot* em vigor à data da contratação e simultaneamente inverter a transação inicial, à taxa de câmbio *forward* predefinida no final do prazo.

Finalmente, o cilindro combina as estruturas de *call* e *put option*, de que resulta uma taxa de câmbio máxima e mínima para a operação financeira subjacente. Atendendo a que a compra de uma das opções é parcial ou totalmente financiada pela venda da outra, estamos na presença de um instrumento de cobertura sem prémio, também chamado *zero cost* cilindro. A situação é em tudo semelhante à do *collar* na cobertura de risco de taxa de juro. Assim, se o câmbio *spot* estiver dentro do intervalo definido, a operação cambial será feita a esse câmbio; se, pelo contrário, o câmbio *spot* estiver acima do câmbio máximo, a operação cambial será realizada ao câmbio máximo, e se o câmbio *spot* estiver abaixo do câmbio mínimo a operação cambial será efetuada a esse câmbio mínimo.

2.5. MECANISMOS DE APOIO ÀS PME

Os constrangimentos a que a crise económica e financeira sujeitou as PME passaram também, ou sobretudo, pela forte redução do acesso a fontes de financiamento, quer para apoio a novos investimentos, quer no reforço da tesouraria.

Deste modo, porque a questão do financiamento das PME é crucial para o crescimento económico do país, tem sido consensual a ideia da necessidade de existência de mecanismos facilitadores do acesso ao financiamento por parte deste tipo de empresas. Nesse sentido, desde 2007 têm vindo a ser reforçados vários instrumentos financeiros que, alicerçados numa parceria entre bancos e entidades públicas, têm respondido afirmativamente à maior dificuldade das PME no acesso ao crédito bancário.

2.5.1. SISTEMA DE GARANTIA MÚTUA

A garantia mútua é um sistema de cariz mutualista de apoio às PME que se traduz fundamentalmente na prestação de garantias financeiras para facilitar a obtenção de crédito às PME em condições de preço e prazo adequadas aos seus investimentos e ciclos de atividade.

Através da prestação de garantias aos bancos em nome das empresas, as sociedades de garantia mútua (SGM) intervêm nas operações de financiamento, como se de um fiador ou garante se tratasse, assegurando, de forma irrevogável e à primeira solicitação, o pagamento da percentagem do capital do financiamento garantido que esteja em dívida.

O sistema atual de garantia mútua é composto por três SGM com sedes no Porto (Norgarante), em Lisboa (Lisgarante) e Santarém (Garval). Há uma SGM especificamente para o setor agrícola e agroflorestal, com sede em Coimbra, a Agrogarante. O capital social destas SGM é detido por empresas, associações empresariais, instituições de crédito, pelo IAPMEI, pelo Turismo de Portugal e pela SPGM.

O montante máximo garantido junto do sistema é de 1,5 milhões de euros por empresa ou grupo de empresas, não podendo qualquer SGM garantir individualmente mais de 750 mil euros no caso de financiamentos bancários e de um milhão de euros no caso de garantias técnicas, de boa execução ou outras não financeiras. Em regra as SGM cobrem entre 50 e 75 por cento dos financiamentos.

FIGURA II-33: Esquema de funcionamento da garantia mútua

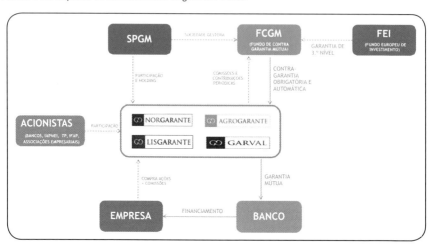

OFERTA: MODULIZAÇÃO E SEGMENTAÇÃO DO CRÉDITO E DOS SERVIÇOS BANCÁRIOS

As garantias dadas pelas SGM são *on first demand*, ou seja, asseguram à primeira solicitação das entidades credoras o pagamento dos compromissos assumidos pelas empresas que as requereram. Para garantir a solvabilidade das SGM, e de todo o sistema, foi criado o Fundo de Contragarantia Mútuo (FCGM), em que são obrigatoriamente contragarantidas todas as garantias emitidas, contribuindo para o desenvolvimento equilibrado do mesmo.

Para beneficiar de uma garantia, a empresa tem necessariamente de se tornar mutualista da SGM. A participação corresponde a 2 por cento do valor da garantia emitida, sendo adquirida a um acionista promotor ou a outro mutualista. Após a extinção da garantia, a empresa pode vender as suas ações ao valor nominal (um euro) à SGM ou a outra empresa.

2.5.2. LINHAS DE CRÉDITO PME CRESCIMENTO

As linhas de crédito PME Crescimento foram criadas em julho de 2008, à data denominadas PME Investe, numa fase em que se agudizava a crise financeira e as empresas tinham crescentes dificuldades em recorrer ao crédito bancário. Nesse sentido, o governo português, precisamente com o objetivo de facilitar o acesso das PME ao crédito bancário, nomeadamente através da bonificação de taxas de juro e da redução do risco das operações bancárias através do recurso aos mecanismos de garantia do Sistema Nacional de Garantia Mútua, tem vindo a renovar estas linhas.

A atual linha em vigor, a PME Crescimento 2015, subdivide-se em quatro linhas específicas, cada qual com uma meta distinta, mas no seu todo com o propósito de reforçar os capitais próprios e o fundo de maneio das PME:

- Linha Micro e Pequenas Empresas, para empresas com uma faturação até aos 10 milhões de euros e com uma cobertura de até 70 por cento do capital em dívida pelas SGM;
- Linha Fundo de Maneio e Investimento, para operações destinadas a investimento novo em ativos fixos corpóreos ou incorpóreos (a realizar no prazo de 12 meses após a data da contratação), a aquisição de empresas que complementem a atividade ou o reforço do fundo de maneio ou dos capitais permanentes. Em empréstimos até quatro anos a garantia mútua máxima é de 50 por cento, mas para operações a longo prazo pode ir até 70 por cento;

- Linha Empresas de Elevado Crescimento, para operações destinadas exclusivamente ao reforço do fundo de maneio ou dos capitais permanentes de empresas com pelo menos três anos de atividade completa e vendas superiores a 500 mil euros, que, não sendo microempresas, tenham registado nos dois últimos anos um crescimento acumulado do volume de negócios de 20 por cento. Cobertura das SGM até 70 por cento;
- Linha Crédito Comercial a Exportadoras, destina-se ao financiamento das necessidades de tesouraria de empresas que exportem pelo menos 10 por cento do seu volume de negócios ou um valor superior a 100 mil euros. Note-se que, enquanto as anteriores linhas se sustentam em empréstimos a prazo fixo, esta linha estrutura-se através de operações a curto prazo, como sejam contas-correntes e adiantamentos de remessas. A garantia mútua aqui não ultrapassa os 60 por cento.

FIGURA II-34: Esquema de funcionamento das linhas PME Crescimento

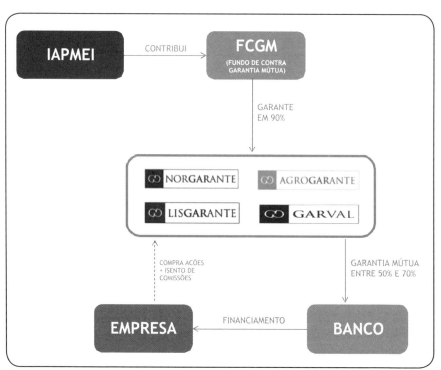

2.5.3. SEGURO DE CRÉDITOS À EXPORTAÇÃO

O Estado português no auge da crise soberana e financeira celebrou com a companhia de seguro de créditos COSEC três linhas de seguros de apoio à internacionalização que permanecem ativas para subscrição:

- Seguro de Créditos à Exportação com Garantia do Estado, que cobre, em operação individualizada (não é a carteira toda, nem todas as vendas para determinado cliente), o incumprimento do importador causado por factos de natureza política, monetária e catastrófica, podendo incluir também o risco comercial.
- Seguro de Créditos para Países Fora da OCDE, também com garantia do Estado, para a cobertura de operações de exportação até dois anos, mas que não se destinem a países que envolvam riscos chamados negociáveis, pelo que se excluem de cobertura os seguintes mercados: todos os países da UE, com exceção da Grécia, e os seguintes países da OCDE: Austrália, Canadá, EUA, Islândia, Japão, Noruega, Nova Zelândia e Suíça.
- Seguro de Investimento Português no Estrangeiro, que visa cobrir os prejuízos causados pelos riscos a que os investimentos no estrangeiro estão expostos, devido à ocorrência de factos de natureza política que se verifiquem no país de destino do investimento.

2.5.4. INCENTIVOS FINANCEIROS

Os diferentes quadros de apoio ao investimento decorrentes de fundos da UE têm sido a principal plataforma de incentivos financeiros das empresas nacionais em geral e das PME em particular. O início do atual quadro em 2014, que durará até 2020, o Portugal 2020, continuará a dar sequência a essa realidade.

Todavia, não se esgotam no novo quadro comunitário de apoio os incentivos financeiros às PME nacionais. IAPMEI, Turismo de Portugal, com os parceiros bancários e as SGM têm muitas outras linhas de apoio que importa ter sempre presentes.

2.5.4.1. PORTUGAL 2020

Portugal vai receber 25 mil milhões de euros de fundos comunitários ao abrigo do Programa Portugal 2020 entre 2014 e 2020. O acordo de parceria foi estabelecido em 30 de julho de 2014 e regulada a aplicação dos fundos através do DL 159/2014; o enquadramento nacional, definindo as regras a observar na criação dos sistemas de incentivo, foi efetuado no DL 6/2015 e a regulamentação específica, dos sistemas de incentivo, através da Portaria 57-A/2015.

O Portugal 2020 faz uma discriminação positiva entre três categorias de região. As denominadas regiões menos desenvolvidas, com um PIB *per capita* inferior a 75 por cento da média da UE, beneficiam de uma taxa de cofinanciamento máxima de 85 por cento, enquanto as regiões em transição (PIB *per capita* inferior a 90 por cento da média da UE) e as regiões mais desenvolvidas (PIB *per capita* superior a 90 por cento da média da UE) obtêm taxas de cofinanciamento de 80 por cento e 50 por cento, respetivamente.

FIGURA II-35: Estrutura operacional do Portugal 2020

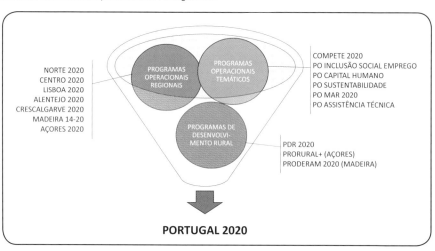

Na primeira categoria encontram-se as regiões do Norte, Centro, Alentejo e Açores; na segunda o Algarve e na terceira categoria Lisboa e a Madeira.

FIGURA II-36: Fluxo operacional do Portugal 2020

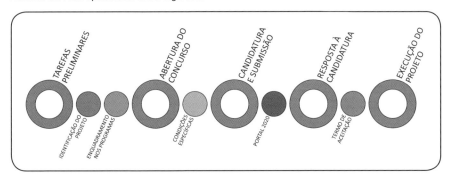

Por fim, independentemente do programa a que uma empresa esteja a concorrer no âmbito do Portugal 2020, o circuito operacional evolutivo de um projeto apresentado passa por um encadeamento de passos que na essência em nada difere dos anteriores, com exceção do processamento de toda a informação via plataforma eletrónica Portal 2020.

2.5.4.1.1. COMPETE 2020

O Compete 2020 e os Programas Operacionais Regionais (Norte 2020, Centro 2020, Alentejo 2020, Lisboa 2020 e CrescAlgarve 2020) são os programas temáticos constituídos no âmbito da aplicação dos Fundos Europeus Estruturais e de Investimento (FEEI) no período 2014-2020 (Portugal 2020) para apoiar a competitividade e a internacionalização das empresas nacionais.

São três os sistemas de incentivo instituídos:
- **SI Inovação Empresarial e Empreendedorismo**
  - Objetivo: incrementar o investimento em atividades inovadoras, tendo em vista a produção/adoção de novos produtos/processos.
  - Tipo de operação: criação de empresa, aumento da capacidade produtiva ou diversificação da produção, mas sempre associado a novos produtos ou melhorias significativas da produção atual; alteração do processo de produção, com sistemas de logística e distribuição novos ou melhorados, bem como de métodos organizacionais ou de *marketing*.
  - Despesas elegíveis: ativos corpóreos (máquinas e equipamentos; equipamentos informáticos), ativos incorpóreos (transferência de

tecnologia; patentes; *software standard* ou específico), formação de recursos humanos, outras (serviços de engenharia; estudos, diagnósticos, auditorias, planos de *marketing*; projetos de arquitetura e engenharia).
- Aqui integram-se também os Vales Empreendedorismo para a aquisição de serviços de consultoria na área do empreendedorismo imprescindíveis ao arranque de empresas, nomeadamente a elaboração de planos de negócios.

FIGURA II-37: Estrutura do SI Inovação

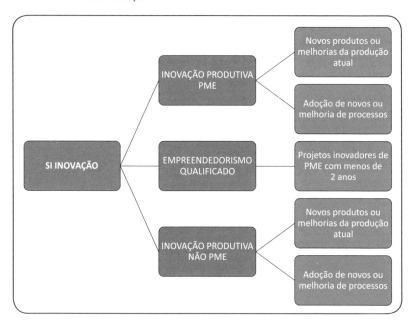

FICHA TÉCNICA	REEMBOLSÁVEL
	PRAZO: 8 ANOS, COM 2 DE CARÊNCIA DE CAPITAL
	ISENÇÃO DE REEMBOLSO ATÉ 50%
	TAXA DE COFINANCIAMENTO: 35%
	MAJORAÇÃO MÁXIMA: 40%;

- **SI Qualificação e Internacionalização**
  - Objetivo: SI exclusivamente direcionado para PME, para apoio a investimentos em fatores imateriais que fomentem a competitividade e a capacidade de internacionalização das PME nacionais.
  - Tipo de operação: Promoção da internacionalização que vise o conhecimento de mercados externos, a presença na web, através da economia digital, o desenvolvimento e a promoção internacional de marcas, a prospeção e a presença em mercados internacionais, o *marketing* internacional e certificações específicas para os mercados externos. Do lado da qualificação sublinham-se os projetos de qualificação das estratégias de negócio das PME visando o aumento da competitividade, com investimentos em vários domínios imateriais (inovação organizacional e gestão; a economia digital e TIC; a criação de marcas e *design;* o desenvolvimento e a Engenharia de produtos, serviços e processos; a propriedade industrial; a qualidade; a transferência de conhecimento; a distribuição e a logística; a eco-inovação; a formação profissional; a contratação de RH altamente qualificados, associada a estratégias de inovação.

FIGURA II-38: Estrutura do SI IQ

  - Despesas elegíveis: Equipamento e *software* relacionado com o desenvolvimento do projeto; contratação de dois novos quadros técnicos/projeto (licenciados); participação em feiras e exposições no exterior (arrendamento de espaço, construção do *stand*, deslocação e alojamento dos representantes das empresas e outras despesas de representação); serviços de consultoria especializados; obtenção, validação e defesa de patentes.
  - Aqui integram-se os Vales Internacionalização, para a aquisição de serviços de consultoria na área de prospeção de mercado, e os Vales Inovação, para a aquisição de serviços de consultoria de inovação.

FICHA TÉCNICA	NÃO REEMBOLSÁVEL
	MONTANTE MÁXIMO: 500 MILHÕES DE EUROS
	TAXA DE COFINACIAMENTO MÁXIMA: 35%
	FORMAÇÃO COM PESSOAL: 50% (+ 10% OU 20%);

- **SI Investigação e Desenvolvimento Tecnológico**
  – Objetivo: SI centrado em aumentar o investimento em investigação e desenvolvimento.

FIGURA II-39. Estrutura do SI ID&T

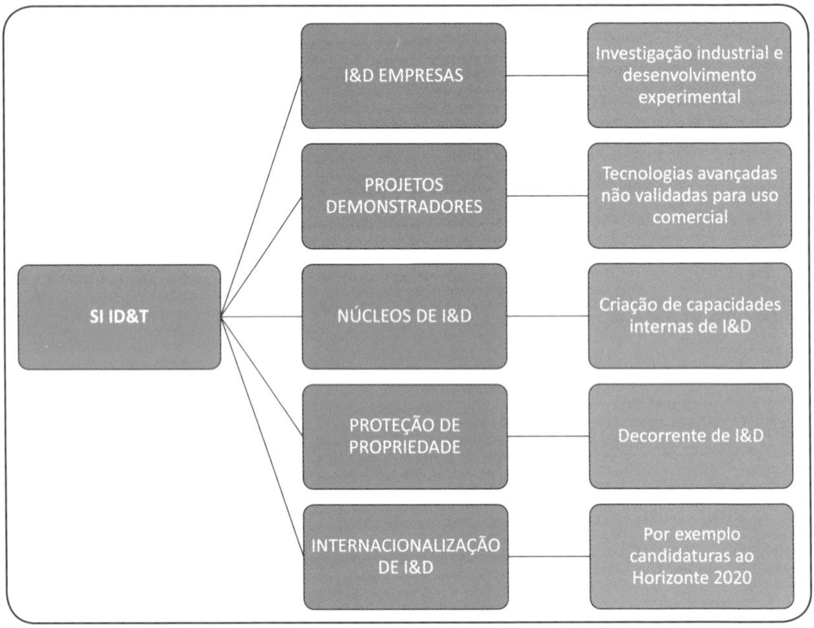

- Tipo de operação: Atividades de investigação industrial e desenvolvimento experimental, conducentes à criação de novos produtos, processos/sistemas ou à introdução de melhorias significativas em produtos/processos/sistemas existentes; criação ou reforço de competências e capacidades internas das empresas em I&D; registo de direitos de propriedade industrial; apoio à preparação e submissão de candidaturas a programas de I&I da UE, e dinamização da participação em redes internacionais de I&I.

– Despesas elegíveis: Pessoal técnico; aquisição de patentes; matérias-primas, materiais consumíveis e componentes para instalações piloto/experimentais e construção de protótipos; instrumentos e equipamento científico e técnico; *software* específico; promoção e divulgação dos resultados de projetos; viagens e estadas no estrangeiro necessárias à realização do projeto; certificação do sistema de gestão da IDI (NP 4457:2007); auditor técnico-científico; adaptação de edifícios e instalações.

– Aqui integram-se os Vales I&D aquisição (a entidades acreditadas) de serviços de consultoria em atividades de investigação e desenvolvimento tecnológico, bem como serviços de transferência de tecnologia.

FICHA TÉCNICA	NÃO REEMBOLSÁVEL ATÉ 1 MILHÃO DE EUROS
	REEMBOLSÁVEL NA PARTE QUE EXCEDA 1 MILHÃO DE EUROS (75% E 25% REEMBOLSÁVEL)
	TAXA DE COFINANCIAMENTO BASE: 25%

2.5.4.1.2. PDR 2020

O PDR 2020 veio substituir o PRODER com o objetivo de apoiar os investimentos de empresas do setor agroalimentar sob a forma de subsídio não reembolsável e bonificação de juros em função do investimento elegível.

Este programa enquadra todos os investimentos materiais e imateriais relacionados com a modernização das técnicas e dos processos produtivos nas explorações agrícolas e nas unidades de transformação e comercialização de produtos agrícolas existentes ou na criação de outros novos. Deste modo, são consideradas elegíveis despesas relacionadas com a aquisição, a

O FINANCIAMENTO BANCÁRIO DE PME

construção e a remodelação de edifícios a aquisição de máquinas e equipamento novo, processos de certificação e elaboração de estudos.

O PDR 2020 é constituído por quatro áreas de intervenção (inovação e conhecimento, competitividade e organização da produção, ambiente, eficiência no uso dos recursos e clima, desenvolvimento local), agregadas em 32 medidas que por sua vez se subdividem em ações às quais os promotores submetem as candidaturas.

FIGURA II-40: Áreas de intervenção do PDR 2020

A seguir destacar-se-ão algumas das mais importantes medidas que constituem o PDR 2020.

- **Investimento na exploração agrícola**
  - Objetivo: Apoio à realização de investimentos destinados a melhorar o desempenho e a viabilidade, aumentar a produção, criar valor, melhorar a qualidade dos produtos, introduzir métodos e produtos inovadores e garantir a sustentabilidade ambiental da exploração.
  - Despesas elegíveis: Construção e melhoramento de bens imóveis (preparação de terrenos; edifícios e outras construções diretamente ligadas às atividades; adaptação de instalações existentes; plantações plurianuais; instalação de pastagens permanentes; sistemas de rega; despesas de consolidação durante o período de execução da operação) e compra ou locação de bens imóveis (máquinas e equipamento novo; equipamento de transporte interno, de movimentação de cargas, e caixas e paletes com duração de vida superior a um

OFERTA: MODULIZAÇÃO E SEGMENTAÇÃO DO CRÉDITO E DOS SERVIÇOS BANCÁRIOS

ano; equipamento visando a valorização dos subprodutos e resíduos da atividade).

FICHA TÉCNICA	NÃO REEMBOLSÁVEL ATÉ 2 MILHÕES DE EUROS E REEMBOLSÁVEL NO EXCESSO ATÉ MAIS 2 MILHÕES DE EUROS
	TAXA BASE DE COFINANCIAMENTO: 30%
	MAJORAÇÃO DA TAXA BASE: 10% (REGIÕES MENOS DESENVOLVIDAS) + 10% (ORGANIZAÇÃO PRODUTORES) + 5% (SEGURO COLHEITAS)
	MAJORAÇÕES ADICIONAIS: 10% (JOVENS AGRICULTORES) + 20% (FUSÕES)
	TAXA DE COFINANCIAMENTO MÁXIMA: 40%

- **Investimento, transformação e comercialização de produtos agrícolas**
  - Objetivo: Apoio à realização de investimentos na transformação e comercialização de produtos agrícolas, predominantemente em ativos tangíveis, destinados a melhorar o desempenho competitivo das unidades industriais, através do aumento da produção, da criação de valor baseada no conhecimento e em processos e produtos inovadores, bem como na melhoria da qualidade dos produtos.
  - Despesas elegíveis: Construção e melhoramento de bens imóveis (vedação e preparação de terrenos; edifícios e outras construções diretamente ligadas às atividades; adaptação de instalações existentes) e compra ou locação de bens imóveis (máquinas e equipamento novo; equipamento de transporte interno, movimentação de cargas e caixas e paletes com duração de vida superior a um ano; caixas isotérmicas, grupos de frio e cisternas de transporte bem como meios de transporte externo; equipamentos sociais obrigatórios por determinação da lei; automatização de equipamentos já existentes na unidade).

FICHA TÉCNICA	NÃO REEMBOLSÁVEL ATÉ 3 MILHÕES DE EUROS E REEMBOLSÁVEL NO EXCESSO
	TAXA BASE DE COFINANCIAMENTO: 35% (REGIÕES MENOS DESENVOLVIDAS)/ 25% NAS OUTRAS
	MAJORAÇÃO DA TAXA BASE: 10% (ORGANIZAÇÃO PRODUTORES)
	MAJORAÇÕES ADICIONAIS: 20% (FUSÕES)

- **Jovens agricultores**
  - Objetivo: Apoio à realização de investimentos por parte de jovens que assumam pela primeira vez a titularidade e a gestão de uma exploração agrícola, com idade compreendida entre os 18 e os 40 anos, ou pessoas coletivas cujos sócios gerentes, com a maioria do capital, sejam jovens agricultores, cada um com uma participação superior a 25 por cento do capital social.

FICHA TÉCNICA	PRÉMIO À INSTALAÇÃO: 15 milhões de euros
	MAJORAÇÕES: 25% (CAPITAIS PRÓPRIOS > 80 milhões de euros)/ 50% (CAPITAIS PRÓPRIOS > 100 milhões de euros) / 50% (CAPITAIS PRÓPRIOS > 140 milhões de euros)

2.5.4.2. PROGRAMA FINICIA

O FINICIA é um programa que facilita o acesso a soluções de financiamento e assistência técnica na criação de empresas ou em empresas na fase inicial do seu ciclo de vida. Para garantir o acesso aos meios financeiros, o estado, através do IAPMEI, partilha o risco destas operações com sociedades de capital de risco (SCR), instituições bancárias, sociedades de garantia mútua (SGM) e *business angels*.

2.5.4.2.1. SOLUÇÕES DE CAPITAL DE RISCO

Em parceria com o COMPETE, através do Sistema de Apoio ao Financiamento e Partilha de Risco da Inovação (SAFPRI), são disponibilizadas soluções de investimento para a seguinte tipologia de projetos:

- **Resultados de investigação com potencial comercial (pré-seed e seed capital)**
trata-se de projetos promovidos por investigadores e entidades do Sistema Científico e Tecnológico Nacional (SCTN), que pretendam introduzir os seus produtos tecnológicos no mercado, pela via da constituição de empresa ou através de licenciamento industrial e necessitem de realizar prova de conceito. Podem beneficiar de capital de risco pré-semente nas seguintes condições: 1. Projetos de alta tecnologia: até 300 mil euros, para um tempo de entrada no mercado de três anos; 2. Projetos de média tecnologia: até 75 mil euros, para um tempo de entrada no mercado de dois anos.

- **Projetos de forte conteúdo inovador**
são projetos promovidos por empresas em fase de arranque ou com o máximo de três anos de atividade e necessidades de investimento de até 2,5 milhões de euros. Neste contexto, com o FINICIA, podem beneficiar de financiamento através de: 1. Capital de risco até 80 por cento do capital próprio, no máximo de um milhão de euros; 2. Empréstimo bancário com garantia mútua de até 75 por cento e até ao máximo de 95 mil euros; o empréstimo deve ter uma duração superior a três anos e cobrir, no máximo, 30 por cento do investimento total do projeto.

- **Projetos emergentes de pequena escala**
trata-se de projetos promovidos por empresas em fase de arranque ou com o máximo de três anos de atividade e necessidades de investimento inicial de até 250 mil euros. Através do FINICIA podem beneficiar de capital de risco para necessidades de financiamento de 50 mil a 100 mil euros, até 80 por cento do investimento previsto, no máximo de 100 mil euros.

Para esta iniciativa o IAPMEI tem como parceiros as seguintes SCR: Portugal Ventures, Novabase Capital, ES Ventures, Change Partners, Beta Capital e ISQ (ASK Capital).

2.5.4.2.2. SOLUÇÕES DE CRÉDITO COM GARANTIA

- **Linha de Crédito Early Stage**

empréstimo bancário entre 25 e 200 mil euros, com um máximo de 90 por cento das necessidades de investimento. O empréstimo deve ter uma duração de entre três e cinco anos, podendo beneficiar de um período de carência de até seis meses.

- **Linha de microcrédito**

empréstimo bancário para necessidades de financiamento de 5 mil a 25 mil euros, com um prazo fixo de quatro anos, garantido a 75 por cento pelo sistema de garantia mútua.

- **FINICIA FAME**

o FINICIA FAME é um fundo criado pelo IAPMEI com o objetivo de facilitar o acesso ao financiamento por parte de micro e de pequenas empresas com atividade de âmbito local (concelho). Este programa consubstancia-se em protocolos assinados entre o IAPMEI, uma câmara municipal, uma associação empresarial que atue no concelho abrangido, uma instituição de crédito e uma SGM. Na prática poderá existir um FINICIA FAME em cada concelho.

O montante máximo a financiar é de 45 mil por projeto, até 100 por cento do investimento elegível, desde que a empresa já possua três ou mais exercícios económicos completos, e 85 por cento para as empresas com menos de três exercícios, repartido entre o banco (80 por cento) e a câmara municipal (20 por cento). A tranche da câmara não cobra juros. O prazo varia entre três e seis anos, com carência até um ano, e garantia mútua de 75 por cento do financiamento.

Os bancos parceiros destas soluções são o Banco BPI, a Caixa de Crédito Agrícola, o Millennium BCP, o Montepio Geral, o Novo Banco e o Santander Totta.

Estão ainda previstas no FINICIA soluções combinadas de capital de risco e de crédito com garantia mútua, para criação de empresas ou empresas com menos de três anos de existência que obtenham o Estatuto Inovação e obtenham financiamento de um investidor de capital de risco no âmbito do FINICIA. Nestes casos, o prazo do financiamento bancário deve ser superior a três anos, com o limite máximo de 30 por cento do

OFERTA: MODULIZAÇÃO E SEGMENTAÇÃO DO CRÉDITO E DOS SERVIÇOS BANCÁRIOS

investimento total, e a garantia mútua, para cobertura de até 75 por cento do valor do financiamento, tem um limite absoluto de 95 mil euros.

O FINICIA também põe à disposição dos empreendedores um conjunto de instrumentos basilares para estruturarem da melhor forma o seu projeto, por exemplo um guia prático e uma folha de cálculo em Excel para a elaboração do plano de negócios, desenvolvida para ser de utilização muito fácil, exigindo apenas o conhecimento de conceitos básicos de análise económica e financeira.

Ainda no âmbito das plataformas FINICIA, e de acordo com disponibilidade orçamental, o IAPMEI poderá suportar custos com assistência técnica especializada para facilitar o arranque e a fase inicial de exploração da empresa, bem como custos de incubação de novas empresas.

Finalmente, nota para a disponibilização do «*kit* do empreendedor». Trata-se de um conjunto de documentos fundamentais para que o empreendedor traduza a sua ideia num projeto empresarial: minuta de acordo parassocial; estrutura do plano de negócios; formulário de apresentação da ideia; *road map* do empreendedor FINICIA; desenvolvimento de uma estratégia de *marketing*; elaboração de um plano de *marketing*; análise SWOT e *marketing* na internet.

2.5.4.3. COMÉRCIO INVESTE

A medida COMÉRCIO INVESTE veio substituir o anterior Programa de Apoio à Modernização do Comércio – MODCOM, mantendo como objetivo apoiar projetos promovidos por associações empresariais e projetos individuais de microempresas e PME do comércio a retalho, visando a modernização e a valorização da oferta dos estabelecimentos abertos ao público através da aposta na inovação e da utilização de formas avançadas de comercialização.

O incentivo financeiro a conceder assume a natureza de incentivo não reembolsável, correspondente a 40 por cento das despesas elegíveis, não podendo ultrapassar o valor de 35 mil euros por projeto individual. Adicionalmente, pode ainda beneficiar de um prémio de boa execução, correspondente a uma majoração de 5 por cento do valor do incentivo apurado.

O IAPMEI, os seus parceiros bancários e as SGM criaram linhas de crédito associadas a este sistema de incentivo setorial, com um montante

O FINANCIAMENTO BANCÁRIO DE PME

máximo de crédito de 160 mil euros, um prazo de até nove anos e uma cobertura por garantia mútua de 70 por cento.

2.5.4.4. APOIOS AO SETOR DO TURISMO

O Turismo de Portugal (TP) concede apoio técnico e financeiro a entidades públicas e privadas e gere os respetivos instrumentos de apoio financeiro ao investimento no setor. Existem três linhas de apoio ao investimento, com o objetivo de criar e promover o crescimento de novas empresas e ainda projetos de requalificação de empreendimentos turísticos.

2.5.4.4.1. FUNDO JESSICA

O Fundo JESSICA (Joint European Support for Sustainable Investment in City Areas) não aplica fundos diretamente nos projetos, fazendo-o apenas através de gestores locais selecionados para o efeito. Em Portugal esses gestores são o Banco BPI (Região Norte, Centro e Alentejo), a CGD (Região Norte, Centro e Alentejo) e o TP (Lisboa e Algarve).

Os projetos são assim selecionados pelos gestores locais do fundo e o financiamento repartido em duas tranches, 50 por cento da responsabilidade do fundo e a outra com *funding* do banco. A tranche do fundo tem uma maturidade superior (16 anos *versus* 10 anos) e só começa a ser reembolsada após a tranche do banco estar integralmente paga, tendo por isso uma carência de capital igual ao prazo do financiamento do banco.

O montante máximo do financiamento a conceder por operação não poderá exceder 50 por cento do valor do investimento elegível no caso de empresas, associações ou fundações, ou 75 por cento no caso de outras entidades, com o limite máximo de 3,5 milhões de euros.

Na origem do fundo está o apoio à criação ou, prioritariamente, à requalificação de empreendimentos turísticos ou atividades turísticas, culturais ou de lazer, em especial os que envolvam a adaptação de imóveis com valor arquitetónico, histórico ou cultural ou de imóveis já classificados ou em vias de classificação ao abrigo da Lei do Património Cultural. Os conceitos basilares são assim reabilitação e regeneração urbana, eficiência energética e energias renováveis em edifícios existentes e revitalização da economia urbana, especialmente PME e empresas inovadoras.

OFERTA: MODULIZAÇÃO E SEGMENTAÇÃO DO CRÉDITO E DOS SERVIÇOS BANCÁRIOS

Deste modo, para aceder ao Fundo JESSICA os projetos têm de se enquadrar em Programas Integrados de Desenvolvimento Urbano Sustentável e, nas regiões NUT II Lisboa ou Algarve, localizar-se em áreas urbanas de relevância turística.

2.5.4.4.2. LINHA DE APOIO À QUALIFICAÇÃO DA OFERTA, À TESOURARIA E À CONSOLIDAÇÃO FINANCEIRA

Estas linhas de financiamento decorrem de uma parceria entre o TP e o sistema bancário, com o objetivo de apoiar a criação e o crescimento de novas empresas no setor do turismo, nas áreas da animação turística, da restauração com interesse para o turismo e na área de serviços associados ao setor do turismo, nomeadamente assentes no desenvolvimento de produtos de base tecnológica com interesse para o turismo.

- **Linha de apoio à qualificação da oferta**
A linha geral destina-se a apoiar projetos de investimento que se traduzam sobretudo na requalificação de empreendimentos turísticos existentes, no desenvolvimento de atividades de animação com interesse para o turismo e de atividades de restauração e bebidas, incluindo apoios de praia.
O montante de financiamento não pode exceder 75 por cento do investimento elegível, financiado em 75 por cento pelo TP caso o promotor seja uma PME ou em 40 por cento caso se trate de uma grande empresa. Quanto ao prazo, em projetos de criação de novos empreendimentos hoteleiros e hotéis rurais ascende a 12 anos (quatro anos de carência) e para os demais casos, incluindo projetos de requalificação de empreendimentos turísticos, a dez anos (três anos de carência).
Esta linha de apoio tem uma tranche dedicada à criação e ao apoio a empresas com menos de três anos de existência – Linha de Apoio ao Empreendedorismo –, com montante de financiamento que pode atingir 75 por cento do investimento elegível, tendo este de ser igual ou inferior a 300 mil euros, financiado em 75 por cento pelo TP e no restante pelo banco. O prazo pode ir até aos dez anos, com carência máxima de três anos, e a tranche TP remunera-se à Euribor 6 meses.

- **Linha de Apoio à Tesouraria**
linha de crédito que visa criar condições para o acesso das empresas a financiamento para fazer frente a necessidades de tesouraria, pela

O FINANCIAMENTO BANCÁRIO DE PME

antecipação de *cash-flows* futuros, com um montante máximo por operação correspondente a um quarto da faturação global do ano anterior até ao máximo de um milhão de euros e por um prazo de 12 meses sem carência. Esta linha é exclusivamente para PME e beneficia de uma garantia mútua de 55 por cento do valor do financiamento.

- **Linha de Apoio à Consolidação Financeira**
  o aparecimento desta linha surgiu no pico da crise financeira, quando mais se evidenciaram os desajustamentos da exigência dos serviços de dívida anteriormente contraídos por empresas do setor do turismo. Deste modo, esta linha de financiamento veio criar condições para se proceder ao alargamento dos prazos de reembolso das operações de crédito.

O montante máximo por operação, ou conjunto de operações, da mesma empresa, não pode superar os 6 milhões de euros e beneficia de uma garantia mútua até 40 por cento do montante da operação, com um limite máximo de garantia por empresa de 1,5 milhões de euros, que vigorará durante o prazo do alargamento. A garantia tem no entanto uma abrangência variável: nos primeiros seis meses o valor é de 50 por cento (dos 40 por cento), não podendo ser acionada durante este período, 50 por cento do montante garantido de seis a 12 meses após a contratualização da operação e 100 por cento do montante garantido decorridos 12 meses.

Esta linha prevê ainda uma sublinha de financiamento complementar de apoio às necessidades de fundo de maneio identificadas durante a fase de análise e indispensáveis para garantir o equilíbrio financeiro da empresa a curto prazo ou para garantir meios que permitam repor o ciclo de tesouraria. O montante máximo é de 125 mil euros e findará com o vencimento da operação reescalonada, sob uma garantia mútua de 50 por cento do montante da operação.

2.5.5. INCENTIVOS FISCAIS

Nem só de incentivos financeiros vivem as empresas. A componente fiscal no resultado de exploração continua a ser uma variável decisiva, pelo que o Estado legislador complementa através de incentivos fiscais a vertente financeira de apoio ao investimento produtivo, à inovação e às PME.

2.5.5.1. SIFIDE II – SISTEMA DE INCENTIVOS FISCAIS EM I&D EMPRESARIAIS

O SIFIDE II, a vigorar no período de 2013 a 2020, mantém o objetivo do seu homólogo antecessor de apoiar as atividades de I&D, relacionadas com a criação ou a melhoria de um produto, de um processo, de um programa ou de um equipamento, que apresentem uma melhoria substancial e não resultem de uma simples utilização das técnicas existentes.

– Despesas elegíveis: Aquisições de ativos fixos tangíveis, à exceção de edifícios e terrenos, diretamente afetos à realização de atividades de I&D; despesas com pessoal diretamente envolvido em tarefas de I&D; despesas com a participação de dirigentes e quadros na gestão de instituições de I&D; despesas de funcionamento, até ao máximo de 55 por cento das despesas com o pessoal qualificado, contabiliza-das a título de remunerações; despesas relativas à contratação de ati-vidades de I&D junto de entidades públicas; participação no capital de instituições de I&D e contributos para fundos de investimentos, públicos ou privados, destinados a financiar empresas dedicadas a I&D; custos com registo e manutenção de patentes; despesas com a aquisição de patentes predominantemente destinadas à realização de atividades de I&D (só PME); despesas com auditorias à I&D; des-pesas com ações de demonstração que decorram de projetos de I&D apoiados.

– Benefício: Recuperação até 82,5 por cento do investimento em I&D, na parte que não tenha sido objeto de comparticipação financeira do Estado a fundo perdido, através da dedução fiscal de 32,5 por cento aplicável à despesa total em I&D no ano corrente e, como taxa incre-mental, 50 por cento do aumento da despesa face à média dos dois anos anteriores (máximo de 1,5 milhões de euros). Acresce que para as PME que ainda não completaram dois exercícios e não beneficia-ram da taxa incremental se aplica uma majoração de 15 por cento à taxa base de 32,5 por cento.

2.5.5.2. RFAI II – REGIME FISCAL DE APOIO AO INVESTIMENTO

O RFAI é um benefício fiscal que permite às empresas deduzir à coleta apurada uma percentagem do investimento realizado em ativos não cor-rentes tangíveis e intangíveis.

- Despesas elegíveis: Ativos fixos tangíveis, com exceção de terrenos, edifícios, viaturas ligeiras, mobiliário e artigos de conforto ou decoração, equipamentos sociais e outros bens de investimento que não estejam afetos à exploração da empresa; despesas com transferência de tecnologia, nomeadamente através da aquisição de direitos de patentes, licenças, *know-how* ou conhecimentos técnicos não protegidos por patente.
- Benefício: Dedução de 25 por cento à coleta de IRC até 5 milhões de euros (10 por cento na parte excedente) no caso de investimentos realizados nas regiões Norte, Centro, Alentejo, Açores e Madeira, e de 10 por cento nas regiões do Algarve e da Grande Lisboa; isenção ou redução de IMI por um período de até dez anos; isenção ou redução do IMT; isenção de imposto do selo relativamente às aquisições de prédios que constituam aplicações relevantes.

2.5.5.3. DLRR – DEDUÇÃO POR LUCROS RETIDOS E REINVESTIDOS

Trata-se de uma medida de incentivo às PME, que permite a dedução à coleta do IRC dos lucros retidos que sejam reinvestidos em aplicações relevantes.
- Despesas elegíveis: Os mesmos investimentos em ativos tangíveis considerados no RFAI.
- Benefício: Dedução à coleta de até 10 por cento dos lucros retidos que sejam reinvestidos no prazo de dois anos contando a partir do final do período de tributação a que correspondem os lucros retidos. Esta dedução é efetuada até à concorrência de 25 por cento da coleta do IRC e o montante máximo dos lucros retidos e reinvestidos, em cada período de tributação, é de 5 milhões de euros.

2.5.5.4. BENEFÍCIOS FISCAIS CONTRATUAIS AO INVESTIMENTO PRODUTIVO

Trata-se de benefícios fiscais, em regime contratual, com um período de vigência de até dez anos contados da conclusão do investimento, aos projetos de investimento cujas aplicações relevantes sejam de montante igual ou superior a 3 milhões de euros.

OFERTA: MODULIZAÇÃO E SEGMENTAÇÃO DO CRÉDITO E DOS SERVIÇOS BANCÁRIOS

- Despesas elegíveis: Todas as consideradas no RFAI e DLRR e, desde que realizados menos de um ano antes da data de candidatura a benefícios fiscais, os adiantamentos relacionados com o projeto, até ao valor de 50 por cento do custo de cada aquisição, e as despesas relativas aos estudos diretamente relacionados com o projeto de investimento, contabilizadas como ativo intangível.
- Benefício: Crédito de imposto entre 10 e 25 por cento das aplicações relevantes do projeto de investimento efetivamente realizadas, a deduzir ao montante da coleta do IRC; isenção ou redução de IMI; isenção ou redução de IMT; isenção de imposto do selo relativamente a todos os atos ou contratos necessários à realização do projeto de investimento.

2.5.6. PROGRAMA REVITALIZAR

A forte mortalidade que atingiu o tecido empresarial nacional na agudização da crise económica e financeira do início desta década impeliu as autoridades a darem uma resposta estratégica a favor da revitalização do tecido empresarial nacional. Foi neste contexto que nasceu o Programa Revitalizar, um novo instrumento de apoio à recuperação de empresas.

O objetivo primordial não é manter as empresas sem viabilidade em estado comatoso, mas revitalizar empresarialmente as unidades economicamente viáveis. Nesse sentido, o Programa Revitalizar introduziu alterações aos mecanismos legais para facilitar e agilizar os processos de revitalização de empresas e promover uma atuação proativa e concertada de todos os agentes da administração pública envolvidos nesta área, para antever problemas e evitar processos longos de degradação financeira de empresas ligados à persistência de modelos de negócio desajustados, que põem em causa a eficácia da regeneração de empresas pretendida.

FIGURA II-41: Principais instrumentos do Programa Revitalizar

2.5.6.1. PER – PROCESSO ESPECIAL DE REVITALIZAÇÃO

Uma das principais medidas do Programa Revitalizar consistiu na revisão do Código de Insolvência e da Recuperação de Empresas (CIRE), centrado na revitalização empresarial e não tanto na liquidação e no desmantelamento de empresas. Em simultâneo foi instituído o novo Processo Especial de Revitalização (PER), que oferece às empresas em situação económica difícil e de insolvência iminente um instrumento alternativo à insolvência.

O PER inspirou-se diretamente no conhecido *Chapter 11* norte-americano, pretendendo ser uma solução efetiva de reestruturação empresarial, pela qual as empresas veem protegida a sua capacidade produtiva e os seus postos de trabalho, com manutenção da atividade e suspensão das cobranças de créditos durante o processo negocial e de viabilização do plano de recuperação pelos credores.

As negociações para a aprovação do plano de recuperação decorrem em contexto extrajudicial, por um prazo máximo de 60 dias, prorrogável, em certas condições legalmente estabelecidas, por mais 30 dias. Depois de aprovado e homologado, o plano torna-se vinculativo para todos os credores.

Note-se que se considera aprovado o plano de recuperação que recolher mais de dois terços da totalidade dos votos emitidos e mais de metade dos votos emitidos correspondentes a créditos não subordinados, não se

OFERTA: MODULIZAÇÃO E SEGMENTAÇÃO DO CRÉDITO E DOS SERVIÇOS BANCÁRIOS

considerando como tal as abstenções. O quórum deliberativo é calculado com base nos créditos relacionados contidos na lista de créditos.

Finalmente, um elemento decisivo para levar os credores a aderirem ao processo negocial, decorre de o PER assegurar mecanismos de proteção aos credores que financiem o devedor que recorra a este processo. Por um lado, as garantias convencionadas entre o devedor e os seus credores durante o processo especial de revitalização, com a finalidade de proporcionar àquele os necessários meios financeiros para o desenvolvimento da sua atividade, mantêm-se mesmo que findo o processo venha a ser declarada, no prazo de dois anos, a insolvência do devedor; por outro lado, os credores que no decurso do processo financiem a atividade do devedor disponibilizando-lhe capital para a sua revitalização gozam de privilégio creditório mobiliário geral, graduado antes do privilégio creditório mobiliário geral concedido aos trabalhadores.

2.5.6.2. SIREVE – SISTEMA DE RECUPERAÇÃO DE EMPRESA POR VIA EXTRAJUDICIAL

O SIREVE foi criado em 2012 com a adoção de um conjunto de medidas relacionadas com a desmaterialização de todo o processo negocial, a redução dos prazos para a conclusão dos processos, a introdução de mecanismos de proteção do devedor e a possibilidade de qualquer credor não chamado ao procedimento requerer a sua participação.

Entretanto, em 2015 foi objeto de revisão, procurando o legislador tornar mais eficaz a utilização deste processo negocial na viabilização das empresas, simplificando a aprovação dos planos de reestruturação, excluindo a possibilidade de empresas em situação de insolvência atual ou pendência de um PER recorrerem ao SIREVE e criando condições mais favoráveis à obtenção de financiamento durante a negociação.

O principal objetivo deste sistema é garantir uma articulação ágil entre as diversas entidades da administração pública, viabilizando a análise caso a caso e a concertação de posições e práticas entre os diferentes intervenientes, nomeadamente, da Administração Tributária, da Segurança Social e da Economia.

FIGURA II-42: Principais fases do SIREVE

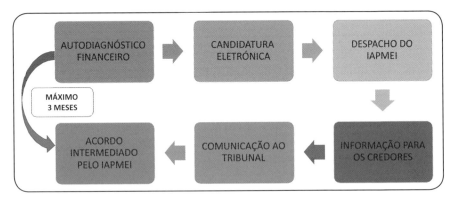

A revisão do SIREVE criou ainda um mecanismo de deteção precoce de dificuldades *(early warning)* de utilização gratuita e confidencial, visando alertar as empresas para a necessidade de anteciparem os seus processos de reestruturação.

O despacho de aceitação do requerimento de utilização do SIREVE obsta à instauração contra a empresa ou respetivos garantes, relativamente às operações garantidas, de quaisquer ações executivas para pagamento ou outras ações destinadas a exigir o cumprimento de obrigações pecuniárias enquanto o procedimento não for extinto, e suspende, automaticamente e por igual período, as ações executivas instauradas contra a empresa.

2.5.6.3. FUNDOS DE REVITALIZAÇÃO E DE EXPANSÃO EMPRESARIAL

O programa Revitalizar integra também a disponibilização de soluções de financiamento de suporte a operações de capitalização de empresas, através da constituição de fundos de revitalização e de expansão empresarial de base regional. Os Fundos Revitalizar são assim instrumentos de capital de risco, criados com o objetivo de promover o crescimento e expansão das PME, contribuindo para o desenvolvimento de novos produtos, processos de internacionalização e aumento de exportações. Destinam-se a capitalizar PME que apresentem modelos de negócio sustentáveis e desenvolvam estratégias de crescimento e expansão.

Foram criados e encontram-se disponíveis três fundos, organizados numa base regional, e geridos por SCR selecionadas por concurso, tendo cada região uma única entidade gestora: Explorer Investments para a

Região Norte, OXY Capital para o Centro e Capital Criativo para as regiões de Lisboa, Alentejo e Algarve.

O investimento pelo fundo é realizado através de aquisição, por subscrição, de instrumentos de capital ou quase-capital (no valor mínimo de 70 por cento), podendo haver concessão de crédito complementar. O valor da aquisição de participações societárias existentes não pode exceder 30 por cento do valor total do investimento realizado pelo fundo.

O financiamento pelo fundo não poderá ultrapassar o valor de 1,5 milhões de euros por sociedade, por cada período de 12 meses e até um máximo global de 4,5 milhões de euros.

2.5.6.4. LINHA DE APOIO À REVITALIZAÇÃO EMPRESARIAL

Em complemento aos vários processos de reestruturação de empresas do programa Revitalizar, foi lançada em 2015 uma Linha de Apoio à Revitalização Empresarial. Trata-se de uma linha de crédito destinada a financiar a atividade de empresas, preferencialmente PME, que tenham processos de reestruturação em curso no âmbito do SIREVE ou do PER e tem associadas duas sublinhas, uma de curto e outra de médio prazo.

A linha de curto prazo está vocacionada para apoiar operações destinadas exclusivamente ao financiamento de necessidades de tesouraria, enquanto a segunda sublinha se destina a investimento novo em ativos fixos corpóreos ou incorpóreos, a realizar no prazo de 12 meses após a data da contratação, ou ao reforço do fundo de maneio ou dos capitais permanentes das empresas.

O montante máximo por empresa é de 750 mil euros, com o limite de 25 por cento do volume de negócios do exercício anterior, e conta com um máximo de 75 por cento de cobertura de garantia mútua.

2.5.7. IFD – INSTITUIÇÃO FINANCEIRA DE DESENVOLVIMENTO

A IFD, também denominada Banco de Fomento, foi criada em outubro de 2014, pelo Decreto-Lei 155/2014, como sociedade financeira com o principal objetivo estatutário de realizar operações que visem colmatar as insuficiências de mercado no financiamento de PME.

O FINANCIAMENTO BANCÁRIO DE PME

Os instrumentos a utilizar pela IFD para atingir aquele objetivo passam pela gestão de fundos de investimento, de outro património autónomo ou de instrumentos de natureza análoga, suportados por fundos públicos de apoio à economia, e pela realização de operações de crédito, incluindo concessão de garantias e outros compromissos. A IFD também pode desenvolver atividade de consultoria a PME, relacionada com a estrutura de capital, a estratégia empresarial e questões conexas, assim como no domínio da fusão e da compra de empresas.

Daqui decorre que a IFD é uma entidade financeira grossista, que atuará sempre em parceria com bancos comerciais, SGM, investidores e outras entidades financeiras privadas *(private equities, venture capital e business angels)*, pelo que não concede empréstimos diretamente às empresas.

2.5.7.1. LINHAS DE CRÉDITO E FUNDOS COFINANCIADOS PELO FEEI

Nesta primeira fase da sua existência, a IFD apenas irá gerir essencialmente os programas dos instrumentos financeiros ao abrigo dos FEEI atribuídos a Portugal, o que na prática passa por concentrar muito do que já está a ser efetuado por outras entidades públicas, como sejam os produtos de financiamento oferecidos pelos bancos com apoio público, por exemplo as linhas de capitalização no âmbito da PME Crescimento 2015 ou a Linha de Apoio à Revitalização, com bonificações de juros de empréstimos às PME ou de comissões sobre as garantias emitidas pelas SGM em benefício dos bancos, e o apoio ao Fundo de Contragarantia, para contragarantia parcial das garantias emitidas pelas SGM sobre empréstimos bancários a PME.

Ainda nesta fase embrionária, a IFD dispõe-se a desenvolver soluções com entidades (ou usando instrumentos) existentes na esfera pública, como a SPGM, a PME Investimentos, a Portugal Ventures e a SOFID, ou com operadores financeiros privados, como banca, SGM, SCR ou *business angels*.

FIGURA II-43: Instrumentos de apoio a capitais alheios

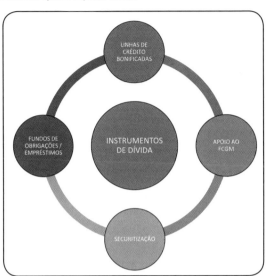

Nota muito importante também para a possibilidade de subscrição de instrumentos de titularização/aquisição de portefólios de financiamentos em curso de bancos comerciais a PME, tendo como condição a concessão de novos financiamentos a PME. Ou seja, a IFD «compra» parte do balanço dos bancos comerciais, composto por empréstimos a PME, e vende em operações de securitização a entidades terceiras. Com o alívio do balanço e da necessidade de afetar capitais próprios, os bancos ficam mais disponíveis para conceder nova dívida, estando neste caso obrigados a fazê-lo para o segmento das PME.

Além dos produtos de dívida financeira, a IFD também já está mandatada para apresentar instrumentos financeiros cofinanciados pelo FEEI para apoio ao capital próprio, ou quase-capital, das PME.

FIGURA II-44: Instrumentos de apoio a capitais próprios

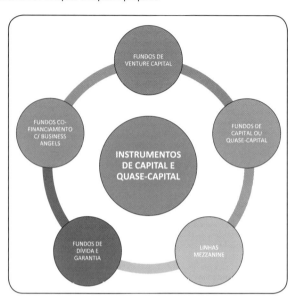

Em outubro de 2015, a IFD juntou ao seu portefólio dois fundos de fundos, tendo sido designada Gestora de Fundos de Capital e Quase-Capital (FC&QC) e de Dívida e Garantias (FD&G). O primeiro desses fundos é vocacionado para a criação ou o reforço de instrumentos financeiros de capitalização de empresas, em particular nas fases de criação de empresas e de arranque *(start-up, seed, early stages)*, bem como de empresas com projetos de crescimento, orgânico ou por aquisição, ou reforço da capacitação empresarial para a internacionalização e o desenvolvimento de novos produtos e serviços ou com inovações em matéria de processos, produtos, organização ou *marketing*, entre outros. O capital inicial do FC&QC é de 146,9 milhões de euros, correspondente unicamente à componente Fundo Europeu de Desenvolvimento Regional.

Por sua vez, o FD&G tem como objetivo a criação ou o reforço de instrumentos de financiamento de empresas, na vertente de capitais alheios e garantias, cogarantias e contragarantias, em particular no que se refere às PME e aos projetos de reforço da capacitação empresarial para a internacionalização e para o desenvolvimento de novos produtos e serviços ou a inovações em processos, produtos, organização ou *marketing*.

Esta oferta será, eventualmente, a ponta do icebergue do grande objetivo que se propõe a IFD, de reforçar o capital das PME. Para o efeito pretende direcionar recursos para investimentos em novos instrumentos que ofereçam produtos de *quasi-equity*, como *mezzanine* e dívida subordinada, ações preferenciais, obrigações participantes, incluindo obrigações convertíveis e capital reversível.

Estas soluções estarão mais vocacionadas para empresas maduras e estruturadas – não *start-ups* ou empresas com problemas de solvência –, enquanto as empresas numa fase mais incremental encontrarão a sua resposta na subscrição de fundos de *venture capital* e de *coinvestimento com business angels*.

A subscrição de fundos *venture capital*, instrumentos a desenvolver em conjunto com entidades privadas, visam soluções para as várias fases de desenvolvimento de negócios das PME alvo, através da promoção de diferentes veículos, como fundos de *seed capital*, de *start-up* e de capital de desenvolvimento. Por sua vez, os fundos de coinvestimento com *business angels* pretendem aumentar o investimento por *business angels* em PME, nomeadamente via fundos ou veículos de investimento coletivo com especialização setorial.

2.5.7.2. GESTÃO DE FINANCIAMENTOS OBTIDOS JUNTO DE INSTITUIÇÕES FINANCEIRAS INTERNACIONAIS

Numa segunda fase, o papel da IFD será alargado à gestão de financiamentos obtidos junto de instituições financeiras internacionais (multilaterais ou instituições de promoção nacionais congéneres, como o BEI ou o KFW), realizando operações *on lending* ou servindo de *arranger*.

As operações *on lending* passam por emprestar aos bancos retalhistas nacionais fundos tomados de outras instituições, a preços e prazo mais vantajosos que os oferecidos no mercado nacional. Os contratos são efetuados dentro do balanço da IFD e em seguida são celebrados contratos com os bancos para que estes emprestem esses montantes às empresas. Deste modo, potencialmente, essas melhores condições serão transmitidas às PME.

Trata-se portanto de linhas de crédito obtidas «por grosso» e distribuídas às PME mediante acordos com a banca comercial. Note-se que esta função é já hoje desenvolvida pelos próprios bancos retalhistas, que se financiam diretamente nessas instituições financeiras internacionais, nomeadamente no BEI. Todavia, o objetivo da IFD é ganhar escala aglutinadora, para melhorar mais ainda as condições de acesso ao *funding*.

Por sua vez, a função de *arranger* passa pela organização de operações com instituições internacionais a contratar diretamente entre estas e bancos nacionais; deste modo, estas operações ficam fora de balanço.

3.
A Concessão de Crédito Bancário

Revenue is vanity ... margin is sanity ... cash is king.
– Pehr G. Gyllenhammar, *CEO/Chairman da Volvo (1970/94)*

A curto prazo, um dos objetivos fundamentais de qualquer empresa é manter-se em atividade.

M. W. E. Glautier

A crise financeira de 2008 quase nos fez esquecer que o financiamento das empresas (e dos países) não depende apenas da solvência e da liquidez dos bancos; depende também de um vasto conjunto de fatores que afetam a perceção e o apetite pelo risco das instituições bancárias. Por outras palavras, a concessão de crédito às empresas não depende apenas da procura de financiamento, mas também de essa procura de financiamento ser interessante do ponto de vista dos bancos, ou seja, de haver uma probabilidade elevada de recuperação do crédito concedido. A qualidade da afetação de crédito é um elemento fundamental na determinação da afetação global de recursos e na promoção do crescimento

No processo de concessão de crédito, as primeiras perguntas que os bancos fazem passam inevitavelmente por estas duas formulações:

- Qual o dinheiro que a empresa gera e liberta?
- Qual o risco que lhe está associado?

Estas perguntas vão permitir aos financiadores determinar o valor substancial da empresa em continuidade, o que é crucial para os bancos aferirem a probabilidade de serem reembolsados pelos créditos concedidos. Ou seja, tem de estar claro para os analistas de crédito o valor atual dos *cash-flows* futuros da empresa, atualizados à taxa de custo efetivo e de oportunidade dos capitais utilizados para financiar o investimento instalado.

3.1. ANÁLISE DO CICLO DE EXPLORAÇÃO – *CASH IS KING*

O conceito de equilíbrio financeiro da empresa está diretamente relacionado com o da liquidez, ou seja, com a capacidade da empresa para solver os seus compromissos atempadamente. A viabilidade da empresa assenta assim na determinação e na análise das suas fontes de valor, nos determinantes da sua rentabilidade e nos *drivers* da atividade operacional, uma análise que se baseia na estimação de demonstrações financeiras previsionais (*cash-flows* futuros), cujos fatores principais se observam facilmente olhando para o ciclo de tesouraria da empresa (ver figura III-1).

FIGURA III-1: Ciclo de tesouraria

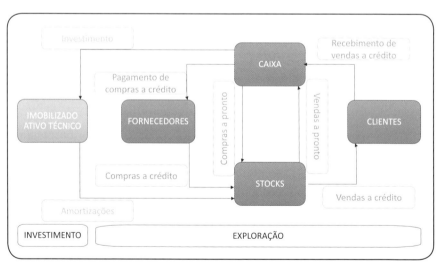

Na análise da viabilidade das empresas, *cash is king*! A necessidade de uma estrutura financeira apropriada que represente um capital, investimentos e fundos de maneio equilibrados é crucial. A solvabilidade da empresa passa assim pela capacidade de suprir as suas necessidades de fundo de maneio.

A empresa tem outras necessidades a atender, além das de fundo de maneio, como sejam a necessidade económica de realizar lucros, a necessidade de utilizar crédito numa justa proporção e a necessidade técnica de ter um *stock* de base. Todavia, os elementos-chave observados na análise de crédito dos bancos passam essencialmente pelo *cash-flow* operacional (EBITDA)/resultados operacionais, pela variação das necessidades de fundo de maneio, pelo fluxo gerado de tesouraria e pelo investimento realizado.

FIGURA III-2: Indicadores-chave do negócio

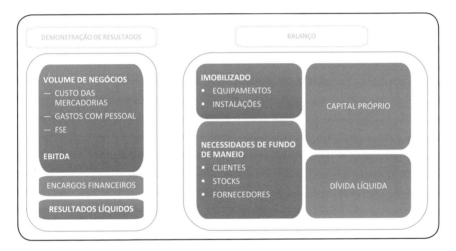

3.1.1. O CONCEITO DE FUNDO DE MANEIO

A análise do equilíbrio financeiro centra-se no conceito de fundo de maneio, entendido como o óleo que permite que o ciclo de exploração funcione em permanência. Esse valor, em constantes transformações cíclicas de curto prazo, é reutilizado no final de cada ciclo de exploração, garantindo à empresa uma margem de segurança que lhe permita adequar, a todo o tempo, a cadência de transformação dos ativos às exigências dos credores.

O fundo de maneio é necessário não só para financiar a fase de arranque de qualquer projeto, mas também (e sobretudo) o seu desenvolvimento corrente. Para isso são necessários meios financeiros para lá dos inicialmente investidos em ativos fixos. O fundo de maneio destina-se a financiar o ativo circulante, ou seja, o que resulta entre a realização das despesas de produção e a realização de receitas da sua venda, permitindo a manutenção de um nível adequado de *stocks*. Mas, como alguns ativos de exploração não são imediatamente transformáveis em liquidez, há que financiar parte desse ativo também com capitais permanentes. Nesta dupla dimensão temporal (curto e médio/longo prazo), o fundo de maneio pode ser definido como a figura III-3 indica.

FIGURA III-3: Conceito de fundo de maneio

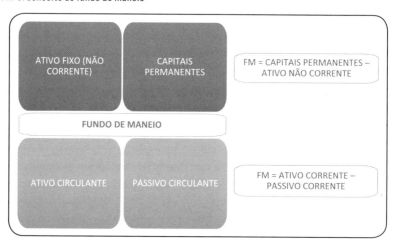

3.1.2. O CICLO DE CAIXA E O FINANCIAMENTO DAS NECESSIDADES DE FUNDO DE MANEIO

As necessidades de fundo de maneio (NFM) revelam as necessidades de financiamento do ciclo de exploração, ou seja, os pagamentos que é preciso fazer antes de receber de clientes. A sobreposição de diferentes ciclos de exploração leva a que as NFM assumam um caráter permanente.

Claro que, devido a fatores sazonais ou conjunturais, as NFM podem ser temporariamente superiores ou inferiores às NFM permanentes e estruturais, o que se repercutirá na necessidade pontual de financiamento ou de aplicação de recursos, respetivamente.

O equilíbrio financeiro passa fundamentalmente pela capacidade de a empresa cumprir atempadamente de forma duradoura todas as obrigações financeiras a um custo aceitável. O equilíbrio financeiro está intimamente ligado à solvência da empresa e, por inerência, à relação entre fundo de maneio e necessidade de fundo de maneio.

Figura III-4: Ciclo de exploração e NFM

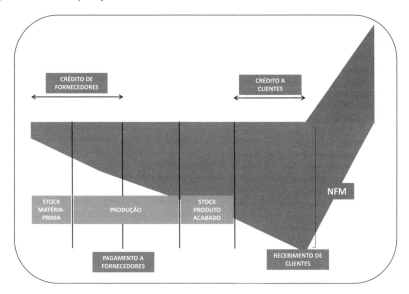

FIGURA III-5: Necessidades de fundo de maneio

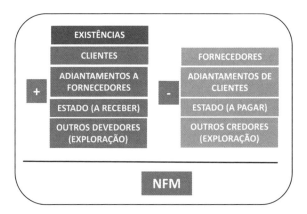

Existirá equilíbrio financeiro sempre que o FM for superior às NFM; caso contrário, a empresa terá de financiar as suas NFM.

A regra geral do equilíbrio financeiro expressa a regra de bom senso financeiro, ou seja, a empresa não deve comprar matéria-prima para depois vender um produto acabado obrigando-se perante o fornecedor a um prazo de pagamento inferior ao que depois dá aos seus clientes para pagarem.

Uma situação de desequilíbrio financeiro ou tesouraria deficitária pode ter origem em situações diversas, como por exemplo:
- Na redução dos capitais próprios, como consequência da existência de prejuízos;
- Na aquisição de ativos fixos com recurso a financiamento não compatível com a cadência das amortizações;
- Na redução do crédito obtido dos fornecedores;
- Na manutenção de *stocks* especulativos, na expectativa de que os preços subam;
- No crescimento do saldo das existências, como consequência de uma conjuntura desfavorável ou de um aumento do volume de produção não compensado pelo crescimento registado pelas vendas.

Todas estas situações darão origem a um FM deficitário, que se repercutirá necessariamente nos resultados da empresa, com o aumento dos custos de financiamento, designadamente recurso a facilidades de crédito em conta-corrente, descobertos em conta D. O. ou mesmo descobertos não autorizados, incapacidade para liquidar ou reformar aceites, perda de capacidade negocial junto dos fornecedores.

Contudo, uma situação de desequilíbrio financeiro a curto prazo não traduz necessariamente uma situação de rutura e falência da empresa. Funcionará sim, e seguramente, como um alerta importante para a identificação de uma estrutura de financiamento desadequada. Porém, convém não esquecer que, não raras vezes, os processos de insolvência empresarial se iniciam com desequilíbrios financeiros a curto prazo que vão deteriorando a exploração da empresa e numa espiral de dependência de recursos a curto prazo insuficientes que acabam por conduzir a processos de falência.

A seguir observamos os diferentes estádios de equilíbrio e desequilíbrio que as empresas podem conhecer decorrentes da relação estabelecida entre o FM, as NFM e a tesouraria líquida.

FIGURA III-6: Equilíbrios e desequilíbrios financeiros

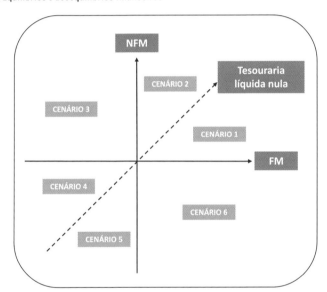

CENÁRIO 1

Trata-se de uma situação equilibrada com uma importante margem de segurança. Apesar de as NFM serem permanentes (NFM > 0), o ciclo de investimento da empresa e parte do ciclo de exploração são financiados com capitais permanentes (FM > 0), havendo ainda uma folga de segurança (TL > 0).

CENÁRIO 2

Situação muito frequente em empresas com ciclos de caixa longos e capital intensivo. Apesar de ter um FM positivo, a empresa revela um desequilíbrio financeiro (NFM > FM), pelo que terá de financiar as suas NFM permanentes com recurso a empréstimos a curto prazo (ou entrando em incumprimento junto dos credores).

CENÁRIO 3

Situação financeira de rutura. Mesmo que a empresa gere *cash-flows* a médio/longo prazo, de imediato a situação financeira é insustentável por combinar FM e TL negativa com NFM permanentes positivas; mais, o ciclo de investimento que poderá gerar no futuro *cash-flow* está a ser desequilibradamente financiado com exigível a curto prazo.

CENÁRIO 4

Cenário característico nas empresas que recebem a pronto e pagam a prazo (NFM < 0), e vivem uma situação arriscada, já que um FM negativo impossibilita o correto financiamento do ciclo de investimento, levando à política inadequada de financiar o ativo fixo com operações de tesouraria.

CENÁRIO 5

Apesar de a TL ser positiva e as NFM negativas, a situação financeira é arriscada, pois o FM negativo hipoteca o futuro da empresa ou impele-a ao desequilíbrio da estrutra de financiamento.

CENÁRIO 6

A melhor das perspetivas, facilmente identificável com as grandes superfícies de retalho, que se revela bem mais consistente do que o cenário 4, decorrente de conjugar um FM > 0 com NFM < 0.

O único problema eventual neste caso será o custo de oportunidade na aplicação desse excesso de liquidez, bem como a deterioração da rentabilidade de exploração por unidade monetária investida. Nestas circunstâncias a empresa poderá proceder à redução do FM para o nível de segurança entendido necessário através, por exemplo, da distribuição de dividendos em montantes mais elevados, do recurso à liquidação antecipada de financiamento a médio e longo prazo, da aquisição de bens de reserva e de equipamento produtivo.

Se o cenário de excesso de FM pode ser gerido, também as necessidades de financiamento decorrentes do desequilíbrio entre o FM e as NFM podem ser reduzidas, ou mesmo eliminadas, através da gestão das várias componentes do balanço:

- Através da gestão do FM:
  - Recurso a financiamento bancário;
  - Financiamento ou aumento do capital social por parte dos sócios/ acionistas;
- Através da gestão das NFM:
  - Aumento do financiamento junto dos fornecedores;

A CONCESSÃO DE CRÉDITO BANCÁRIO

- Aumento da eficiência na gestão de *stocks;*
- Melhoria na cobrança de créditos junto dos clientes.

Ou seja, as necessidades de financiamento do ciclo de exploração diminuem com a redução da permanência ou a retenção das necessidades cíclicas e com o aumento do tempo de retenção dos recursos cíclicos. Além de tudo isto, claro, as necessidades de financiamento caem naturalmente através do aumento da margem do negócio.

3.1.3. SETOR DE ATIVIDADE, MODELO DE NEGÓCIO E CICLO DE VIDA

Os indicadores de negócio de uma empresa não podem ser observados isoladamente. Os resultados da exploração (vendas, crescimento e rentabilidade), as variações das NFM, o fluxo gerado de tesouraria e o investimento devem ser enquadrados pelo setor de atividade em que se integra a empresa, bem como pelo modelo de negócio adotado e pela fase do ciclo de vida que atravessa.

A maior pluralidade de idiossincrasias encontra-se nos aspetos relacionados com o setor de atividade, em que se verificam diferentes perspetivas de crescimento, decorrentes muitas vezes de uma distinta intensidade em capital investido e da dinâmica concorrencial.

Uma clivagem maior é encontrada na existência de uma ciclicidade e sazonalidade diferentes entre empresas de setores ou atividades distintos. Vejam-se a título de exemplo as profundas diferenças entre duas empresas do setor alimentar, uma chocolateira e outra de panificação: a empresa produtora de chocolates tem dois picos de NFM ao longo do ano, coincidentes com os períodos que antecedem o Natal e a Páscoa, enquanto a empresa produtora de pão tem uma NFM corrente e estável.

Além destas diferenças resultantes da sazonalidade da atividade, as empresas têm níveis diferentes de NFM de setor para setor decorrentes do fator tempo, ou seja, as empresas em setores com elevados ciclos de produção (por exemplo construção de equipamentos, indústria automóvel e naval) ou com uma maior imobilização de *stocks* (comércio por grosso ou de retalho especializado) têm maiores NFM que a maior parte das empresas de serviços que recebem a pronto pagamento ou a prazos curtos (por exemplo supermercados ou agências de viagens).

Os aspetos relacionados com o modelo de negócio, a estratégia traçada e a posição competitiva também são críticas para a correta avaliação de uma empresa. A qualidade da equipa de gestão e a estrutura organizacional, a sustentabilidade da estratégia de internacionalização e a política de inovação/diferenciação, são todas elas fulcrais para a análise financeira do negócio.

As decisões das empresas quanto ao modelo de distribuição – lojas próprias, franchisadas ou *online* –, a política de crédito – venda a pronto pagamento *versus* venda a prazo – e a estruturação da produção para uma resposta *just-in-time versus stock versus* a pedido têm também importantes consequências financeiras e levam as empresas a tomar decisões quanto ao *insourcing/outsourcing*.

FIGURA III-7: Fatores condicionantes do desempenho do negócio

O ciclo de vida das empresas/produtos também condiciona muito a rentabilidade dos capitais investidos, já que cada fase evolutiva tem associadas diferentes necessidades de financiamento e distintas capacidades de obter internamente esse financiamento.

Uma *start-up* (novo produto) tem por definição pouca capacidade de autofinanciamento e uma tendência inicial para resultados negativos, enquanto uma empresa (ou produto) madura, e com sucesso, tende a libertar *cash-flow* que reforça a sua capacidade de evitar financiar-se com capitais alheios (exploração e novo investimento).

FIGURA III-8: Ciclo de vida das empresas e dos produtos

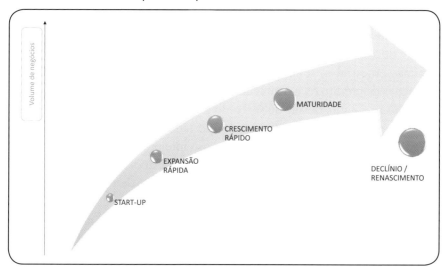

O crescimento consome *cash-flow*, pelo que a rentabilidade do negócio é muito distinta consoante a fase do ciclo de vida em que se encontra a empresa.

3.2. ANÁLISE DO RISCO DE CRÉDITO

Do mesmo modo que os investidores têm necessidade de gerir o risco associado aos seus investimentos, os trabalhadores o risco de perder o emprego e os fornecedores de minimizar o risco de não cobrança dos créditos concedidos, também os bancos querem medir o risco de incumprimento dos seus clientes.

O risco de crédito corresponde assim ao risco de a contraparte no financiamento incumprir com a sua obrigação numa data específica. A gestão do risco de crédito é um importante desafio para os bancos, já que o fracasso nesta frente conduz inevitavelmente à falência.

A avaliação do risco de crédito passa em primeira instância por uma análise individual por uma equipa de analistas, que elaboram relatórios de análise de risco de crédito e emitem uma opinião independente da área comercial, que capta e gere os clientes, sobre o risco de crédito inerente.

A análise de várias direções de risco de crédito independentes – surgidas e multiplicadas no final do século passado, início do atual – é periódica e é realizada sempre que haja alterações no relacionamento com o cliente ou se identifiquem fatores endógenos ou exógenos que recomendem uma reavaliação do risco. Ou seja, para além do início do relacionamento, os limites de exposição a determinada empresa são reavaliados numa base mínima semestral e, sempre que justificável, com a apreciação de novas operações de crédito ou a ocorrência de eventos (positivos ou negativos).

Como não podia deixar de ser, todo o processo de elaboração e decisão de propostas de crédito a empresas é suportado por uma plataforma aplicacional, o que contribui para assegurar o uso integrado e uniforme de regras e procedimentos. Adicionalmente, para agilizar e apoiar o processo de concessão de crédito a empresas e uniformizar a análise de risco destas operações, os bancos desenvolveram e implementaram um modelo de definição de limites de exposição a curto prazo para empresas. Estes limites de exposição são parametrizados com base em indicadores económico-financeiros e setoriais e em notações de risco, que fornecem orientações quanto ao nível de exposição a curto prazo recomendado para cada empresa.

O modelo permite a utilização de um mesmo conjunto de regras claras e objetivas para cálculo de limites de referência, que têm um caráter apenas indicativo e servem de base à análise casuística para atribuição efetiva de limites ao cliente. No caso do segmento de retalho, a apreciação do risco de crédito é suportada pela utilização de ferramentas estatísticas de avaliação do risco (modelos de *scoring* e *rating*), por um conjunto de normativos internos que estabelecem critérios objetivos a observar na concessão de crédito, assim como por uma delegação de competências de acordo com, entre outros critérios, as notações de risco atribuídas às empresas.

FIGURA III-9: Tipos de risco de crédito

O risco geral diz respeito à ocorrência de riscos políticos e económicos, enquanto o risco do ramo de atividade ou profissional, como a própria expressão mostra, está associado ao setor de atividade do mutuário. O risco particular está ligado às características intrínsecas do mutuário, quer seja particular quer empresa, e passa sobretudo por avaliar a sua idoneidade. Por sua vez, o risco associado à operação está relacionado com as características específicas da operação de crédito em análise, já que cada operação de crédito, definido por finalidade, prazo, montante, preço e garantias, envolve riscos específicos.

3.2.1. ANÁLISE ECONÓMICO-FINANCEIRA

Concentrando-nos apenas no risco de crédito, a análise económico-financeira é um dos instrumentos de suporte à sua avaliação e ao melhor conhecimento da estrutura, atividade e resultados da empresa, permitindo uma decisão de concessão de crédito mais consciente do nível de risco que se pretende assumir.

A análise financeira visa avaliar a liquidez e a adequação da estrutura financeira da empresa, permitindo apurar a capacidade da empresa de honrar os seus compromissos, quer a curto, quer a médio e longo prazo. Por outro lado, a vertente económica tem como objetivo analisar a rentabilidade da empresa, a sua capacidade de gerar resultados e de remunerar os capitais dos investidores.

A análise económico-financeira é um processo de avaliação contínuo que tem por finalidade avaliar a situação patrimonial da empresa no tempo e no espaço, utilizando para o efeito um conjunto de técnicas que se baseiam na atividade extracontabilística e em documentos contabilísticos que resumem um conjunto alargado de informações económico-financeiras.

FIGURA III-10: **Estrutura da análise económico-financeira**

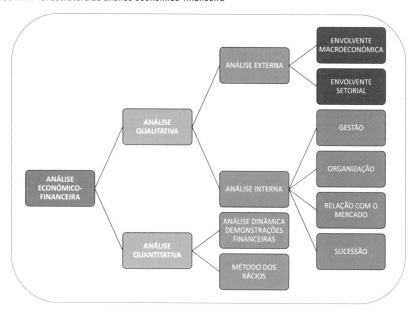

A primeira grande desagregação (complementar) na análise económico-financeira ocorre entre a abordagem qualitativa e quantitativa dessa análise.

A análise quantitativa tem como objetivos a identificação e a apresentação de dados, indicadores e tendências observáveis, estabelecendo com acuidade uma relação causa-efeito e permitindo fazer previsões. Esta abordagem alicerça-se nas demonstrações financeiras produzidas pelas empresas, avaliando as diferentes componentes, sobretudo do balanço e da demonstração de resultados, e dando origem a rácios económico-financeiros que permitem analisar o desempenho da empresa ao longo do tempo e compará-lo com o dos seus pares.

Por sua vez, a análise qualitativa, ao contrário da quantitativa, trabalha com hábitos, atitudes e opiniões, ou seja, é uma análise indutiva e descritiva, já que o analista desenvolve conclusões e entendimentos a partir de comportamentos observados e depoimentos obtidos em contacto direto com o cliente. Embora este método seja menos estruturado, proporciona um relacionamento mais extenso e flexível entre o analista e os clientes/empresas. O analista é portanto mais sensível ao contexto, o que significa que, ao contrário do que acontece com o método quantitativo, trabalha com a subjetividade.

Os indicadores de natureza qualitativa traduzem normalmente a opinião sobre a qualidade da gestão, a capacidade dos gerentes na resolução de problemas da empresa, o património pessoal dos acionistas, a formação profissional dos empregados ou mesmo a capacidade da empresa para a inovação tecnológica. No fundo avalia globalmente os comportamentos e os recursos da empresa (análise interna: pontos fortes e fracos) e o contexto em que se insere (análise externa: ameaças e oportunidades).

Contudo, é esta dualidade de validação que assegura a complementaridade; o analista, por contar com os dados obtidos através dos dois métodos (triangulação), conseguirá sempre níveis melhorados de validação interna e externa.

3.2.2. QUANTIDADE, *TIMING* E QUALIDADE DA INFORMAÇÃO

Os dois métodos que compõem a análise económico-financeira só funcionam caso exista informação com qualidade, em quantidade e atempada. Os empresários não podem esquecer que a produção de informação financeira tem uma dupla finalidade: por um lado, destina-se a apoiar a gestão da própria empresa, e, por outro lado, visa fornecer meios de análise a terceiros (bancos, Administração Fiscal, investidores, fornecedores, clientes, analistas financeiros, obrigacionistas, trabalhadores, etc.). Atendendo à necessidade de análise do risco de crédito atrás apresentada, assegurar a partilha atempada de informação com os bancos é um fator relevante para uma avaliação oportuna de risco e contribuirá para o aumento de confiança nos sistemas de planeamento e informação de gestão da empresa.

A análise económico-financeira realizada pelos bancos é essencialmente uma «análise fundamental», ou seja, suportada na informação produzida pela empresa.

Deste modo, importa erradicar a ideia de que as empresas são vítimas deste permanente pedido de informação pelos bancos, pois é do interesse das próprias empresas a divulgação atempada dessa informação. As empresas não podem esquecer que os relatórios financeiros que produzem têm de ser elaborados de acordo com uma perspetiva económica e financeira, mas num contexto informacional que tem de fluir para todos os agentes que interagem com a empresa. Só com esse fluxo de informação é possível manter um elo entre a empresa e os bancos; a não existir esse elo, a relação entre ambos não existirá ou, existindo, não subsistirá. Os custos daí resultantes são uma certeza que a empresa não pode ilidir.

Apesar de a rede de informação partilhada entre os agentes económicos se encontrar relativamente desenvolvida – obrigação que se encontra em geral formalizada no contrato –, a informação fornecida não é completa. Há com efeito assimetrias de informação na relação entre empresas e bancos.

Sobre este quadro certamente será muito mais fácil negociar novos empréstimos ou justificar eventuais incumprimentos e, concomitantemente, renegociar condições para fazer frente a contingências negativas. Não esquecer também que os bancos detestam surpresas, em especial quando a surpresa é o mutuário não ter capacidade para pagar a próxima prestação. É fundamental usar de total transparência e celeridade na comunicação dos problemas, pois é a única forma de construir uma imagem de confiança e credibilidade.

O empresário não pode deixar que a empresa chegue a uma situação extrema – por exemplo, tem de pagar os salários no final do mês – para dar a conhecer ao banco os seus problemas. Uma comunicação precoce não só gera confiança e credibilidade, como dá razões ao banco para ter a flexibilidade necessária para fazer concessões que de outra forma não seriam possíveis. Uma má comunicação é inimiga da empresa; cria desconfiança, levanta suspeitas e faz o banco supor o pior e tomar medidas drásticas, que podem ser irreversíveis e contrárias aos interesses da empresa.

FIGURA III-11: Informação imprescindível à análise económico-financeira

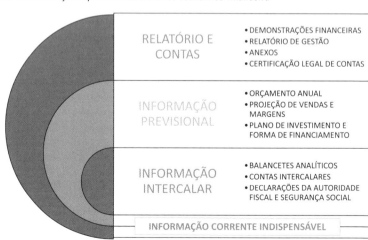

A partir dos dados fornecidos compete às equipas de risco dos bancos determinar o seu *rating*, fazendo uma análise económico-financeira fundada no setor em que se integra, averiguando a exposição ao setor bancário e a existência de incidentes, e ponderando algumas operações de *cross-selling* (nomeadamente com o encaminhamento dos proprietários ou gestores para as suas estruturas de segmento alto da banca de retalho) que mitiguem o risco.

O atraso recorrente na entrega da informação é ainda mais grave se constatarmos que a sua oferta – conteúdo, frequência e *timing* – é feita num contexto regulamentado, independentemente de a empresa ser cotada em bolsa de valores. A prestação de contas anuais é imperativamente realizada com a entrega da declaração de rendimentos modelo 22 do IRC, até ao último dia útil do mês de maio (conforme prevê o n.º 1 do artigo 112.º do CIRC), ou seja, antes da entrega da declaração anual de informação contabilística e fiscal, por transmissão eletrónica até ao final do mês de junho (conforme dispõe o n.º 2 do artigo 113.º do CIRC).

3.2.3. ANÁLISE QUALITATIVA

A análise económico-financeira qualitativa vai permitir-nos obter um quadro síntese que reconhecemos como análise SWOT *(strenghts, weaknesses, opportunities e threats)*.

FIGURA III-12: **Dualidade da análise qualitativa**

ANÁLISE AO NÍVEL DA EMPRESA		ANÁLISE DO CONTEXTO ENVOLVENTE	
RECURSOS DA EMPRESA	CAPACIDADES DA EMPRESA	NÍVEL MACROECONÓMICO	NÍVEL SETORIAL

IDENTIFICAÇÃO		IDENTIFICAÇÃO	
PONTOS FORTES	PONTOS FRACOS	OPORTUNIDADES	AMEAÇAS

ANÁLISE INTERNA	ANÁLISE EXTERNA

Esta informação não está disposta nas demonstrações financeiras das empresas, sendo obtida através da interação banco-empresa e da procura de dados complementares que permitam a contextualização macro e setorial da empresa em análise.

3.2.3.1. ANÁLISE QUALITATIVA INTERNA

A avaliação da capacidade de gestão é provavelmente o ponto de partida da análise ao nível da empresa, como âncora para determinar quer as atividades que desenvolve ou tem potencial para desenvolver bem relativamente aos seus concorrentes, quer aquilo em que apresenta pior dessempenho ou em que fica a perder claramente face aos seus pares. Todavia, a análise interna nunca ficará completa se não for tirada uma fotografia da forma como a empresa se relaciona com o mercado, bem como do modo de perspetivar a sucessão dos líderes atuais (sobretudo se se tratar de uma empresa familiar).

FIGURA III-13: Análise qualitativa interna

QUALIFICAÇÃO DA EQUIPA DE GESTÃO

As pessoas são o elemento determinante em qualquer organização. As qualidades da equipa de gestão numa empresa são nevrálgicas para ultrapassar problemas, bem como para potenciar as qualidades da empresa e identificar oportunidades. A avaliação do empenhamento e das capacidades de gestão dos elementos que lideram a empresa é fulcral para aferir a capacidade da empresa de cumprir com os seus compromissos.

A qualificação da equipa de gestão deve passar, mais do que pelo currículo, pela adequação das suas competências às exigências que lhe são impostas. Outro elemento que não deve ser descurado é a estabilidade dos quadros superiores da empresa, pois nenhum projeto empresarial terá sustentabilidade a médio ou longo prazo caso os seus líderes tenham uma rotatividade excessiva.

ESTRUTURA ORGANIZACIONAL

A forma como a empresa é organizada deve estar completamente alinhada com a sua estratégia. Ou seja, uma empresa em fase de expansão e internacionalização não pode manter um núcleo estritamente familiar (patriarcal) como único suporte de gestão, tal como uma empresa com forte pendor inovador não pode ter uma equipa de gestão afastada dos conhecimentos técnicos exigidos pelo investimento em I&D.

Todos estes pontos levantam questões relacionadas com os níveis hierárquicos estabelecidos na empresa, com a forma como a comunicação interna se processa, como os processos de tomada de decisão são estabelecidos e o modo como são delegados os poderes (intermédios e de decisão). No fundo, pretende-se analisar como a organização está estruturada em prol dos resultados da empresa, se é coerente e fluida de forma a potenciar (e não obstaculizar) a operabilidade.

EXPERIÊNCIA

Além do negócio, o banco gosta de conhecer o empresário e a sua equipa de gestão. Um empresário com provas dadas, nomeadamente que tenha já ultrapassado várias crises, é uma mais-valia; o mesmo se aplica aos gestores profissionais, cuja qualidade é preponderante como elemento qualitativo da análise.

ÉTICA PROFISSIONAL

As exigências da prática profissional nunca poderão separar-se da ética e dos códigos deontológicos da profissão. Pode dizer-se que esta relação é um bem pessoal, mas também uma arte do bem comum. Acresce que as exigências éticas não são apenas assunto de palavras; envolvem comportamentos que radicam necessariamente na moral e em valores.

Os negócios ainda são terreno em que prevalecem critérios de caráter e honra. A relação do empresário com o banco não pode fugir a essa regra de ouro. Desse modo, continua a ser muito importante uma postura de transparência e de permanente lisura de comportamentos, como por exemplo a apresentação de contas que reflitam fielmente a realidade da empresa, uma postura séria nas negociações e o cumprimento da palavra dada ou a inexistência de práticas comerciais desleais (por exemplo *dumping*).

Esta postura de entender o banco como parceiro de negócio que não se deve enganar é virtuosa, uma vez que ganhando a confiança do banco está a ganhar-se mais um gestor, pois a qualquer momento, bom ou mau, este pode encontrar uma solução mais eficiente e rentável para a empresa.

CLIMA LABORAL

Se a qualificação da gestão é um ponto crítico na análise, a qualidade dos restantes colaboradores e a paz (ou não) sociolaboral que se vive na empresa é igualmente importante. A motivação e o ambiente de trabalho entre os trabalhadores, os índices de absentismo e a rotatividade dos colaboradores são fatores que medem o clima laboral e condicionam o desempenho da empresa.

No entanto, a importância do clima laboral não se limita às implicações que este pode ter nos resultados da empresa, já que as causas são também elas reveladoras. Ou seja, por detrás da deterioração do clima laboral podem estar razões intrínsecas à gestão, como seja a existência de salários em atraso ou a inexistência de uma política coerente de gestão de recursos humanos.

Uma das formas de amenizar a preocupação respeitante a estes riscos, que podem pôr em causa a atividade futura da empresa, é a sua cobertura por seguro de responsabilidade civil (exploração), responsabilidade de exploração (ambiente) e de acidentes de trabalho.

REPUTAÇÃO DA EMPRESA

A reputação da empresa está indelevelmente ligada à sua notoriedade e à das marcas que comercializa. Deste modo, para aferir este elemento analítico ter-se-á de perceber a imagem que existe na opinião pública sobre os produtos ou serviços oferecidos – muitas vezes percetível apenas no «passa a palavra» – e a forma como a empresa é vista pelos agentes que se relacionam com ela (fornecedores, bancos, clientes).

CUMPRIMENTO DE COMPROMISSOS

Neste ponto não se está no campo da ética profissional, mas sim da avaliação dos efetivos cumprimentos comerciais e legais, por exemplo com as responsabilidades bancárias – aferíveis pelos bancos através da Central de Riscos do Banco de Portugal, ainda que com um desfasamento temporal de cerca de dois meses –, com a Autoridade Tributária e a Segurança Social, com os fornecedores quanto aos pagamentos e com os clientes quanto aos prazos de entrega e a conformidade do produto vendido face ao acordado.

LEGALIDADE

O cumprimento das exigências legais é uma componente estratégica e financeira da vida das empresas, pois em caso de incumprimento a empresa pode ter de pagar coimas significativas ou mesmo cessar a atividade.

Relativamente ao cumprimento legislativo importa destacar a dimensão ambiental, que tem vindo a conhecer uma crescente dimensão estratégica para as empresas. Esta temática não só mostra a componente de responsabilidade social da empresa, mas também é uma exigência, uma vez que a legislação é cada vez mais. A imagem da empresa e o êxito comercial também passam pelo cumprimento das imposições ambientais, já que os clientes (finais ou intermédios) exigem cada vez mais o selo de certificação verde.

SUCESSÃO

A questão da perspetiva de sucessão tem duas dimensões, a da efetiva sucessão dos sócios ou acionistas, bem como o ambiente entre os proprietários da empresa. Qualquer destas questões é vital para avaliar se a empresa vai cessar a sua atividade a prazo.

Nas empresas familiares a questão da sucessão passa quase sempre pela avaliação da capacidade de gestão da geração seguinte, ou seja, pela capacidade de manutenção da estabilidade da empresa face à substituição da equipa de gestão/proprietária. Crescentemente as empresas antecipam esta natural fase de transição e acautelam com tempo o processo, identificando os eventuais sucessores e integrando-os na empresa com tempo com responsabilidades e critérios de aferição de valor.

Este processo de transicção é muito exigente para as empresas, pelo que os bancos têm de estar muito atentos a uma das fases mais críticas no ciclo de vida do negócio deste tipo de empresas. Os estudos da Comissão Europeia (2001) indicam que aproximadamente 30 por cento das empresas em situação de transferência estão à beira da falência devido a uma má preparação da sucessão. Em Portugal os dados disponíveis indicam que metade das empresas familiares passam para a segunda geração e apenas 20 por cento conseguem atingir a terceira.

O FINANCIAMENTO BANCÁRIO DE PME

Se juntarmos ao elevado peso do fracasso da sucessão a recorrência do processo – na UE estima-se que cerca de 700 mil empresas passam o testemunho para a nova geração todos os anos e cerca de 2,8 milhões de pessoas e respetivos postos de trabalho estão envolvidos nestes processos –, fica claro a que ponto é importante monitorizar este fator.

3.2.3.2. ANÁLISE QUALITATIVA EXTERNA

A envolvente macroeconómica é o primeiro ponto de paragem desta vertente externa da análise qualitativa. Levanta ao analista múltiplas questões, como a dos fatores económicos, sociais, político-legais ou tecnológicos que afetam a atividade da empresa. Destes fatores, quais representam ameaças (presentes ou futuras) e quais representam oportunidades?

O crescimento económico nos mercados de atuação, as várias componentes desse crescimento do PIB (consumo, investimento público e privado), a inflação e as taxas de juro, a variação cambial e a evolução do preço das *commodities*, as alterações fiscais e de enquadramento da atividade, são os elementos mais pungentes para traçar o quadro de influência macroeconómica que intervém sobre o desempenho da empresa.

As mesmas interrogações ao traçar o quadro macroeconómico surgem a propósito do enquadramento setorial, com o objetivo de determinar as características da indústria e as forças do meio envolvente que determinam a sua atratibilidade.

Para analisar as forças que influenciam o ambiente competitivo numa determinada indústria é muito utilizado o modelo das cinco forças competitivas de Michael Porter.

Segundo Porter, e com elevado espetro de validação empírica, é a partir da conjugação do impacto relativo de cada uma das cinco forças que é determinada a rentabilidade potencial do setor. Nesta medida, competirá à empresa defender-se ou influenciar as cinco forças da sua envolvente setorial e assim definir o seu posicionamento nessa indústria.

FIGURA III-14: Modelo das cinco forças competitivas de Michael Porter

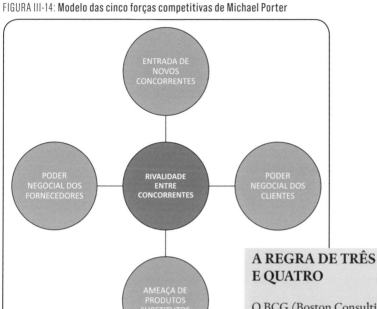

A análise qualitativa da envolvente setorial não passa por isso apenas pela identificação das cinco forças, mas sobretudo pelo aprofundamento das causas dessas forças, com a finalidade de validar (ou não) a correção da estratégia da empresa. O conhecimento da causa das coisas permite verificar se a empresa está a utilizar os seus pontos fortes e a corrigir os pontos fracos e desta forma permite perceber se o percurso é coadunável com a indústria em que se insere ou se a empresa está a proceder às alterações estratégicas mais aconselháveis acompanhando a evolução da indústria.

A REGRA DE TRÊS E QUATRO

O BCG (Boston Consulting Group) sintetizou muito bem como se gera um cenário de concorrência pela via do número de competidores, através da regra de três e quatro: um mercado estável não terá mais de três concorrentes significativos e o maior não terá mais de quatro vezes o *market share* do menor.

Se aquela regra se aplicar, e se existirem muitos concorrentes, a instabilidade é inevitável. Os rivais sobreviventes terão de crescer mais rapidamente que o mercado, e os eventuais perdedores terão um fluxo de caixa negativo se tentarem crescer. Ou seja, todos, exceto os dois maiores competidores, serão perdedores.

RIVALIDADE ENTRE EMPRESAS CONCORRENTES

A concorrência entre empresas decorre de pressões ou da deteção de oportunidades em determinado momento, obrigando as empresas a corrigir a sua estratégia e a melhorar a sua posição em relação às outras empresas do setor. Por sua vez, esta ação vai dar origem a reações das outras empresas, conduzidas pelos mesmos fatores que motivaram a que se reposicionou, criando assim uma dinâmica constante que obriga as empresas a monitorizaram-se permanentemente e a ajustarem a sua estratégia empresarial em conformidade com a concorrência.

Nesta medida, a concorrência num determinado setor é um elemento fundamental para avaliar o seu grau de atratividade (quer para manter, quer para entrar). À luz do modelo de Porter, são normalmente analisados um conjunto de fatores que permitem aferir o grau de concorrência em determinado setor.

A existência de um elevado número de competidores é geradora da situação mais predatória de um cenário concorrencial: guerra de preços. Num sentido inverso, num setor mais concentrado as empresas tendem, mesmo sem políticas de concertação, a desempenhar um papel coordenador na indústria.

O mesmo quadro de guerra de preços pode surgir também em situações em que, mesmo não existindo um elevado número de competidores diretos, os produtos ou serviços apresentados têm um pequeno grau de diferenciação. Neste quadro, a diferenciação do produto ou serviço faz--se inevitavelmente pela via do preço; a lealdade do cliente ao produto não existe.

A competitividade é também tanto maior quanto mais estagnado estiver o mercado de atuação, já que o crescimento da empresa só pode ser feito à custa da conquista de quota de mercado de outro par setorial, o que acicatará o ambiente concorrencial. Num mercado em crescimento a dinâmica de expansão das empresas faz-se mais pela conquista de novos clientes e pelo aumento da procura.

FIGURA III-15: **Fatores medidores do grau de concorrência**

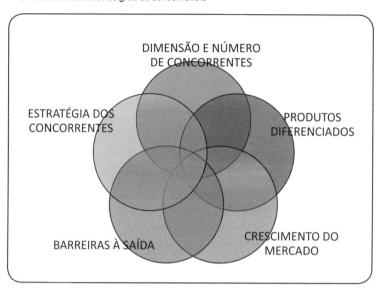

As barreiras à saída são também um fator indutor da concorrência, já que os custos fixos à saída (indemnizações a pagar, dificuldade em vender os equipamentos) levam as empresas a manter-se no mercado – e eventualmente a concorrer via preço – quando noutra situação já o teriam abandonado. Numa perspetiva muito próxima desta, quando os custos totais são na sua maioria fixos, a empresa deve produzir perto da sua capacidade para obter custos unitários mais baixos; assim, a pressão para se atingir a capacidade produtiva máxima, sentida pelas empresas desse setor, conduz geralmente a uma rápida escalada de redução de preços pois há excesso de oferta no mercado.

Em conclusão, a rivalidade entre empresas concorrentes depende não só de fatores endógenos como do quadro normativo que envolve as empresas que atuam num mesmo setor. Em última instância, essa rivalidade depende sempre da estratégia de cada empresa, pois, mesmo que não exista um cenário «natural» de concorrência desenfreada, a empresa pode optar por uma política comercial agressiva que exacerba a concorrência.

Sintetizando, a intensidade da competitividade é tão mais forte quanto:
– Maior ...
  - O número de concorrentes – indústria petrolífera (oligopólio) *versus* produtores de leite;

- A diversidade dos concorrentes – as empresas produtoras de equipamento industrial têm estratégias distintas caso o cliente industrial seja especializado (ou não) em produtos de consumo;
- Os custos fixos – por exemplo indústria metalúrgica e química (capital intensivo);
- Os custos de armazenagem – por exemplo empresas que produzem ou comercializam bens perecíveis;
- As barreiras à saída – por exemplo indústria farmacêutica;
- As apostas estratégicas assumidas de forma autónoma e independente pelas empresas – estratégia de «preço a pagar para entrar».

– Menor ...
  - O crescimento do mercado;
  - A diferenciação do produto/serviço, ou seja, dos custos de troca entre produtos/serviços da concorrência.

Tendo os pressupostos atrás definidos, a rivalidade/concorrência desenfreada e lapidadora de rentabilidade pode ser reduzida entre os *players* do mercado se for possível evitar a concorrência de preços e reduzir o excesso de capacidade do mercado, o que só resultará se existir diálogo entre os concorrentes.

AMEAÇA DE PRODUTOS SUBSTITUTOS

Por produtos substitutos entendem-se todos os que, tendo um grau de diferenciação que os fazem parecer diferentes, satisfazem as mesmas necessidades que os produtos presentes no mercado. A sua introdução é uma verdadeira ameaça, já que limitam de imediato o potencial de rentabilidade de um mercado ao estabelecerem um limite máximo nos preços.

A ameaça do produto substituto será tanto maior quanto maior a perturbação inovadora/tecnológica introduzida e o ganho na relação custo/benefício do produto substituto. Um exemplo claro deste tipo de ameaça é o sentido pela rede social Facebook com a entrada no mercado de aplicações como o Instagram ou o Twitter.

Para responder a esta ameaça de produtos e serviços substitutos, as empresas, não tendo razões de índole legal, terão de agir no sentido de aumentar os custos de troca (reais ou percebidos) entre um produto e outro. Alianças entre pares e investimento em pesquisas do mercado dos consumidores para saber mais sobre as suas preferências são duas estratégias de ação muito assertivas.

NOVOS CONCORRENTES

A entrada de novos concorrentes num mercado gera inevitavelmente novas condições, sendo o desejo de ganhar quota e a introdução de recursos adicionais os mais perturbadores. Em resultado direto desta maior competitividade, os preços tendem a baixar, os custos a inflacionar e portanto a rentabilidade do mercado como um todo diminui. Assim, a ameaça de um novo concorrente depende da presença (e da intensidade) de barreiras à sua entrada e da reação das empresas já existentes.

Um setor que necessite de potenciar economias de escala para atingir a rentabilidade mínima de remuneração dos capitais próprios tende a restringir fortemente a entrada de novos competidores. As economias de escala forçam o novo concorrente a fazer um elevado investimento inicial, a que acrescerá seguramente uma forte reação das empresas existentes, ou se optar por começar com uma escala menor terá de aceitar uma menor rentabilidade.

A questão do investimento inicial como barreira à entrada também se levanta quando o mercado requer tecnologias especializadas ou instalações e equipamentos especiais, normalmente mais consumidores de capital. Mas esta barreira à entrada não se constitui apenas pelo esforço financeiro inicial, mas também pela relutância dos novos concorrentes em adquirir ativos muito específicos que não poderão ser vendidos ou convertidos em novos usos se a tentativa de entrada falhar (barreira à saída).

FIGURA III-16: Barreiras à entrada

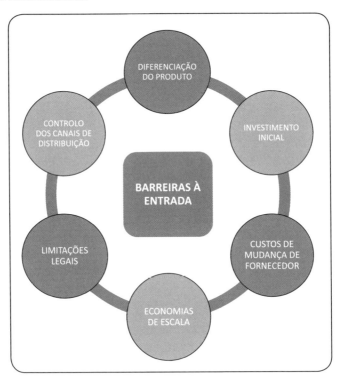

Também neste ponto a questão da diferenciação de produto é crucial para aferir da vulnerabilidade do mercado à entrada de novos concorrentes que ameacem a posição da empresa em análise. De facto, se a nova empresa não precisar de realizar investimentos significativos em I&D ou *marketing* para construir o *awareness* ou para criar um produto com características e atributos únicos e diferenciados dos já existentes, a tendência será naturalmente de um ambiente muito competitivo. Note-se que a diferenciação do produto inclui critérios que vão para além das propriedades físicas. A montante a diferenciação giza-se com propriedade intelectual/patentes, enquanto a jusante passa pela construção de uma forte identificação de marca e lealdade do consumidor. Se a existência de uma patente é uma barreira à entrada em si mesma, já na diferenciação por via da criação de uma marca o obstáculo passa pelo investimento considerável para fidelizar os consumidores.

A localização em relação ao fornecimento de matéria-prima ou os custos que uma empresa tem de suportar ao mudar de fornecedor constituem

A CONCESSÃO DE CRÉDITO BANCÁRIO

também importantes barreiras à entrada. A dependência em relação aos fornecedores é indutora de preocupação, tal como em relação aos clientes. O poder negocial dos fornecedores não se circunscreve à eventual escassez da oferta; passa também pelos custos da mudança, que incluem a formação de adaptação dos trabalhadores, de reconversão ao novo equipamento, e o dispêndio de tempo em testes de qualificação do novo fornecedor.

O controlo da distribuição dos produtos é uma forma sagaz de defender o posicionamento no mercado e afastar novas empresas. No sentido inverso, os distribuidores podem facilmente aceitar um produto ou serviço de uma nova empresa, pois sabem que não correm riscos significativos de reação que possam afetar os seus negócios.

Por fim importa não esquecer que em determinadas indústrias existem restrições legais ao número de empresas por localização geográfica, ou sobretudo quanto ao número de licenças atribuídas (por exemplo operadores de televisão e de telecomunicações).

Por forma a contrariar a entrada de novos concorrentes, ameaçando a rentabilidade da empresa no mercado em que se encontra instalada, podem ser tomadas algumas ações preventivas. Desde logo o aumento da escala das operações a um mínimo eficiente, criando uma barreira à entrada bastante intimidante. Mais arrojado e estrategicamente mais criativo é o estabelecimento de uma imagem de marca/*marketing* forte, indutora de uma lealdade do cliente que sirva de barreira, ou o investimento em registo de patentes e proteção da propriedade intelectual.

A concertação de posições nem sempre é sinónimo de estratégias ilegais de *trust*, pelo que a entrada de novos competidores pode ser dificultada com alianças entre empresas já no mercado com produtos e serviços inter-relacionados e, na relação com fornecedores e distribuidores, através de estratégias *win-win*.

As táticas de retaliação apenas podem funcionar como solução de último recurso, pois são as mais potenciadoras de perda de rentabilidade, ainda que ao serviço de um objetivo (não imediato) de proteção da rentabilidade anterior.

> **PODER NEGOCIAL DOS CLIENTES**

A influência dos clientes sobre o mercado evidencia-se na ação permanente de pressionar os preços para baixo e procurar maior qualidade ou mais serviços. Desta forma, têm a capacidade de atiçar a concorrência num determinado mercado.

A escolha dos clientes por parte da empresa é assim uma decisão estratégica da maior importância. Uma empresa que tem nas grandes superfícies os seus principais clientes está seguramente mais vulnerável que outra que seleciona estrategicamente clientes com menor poder.

A redução do poder negocial dos clientes não é fácil. Uma vez mais, as parcerias entre empresas parecem ser a resposta mais capaz. O aumento de influência sobre a cadeia de distribuição, a criação de estratégias de venda que desviem as decisões de compra do critério do preço (diferenciação de produto, aumento de incentivos que se podem repercutir no preço de venda e aumentar o valor acrescentado do produto) são também determinantes para aumentar a fidelização dos clientes.

PODER DOS CLIENTES / FORNECEDORES

- ELEVADO VOLUME DE COMPRAS/VENDAS FACE ÀS VENDAS/COMPRAS;
- POUCA DIFERENCIAÇÃO ENTRE PRODUTOS E BAIXOS CUSTOS DE MUDANÇA;
- BOM CONHECIMENTO DA ESTRUTURA DE CUSTOS E DA FORMAÇÃO DO PREÇO;
- EXISTE UMA FORTE PROBABILIDADE DE COMPRAREM OS FORNECEDORES/CLIENTES;
- A RENTABILIDADE DOS CLIENTES/FORNECEDORES É ELEVADA.

PODER NEGOCIAL DOS CLIENTES

Os fornecedores podem pressionar as empresas de um determinado mercado simplesmente através da ameaça de aumento dos preços ou de redução da qualidade dos produtos e serviços. A situação é tanto mais crítica para as empresas quanto maior a sua dificuldade em refletir os aumentos no custo dos seus próprios preços. Na verdade, as condições que tornam os fornecedores poderosos são em tudo similares às que tornam os clientes fortes, assim como as estratégias de redução da ameaça.

Após a definição analítica das cinco forças identificadas por Porter é possível retirar conclusões importantes para a análise qualitativa do enquadramento setorial, consoante a maior força ou fraqueza da conjugação das forças.

Estas conclusões referentes às cinco forças de Porter só são determinísticas se se recolher informação em elevado pormenor, o que implica necessariamente um excelente conhecimento do mercado analisado.

O modelo de Porter é indiscutivelmente o mais conhecido da análise qualitativa externa, contudo outros existem mais ou menos similares, como é o caso da Análise PEST(AL): acrónimo de análise política, económica, social e tecnológica, a que posteriormente foram acrescentadas as componentes ambiental e legal e, mais recentemente, o modelo expandido para PESTALED, em que são adicionados os fatores éticos e demográficos.

FIGURA III-17: **Conclusões estratégicas do modelo de Porter**

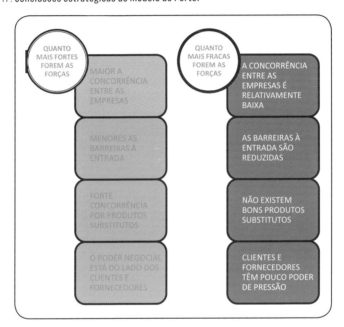

3.2.3.3. ANÁLISE SWOT

Terminada a análise interna e externa, a melhor das sínteses da análise qualitativa é a que recorre à celebrizada análise SWOT *(strenghts, weaknesses, opportunities* e *threats)*, já que a ideia central da análise SWOT é avaliar os pontos fortes, os pontos fracos, as oportunidades e as ameaças da empresa (análise interna) e do mercado (análise externa).

Esta súmula, que promove o confronto entre as variáveis externas e internas, permite avaliar o posicionamento da empresa e pode ser confrontada com as escolhas estratégicas, bem como com as linhas de ação escolhidas (ou não).

O cruzamento entre os quatro quadrantes da análise SWOT definirá a missão da empresa:
- S + O: permite à empresa desenvolver as suas vantagens competitivas;
- O + W: estabelece as bases para proceder a alterações na gestão/enquadramento interno, de modo a aproveitar melhor as oportunidades;
- T + S: representa a possibilidade de a empresa investir na modificação do ambiente externo, de modo a torná-lo favorável, o que seguramente não é das tarefas/missões mais difíceis;
- T + W: quadro para modificações profundas na empresa, incluindo questionar a sua manutenção no negócio.

FIGURA III-18: Matriz SWOT

Antes mesmo da definição da estratégia a seguir, e como afirmado atrás, a análise SWOT permite estabelecer o quadro presente da empresa, como evidencia a figura 18.

Será a partir deste quadro de partida que a empresa pode (e deve) estabelecer metas de melhoria dos itens prioritários e de baixo desempenho. Os objetivos relacionados com a forma de atuação no que diz respeito ao aproveitamento de oportunidades e ações serão importantes para evitar os efeitos de eventuais ameaças.

A análise SWOT é portanto um instrumento de fácil aplicação, mas de grande utilidade no planeamento das empresas e como meio de diagnóstico para o analista externo.

FIGURA III-19: Definição do *status* presente através da matriz SWOT

3.2.4. ANÁLISE QUANTITATIVA

A análise económico-financeira de caráter quantitativo envolve um conjunto de informações retiradas das principais peças contabilísticas, balanço e demonstração de resultados, e dos respetivos anexos. Esta análise pode dividir-se numa perspetiva a curto e outra a médio e longo prazo.

Com a análise a curto prazo pretende-se determinar a capacidade da empresa para gerar o dinheiro suficiente para responder às suas responsabilidades a menos de um ano, bem como avaliar a forma como a sua atividade operacional está a ser gerida.

Por sua vez, a análise a médio e longo prazo é mais estruturante, determinando a solvência da empresa, identificando as dívidas contraídas e as consequências que as mesmas têm na sua estrutura e nas suas atividades de exploração.

FIGURA III-20: Análise quantitativa

3.2.4.1. ANÁLISE DINÂMICA

A análise quantitativa não se resume à determinação de rácios. Antes de se avançar para esse cálculo e interpretação, e para se obter uma visão direta e rápida da situação económico-financeira da empresa, é fundamental fazer uma comparação temporal das demonstrações financeiras em termos absolutos e relativos.

Esta análise dinâmica deve ser um dos principais passos a dar na análise quantitativa, já que permite evidenciar não só o estado de evolução

A CONCESSÃO DE CRÉDITO BANCÁRIO

temporal da empresa, mas também eventuais anomalias nas demonstrações financeiras.

BALANÇO

Desagregamos as diferentes rubricas do balanço a partir de um caso fictício para exemplificar alguma da informação que é possível obter a partir da observação dinâmica do balanço para um período de três exercícios anuais consecutivos.

unid: '000

Ativo não corrente	N-2	N-1	N
Ativos fixos tangíveis	5.400	4.800	10.500
Propriedades de investimento	101	90	78
Goodwill	0	0	0
Ativos intangíveis	0	0	1
Ativos biológicos	0	0	0
Participações financeiras – MEP	16	170	170
Part. financeiras – outros métodos	60	30	30
Acionistas/sócios	30	0	0
Outros ativos financeiros	0	0	0
Ativos por impostos diferidos	5	4	70
Investimentos financeiros			
	5.612	5.094	10.849

PROPRIEDADES ARRENDADAS

FORTE AUMENTO DO INVESTIMENTO EM EQUIPAMENTO

ACIONISTAS DEIXARAM DE DEVER À EMPRESA

REFORÇO NO CAPITAL DAS PARTICIPADAS

CRÉDITO FISCAL DO INVESTIMENTO REALIZADO

O forte aumento do ativo não corrente está diretamente relacionado com os investimentos em ativos fixos tangíveis. A empresa não só terá procedido à substituição do equipamento mais antigo, repondo as amortizações que se observam de N-2 para N-1, como terá reforçado a sua capacidade produtiva. A partir desta informação importa perceber a estratégia comercial e produtiva da empresa e o modo como estruturou o seu financiamento.

A atender a um cenário de aumento das vendas, o quadro apresentado no ativo corrente é francamente positivo, já que as NFM diminuem bastante com a estabilização das importantes rubricas de *stocks* (mercadorias, matéria-prima, subsidiárias e consumo) e clientes.

No que concerne ao inventário, a preocupação não deve restringir-se ao valor absoluto, mas também à obsolescência dos *stocks*, ou seja, a permanência de determinadas referências em *stock* durante um tempo alargado poderá indiciar a sua deterioração ou perda de valor (os denominados monos). Também a conta clientes terá de ser observada à luz da maturidade das dívidas, indiciando as dívidas mais atingas eventual impossibilidade de cobrança e constituição de imparidades.

183

O FINANCIAMENTO BANCÁRIO DE PME

unid: '000

Ativo corrente – inventário e contas a receber	N-2	N-1	N
Inventários	4.300	3.850	3.600
Ativos biológicos	0	0	0
Clientes	3.400	3.000	3.300
Adiantamentos a fornecedores	0	1	10
Estado e outros entes públicos	500	320	400
Acionistas/sócios	0	0	0
Outras contas a receber	50	65	75
Diferimentos	60	70	90
	8.310	7.306	7.475

ESTABILIDADE DA DÍVIDA DE CLIENTES, APESAR DO AUMENTO DAS VENDAS

SUBSÍDIOS DO ESTADO

REDUÇÃO DOS STOCKS, APESAR DO AUMENTO DAS VENDAS

IVA E IRC A REEMBOLSAR

Ainda na conta clientes e perante empresas com entidades relacionadas e sem obrigatoriedade de apresentação de contas consolidadas, importa aferir as vendas, os outros rendimentos e as compras entre as partes relacionadas. O objetivo é verificar se o risco de crédito está disperso por entidades terceiras ou se está a concentrar-se em relacionamentos intragrupo.

unid: '000

Ativo corrente – meios financeiros líquidos	N-2	N-1	N
Ativos financeiros detidos para negociação	25	45	0
Outros ativos financeiros	0	35	45
Ativos não correntes detidos para venda	0	0	0
Outros ativos correntes	0	0	0
Caixa e depósitos bancários	1.700	1.500	2.500
	1.725	1.580	2.545

AUMENTO DA LIQUIDEZ IMEDIATA

AÇÕES DAS SGM RELACIONADAS COM CONTRATAÇÃO DE LINHAS PME CRESCIMENTO

A desagregação entre depósitos à ordem e a prazo é importante, sobretudo a questão de todos os depósitos a prazo registados estarem disponíveis a curto prazo ou dados em garantia e por isso estarem cativos. Por outro lado, um excesso de depósitos à ordem pode indicar uma gestão menos eficaz da tesouraria, em contraposição a afetar os fundos a aplicações de tesouraria.

unid: '000

CAPITAL PRÓPRIO	N-2	N-1	N
Capital realizado	2.500	2.500	2.500
Ações (quotas) próprias	0	0	0
Outros instrumentos de capital	200	200	0
Prémios de emissão	0	0	0
Reservas legais	1.300	1.400	1.500
Outras reservas	10	10	10
Resultados transitados	1.500	1.500	1.400
Ajustamentos em ativos	0	0	0
Excedentes de revalorização	2.000	2.000	2.000
Outras variações no capital	200	200	250
	7.710	7.810	7.660
Resultado líquido do período	100	100	800
Dividendos antecipados	0	0	0
	7.810	7.910	8.460

REVALORIZAÇÃO DE ATIVOS PELO JUSTO VALOR

DISTRIBUIÇÃO DE DIVIDENDOS

FORTE AUMENTO DOS LUCROS

Os capitais próprios têm apresentado uma evolução positiva decorrente do acréscimo do resultado líquido dos exercícios, não crescendo na proporção no ano N por a empresa ter distribuído parte dos lucros pelos acionistas. De facto, a excelente situação económico-financeira da empresa está a permitir remunerar os acionistas através de distribuição de dividendos sem que a empresa seja descapitalizada, pois o total do capital próprio continuou a aumentar.

A rubrica dos excedentes de revalorização merece sempre uma análise especial, pois pode facilmente ser instrumentalizada para melhorar a autonomia financeira da empresa. Deste modo, caso a revalorização esteja relacionada com um ativo corpóreo (equipamento ou imóvel), será importante uma avaliação de uma entidade independente a validar o ajustamento do ativo ao justo valor.

Passivo não corrente	N-2	N-1	N	
Provisões	0	0	0	
Financiamentos obtidos	2.100	900	4.000	AUMENTO DA DÍVIDA BANCÁRIA MLP DEVIDO AO INVESTIMENTO
Passivos por impostos diferidos	20	20	15	
Outras contas a pagar	0	0	0	
	2.120	920	4.015	

O aumento da dívida remunerada a médio/longo prazo tem de ser respaldada pelo aumento do investimento em ativos afetos à atividade de igual maturidade (equipamento produtivo, construção/aquisição/expansão da unidade produtiva, aquisição de empresas, etc.). A ser assim, importa também averiguar o peso dos capitais alheios afetos ao investimento face aos capitais próprios, pois o investimento estrutural não deve alavancar a empresa para além do necessário.

O pormenor da rubrica financiamentos obtidos, quer por tipo de dívida (empréstimos bancários a prazo, emissões de obrigações ou papel comercial, subsídios reembolsáveis com plano, etc.) quer por maturidades, é fundamental para traçar o perfil das responsabilidades financeiras a médio e longo prazo. Esta desagregação permite traçar o serviço de dívida da empresa, ou seja, o montante anual (ou de outro período) de capital a reembolsar e de juros a pagar. Trata-se de um elemento de análise imprescindível a qualquer exercício de previsão sobre a situação económico-financeira futura da empresa.

Com esta mesma informação detalhada, conjugando maturidade, montante e plano de reembolsos, é também possível determinar o prazo médio da dívida, medida fulcral da alavancagem da empresa.

Passivo corrente	N-2	N-1	N
Fornecedores	1.250	1.200	2.300
Adiantamentos de clientes	67	70	294
Estado e outros entes públicos	150	120	350
Acionistas/sócios	0	0	0
Financiamentos obtidos	3.500	2.860	3.750
Outras contas a pagar	750	900	1.700
	5.717	5.150	8.394

AUMENTO RELACIONADO COM ACRÉSCIMO DAS VENDAS

Num cenário de aumento de vendas, o financiamento das NFM recorrendo a fornecedores e a dívida bancária a curto prazo é a solução mais habitual, pelo que o que importará mais apurar será a proporção deste aumento, algo que os rácios determinarão com maior acuidade.

Além desta análise mais desagregada é incontornável proceder à verificação da teoria tradicional do equilíbrio financeiro, que nos diz em sentido lato que os capitais utilizados por uma empresa para financiar uma imobilização, uma existência ou outro ativo devem permanecer à sua disposição durante um tempo que corresponda pelo menos à duração dessa imobilização, existência ou ativo. Ou seja, se o princípio da continuidade não se verificar – a rotação de transformação em disponibilidades de certos elementos circulantes é mais lenta do que a transformação em exigibilidades das dívidas a curto prazo – o equilíbrio financeiro, a curto e médio/longo prazo, é assegurado conforme se expõe na figura III-20.

FIGURA III-21: Balanço com estrutura financeira equilibrada

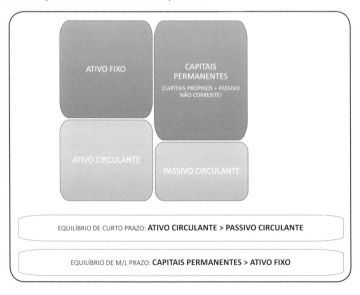

A CONCESSÃO DE CRÉDITO BANCÁRIO

Observando o exemplo que temos vindo a acompanhar conclui-se que a empresa se mantém financeiramente equilibrada, ainda que o esforço de investimento realizado no ano N esteja a delapidar parte do *superavit* acumulado. Todavia, se há momentos em que o investimento se justifica é precisamente quando o equilíbrio financeiro é confortável e a empresa pode assim alavancar-se e diminuir a sua folga de FM.

unid: '000	N-2	N-1	N
Ativo fixo	5.612	5.094	10.849
Capitais permanentes	9.930	8.830	12.475
EQUILÍBRIO FINANCEIRO M/L PRAZO	4.318	3.736	1.626

	N-2	N-1	N
Ativo circulante	10.035	8.886	10.020
Passivo circulante	5.717	5.150	8.394
EQUILÍBRIO FINANCEIRO C. PRAZO	4.318	3.736	1.626

DEMONSTRAÇÃO DE RESULTADOS

A análise temporal da conta de exploração também é muito elucidativa como primeiro «photomaton» da situação económica da empresa.

unid: '000 Rendimentos e gastos	N-2		N-1		N		
Vendas e serviços prestados	15.700	100%	13.700	100%	19.000	100%	AUMENTO DAS VENDAS
Subsídios à exploração	50	0%	40	0%	2	0%	
Ganhos/perdas imputados de subsidiárias	0	0%	5	0%	5	0%	
Variação nos inventários da produção	-300	-2%	-100	-1%	50	0%	
Trabalhos para a própria entidade	0	0%	25	0%	0	0%	
Custo das mercadorias vendidas e das matérias consumidas	8.000	51%	7.700	56%	10.000	53%	CUSTOS OPERACIONAIS DIMINUEM RELATIVAMENTE AO VN
Fornecimentos e serviços externos	3.000	19%	2.700	20%	3.500	18%	
Gastos com o pessoal	2.250	14%	2.250	16%	2.500	13%	
Imparidade de inventários	0	0%	0	0%	0	0%	
Imparidade de dívidas a receber	25	0%	-10	0%	-10	0%	
Provisões	0	0%	0	0%	0	0%	
Imparidade de investimentos	0	0%	0	0%	15	0%	
Aumentos/reduções de justo valor	20	0%	15	0%	0	0%	
Outros rendimentos e ganhos	250	2%	225	2%	225	1%	
Outros gastos e perdas	200	1%	120	1%	150	1%	
Resultado antes de depreciações, gastos de financiamento e impostos (EBITDA)	**2.245**	**14%**	**1.150**	**8%**	**3.127**	**16%**	AUMENTO DA RENTABILIDADE OPERACIONAL

A análise da evolução do *cash-flow* operacional (EBITDA) permite constatar que a empresa melhorou significativamente a rentabilidade operacional de N-1 para N, mais do que repondo a rentabilidade de N-2: a margem

EBITDA passa de 8 para 16 por cento. Daqui se conclui que o conjunto de rubricas de gastos cresceu menos que as vendas.

Na base desta melhoria da margem podem estar razões circunstanciais, como a redução do preço das matérias-primas/subsidiárias (CMVC) ou a desvalorização do euro em relação ao dólar, ou causas mais relacionadas com a (boa) gestão da empresa, como a capacidade de aumentar os preços de venda sem afetar o aumento do VN, o aumento do poder negocial junto dos fornecedores (CMVC e FSE), a reorganização da estrutura produtiva/comercial maximizando os recursos, a introdução de equipamento mais eficiente, o melhor controlo do risco de crédito e, daí decorrente, a diminuição das perdas, etc.

A partir do volume de negócios apresentado na demonstração de resultados importa aferir qual a percentagem das vendas gerada no mercado interno e externo (repartindo aqui entre o mercado da UE e os demais), para perfilarmos a empresa como exportadora (ou não) e, logo, com mercados-alvo mais diversificados. Este ponto é importantíssimo, pois a concentração num único mercado deixa a empresa refém da conjuntura que aí se viva, contra uma menor volatilidade equilibrada pela presença em vários mercados e preferencialmente em distintos blocos económicos (normalmente com ritmos conjunturais diferentes).

unid: '000

Rendimentos e gastos	N-2		N-1		N		
Gastos/reversões de depreciação e de amortização	1.595	10%	935	7%	2.000	11%	AUMENTO DOS ENCARGOS FINANCEIROS COM O AUMENTO DA DÍVIDA BANCÁRIA
Imparidade de investimentos	50	0%	0	0%	0	0%	
Resultado operacional	**600**	**4%**	**215**	**2%**	**1.127**	**6%**	
Juros e rendimentos similares obtidos	10	0%	50	0%	30	0%	
Juros e gastos similares suportados	250	2%	150	1%	332	2%	AUMENTO DOS ENCARGOS FINANCEIROS COM O AUMENTO DA DÍVIDA BANCÁRIA
Resultado antes de impostos (RAI)	**360**	**2%**	**115**	**1%**	**825**	**4%**	
Imposto sobre o rendimento do período	10	0%	15	0%	25	0%	
Resultado líquido do período	**350**	**2%**	**100**	**1%**	**800**	**4%**	

As elevadas amortizações, que indiciam estar-se na presença de uma indústria capital intensiva e justificam o forte investimento em equipamento realizado em N, têm implicações nos resultados do exercício; ainda assim, o peso dos RL no VN atinge um valor (4 por cento) não repetível nos dois anos anteriores.

Além do balanço e da demonstração de resultados, a análise dinâmica também é útil quando feita sobre o mapa de fluxo de *cash-flows*, sobretudo porque permite compreender de forma clara o modo como a empresa tem gerado fundos para fazer frente ao serviço da dívida.

3.2.4.2. O MÉTODO DOS RÁCIOS

O método dos rácios é uma técnica utilizada na análise económica e financeira que consiste em estabelecer relações entre diferentes componentes do balanço e da demonstração de resultados, ou ainda entre outras grandezas económico-financeiras, com o objetivo de obter informação de maior significado que a dada pelas rubricas em valor absoluto e comparar valores da mesma empresa em diferentes períodos e relativamente a outras empresas.

Antes da apreciação da bateria de rácios, importa não esquecer a avaliação quantitativa do risco do negócio através do grau de alavancagem operacional e financeira.

São quatro as grandes categorias de rácios que permitem analisar a situação económico-financeira de uma empresa, numa dimensão a curto e a médio/longo prazo.

FIGURA III-22: Categorias de rácios económico-financeiros

> RÁCIOS DE LIQUIDEZ

A liquidez é uma condição essencial à gestão financeira das empresas, bem como à sua própria sobrevivência. De facto, mesmo que uma empresa apresente resultados líquidos positivos, pode ter a solvabilidade em risco. Uma empresa que não tem disponibilidades financeiras para pagar as suas contas à medida que elas vão surgindo é uma empresa que vai ter certamente de enfrentar uma séria crise de liquidez e deparar-se com problemas graves de funcionamento.

Os rácios de liquidez medem precisamente a razoabilidade dos níveis de tesouraria da empresa e ajudam-na a antever problemas e a aproveitar oportunidades.

FIGURA III-23: Rácios de liquidez

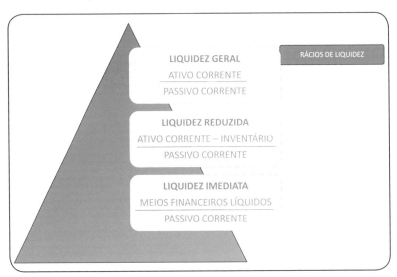

O rácio de liquidez mais utilizado na análise económico-financeira é o rácio de liquidez geral (RLG), que estabelece uma comparação lata entre os ativos da empresa facilmente convertíveis em dinheiro e o montante exigível à empresa a curto prazo. Este rácio corresponde portanto a uma representação do fundo de maneio (diferença entre o ativo corrente e o passivo corrente). Significa isto que, tal como o fundo de maneio, o RLG nos mostra o excedente/défice do ativo corrente em relação às dívidas a curto prazo.

Se, por exemplo, a empresa tiver um RLG de 1,5, as responsabilidades a curto prazo poderão ser satisfeitas recorrendo às disponibilidades, aplicações financeiras a curto prazo, créditos a curto prazo e existências. Mais são satisfeitas em 150 por cento.

O valor desejável para este rácio será sempre superior à unidade, correspondente a um fundo de maneio positivo, o que significa um maior nível de liquidez. No sentido contrário, uma empresa com um valor inferior à unidade, salvo nalgumas situações específicas, traduz claras dificuldades de tesouraria, ao ponto de parte dos investimentos da empresa estarem a ser financiados (desequilibradamente) por dívidas a curto prazo.

Como se verá à frente, a utilização dos rácios deve ser dinâmica e comparativa, para evitarmos ilações falaciosas a partir dos seus resultados. O caso do RGL é disso um bom exemplo, já que uma empresa pode manter um bom nível de RGL num cenário de total deterioração da sua atividade, com inevitáveis consequências na liquidez, sem que o rácio o evidencie. Para tal bastará que as NFM da empresa se agravem, quer por via da acumulação de *stocks* quer do atraso nos recebimentos de clientes, o que em termos de RGL representará uma melhoria – aumenta o ativo corrente –, escamoteando completamente o agravamento da situação financeira.

Esta leitura desviante decorre de o RLG partir do pressuposto pouco razoável de se concretizar numa empresa em continuidade de atividade: o ativo corrente é passível de se converter rapidamente em liquidez. Se a exigência de pagamento imediato dos créditos de clientes evidencia a que ponto aquele pressuposto está longe da realidade, já a consideração da possibilidade de converter rapidamente os *stocks* em dinheiro ao valor do registo em balanço descredibiliza muito este rácio.

O rácio de liquidez reduzida é uma depuração do de liquidez geral, logo mais rigoroso na efetiva determinação da liquidez da empresa, já que não considera os *stocks* como ativos líquidos. Este rácio também é conhecido como *acid test*. Revela, rapidamente e sem grandes riscos, se a empresa é capaz de solver os seus compromissos a curto prazo, pelo que um valor superior à unidade mostra que não necessita dos *stocks* para cumprir com o seu passivo corrente.

A comparação entre o rácio de liquidez reduzida e o RLG permite destacar o peso das existências numa empresa, medindo o risco de perda de valor deste ativo e do desequilibrado consumo de FM.

Mais restritivo ainda é o rácio de liquidez imediata, que pondera como ativos líquidos praticamente apenas o que se encontra em disponibilidades (caixa e depósitos). No fundo representa a seguinte questão: se os credores a curto prazo exigissem as suas dívidas hoje, que parte das obrigações financeiras podia ser imediatamente cumprida?

Dada a pouca razoabilidade de ser exigido de imediato todo o passivo corrente (bancos, fornecedores, Estado, acionistas), este rácio funciona sobretudo como barómetro, não sendo por isso surpreendente que o seu valor ande normalmente bastante abaixo do valor unitário.

RÁCIOS DE ATIVIDADE

Os rácios de atividade permitem monitorizar como funciona o dia-a-dia da empresa na sua vertente comercial e operacional, analisando a sua política de crédito a clientes, os prazos de pagamento negociados com fornecedores e a eficácia na gestão dos inventários, e a partir daí a forma como influenciam as necessidades ou os excedentes de tesouraria.

A produtividade dos ativos postos à disposição da produção da empresa é medida pelo rácio de rotação do ativo, ou seja, indica o grau (adequado ou não) de utilização dos ativos e com isso fica-se com uma perceção da produtividade dos ativos em termos de geração de vendas.

Para se aferir daquela adequabilidade, o rácio não tem de ter nenhum valor em particular; deve sim posicionar-se acima (positivo) ou abaixo (negativo) da média do setor, isto é, caso o rácio de rotação do ativo de uma determina empresa esteja acima da média das empresas do seu mercado, isso quer dizer que a empresa está a gerar um volume de negócios ajustado à dimensão da sua capacidade instalada.

A referência de um valor deste rácio varia muito de setor para setor, estando correlacionado com a idiossincrasia de esse mercado ser mais ou menos capital intensivo; por exemplo, uma empresa industrial regista por norma um rácio de rotação do ativo inferior ao de uma empresa comercial.

FIGURA III-24: Rácios de atividade ou de funcionamento

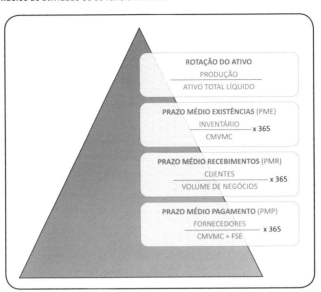

Além dos cuidados habituais na interpretação dos rácios económico-financeiros, este quociente exige uma atenção particular, pois é profundamente influenciado pela política de amortizações da empresa. Uma empresa que utilize uma taxa máxima de amortizações obterá sempre uma rotação do ativo superior a outra do mesmo setor e em tudo semelhante que utilize uma taxa mínima, já que o seu ativo total líquido será superior.

O rácio do prazo médio de existências (PME) mede a eficiência com que a empresa gere o seu inventário (mercadorias, matérias-primas e produtos acabados), determinando o período médio entre o momento da compra e o da venda.

Note-se que o rácio do PME indicado ao considerar apenas o CMVMC se adequa mais a empresas com perfil comercial, uma vez que as empresas industriais incorporam na valorização dos seus *stocks* de existências fatores para além do CMVMC. Deste modo, alguns autores sugerem que no caso do setor secundário sejam adicionados aos CMVMC os FSE e as despesas com pessoal.

À partida um PME reduzido é preferível. Contudo, nalguns dos casos este rácio excessivamente reduzido pode traduzir uma situação de dificuldade, já que indica uma eventual rutura de *stocks* a curto prazo, com efeitos imediatos sobre as vendas. Por outro lado, um PME elevado é sempre um motivo de apreensão, pois indica que a empresa tem de fazer um esforço maior de tesouraria, decorrente de produtos de difícil escoamento (monos) ou de uma gestão de *stocks* estruturalmente deficiente, em que as vendas e a reposição dos stocks não são adequadamente coordenadas. Claro que um PME elevado pode ser fruto de uma oportunidade de comprar mais barato apresentada à empresa, por negociação com o fornecedor ou para antecipar uma subida de preços, pelo que importa observar este rácio em distintos períodos.

O prazo médio de recebimento (PMR) (ou também tempo médio de crédito concedido) mede a rapidez com que os clientes da empresa pagam as suas dívidas, em contraposição com o prazo médio de pagamento (PMP), que mede a rapidez com que a empresa paga as suas dívidas aos fornecedores. Como não podia deixar de ser, a interpretação dos dois rácios é diametralmente oposta: o PMR deverá ser o mais reduzido possível, caso contrário poderá indiciar problemas de pagamento por parte dos clientes (podendo boa parte dessa dívida tornar-se incobrável) ou um fraco poder negocial junto dos clientes, que paguem a seu bel-prazer; um PMP reduzido está normalmente associado à falta de poder negocial da empresa junto dos fornecedores ou, numa leitura completamente distinta, resulta de um pagamento a pronto intencional para beneficiar de descontos de p. p. (pronto pagamento) concedidos pelos fornecedores (esta estratégia pode ser usada mesmo com recurso a crédito bancário, desde que os descontos p. p. superem os custos financeiros, algo que não é difícil num cenário de taxas de juro baixas); finalmente, um PMP elevado é um claro aviso de financiamento nos fornecedores das NFM, o que se pode traduzir rapidamente numa situação de rutura com o cancelamento dos fornecimentos.

Estes rácios de atividade estão intimamente relacionados, acabando os seus valores por dar a conhecer o ciclo de caixa da empresa e, logo, a necessidade (ou não) de financiar as NFM. De uma forma simples e estática pode afirmar-se que a necessidade de financiamento do ciclo de caixa resulta da diferença entre o PMP e a soma do PME com o PMR:

A CONCESSÃO DE CRÉDITO BANCÁRIO

FIGURA III-24: Rácios de atividade e ciclo de caixa

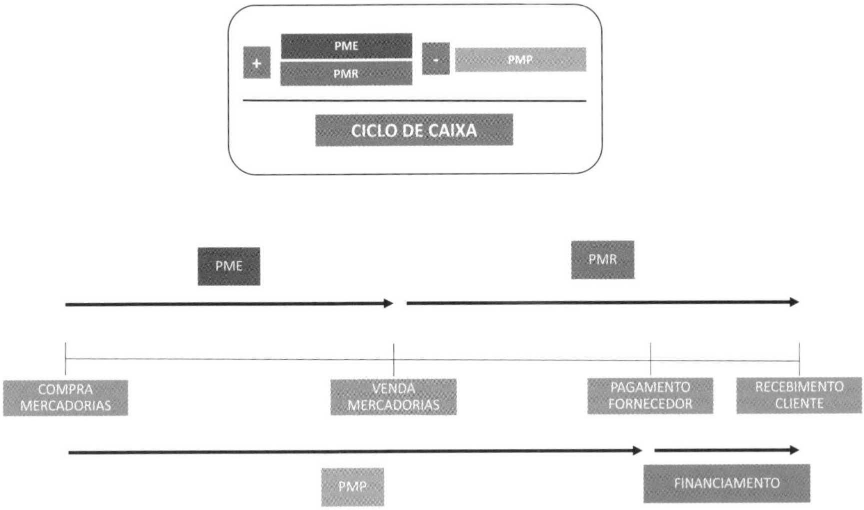

Daqui resulta que, sempre que o financiamento de fornecedores (PMP) seja inferior à soma do tempo de retenção dos *stocks* (PME) e da dívida de clientes (PMR), a empresa tem necessidade de financiar o seu ciclo de exploração, recorrendo para o efeito a capitais próprios ou financiamento bancário. Por outro lado, se o ciclo de caixa for positivo, isto é, o PMP supera a soma do PME e do PMR, o financiamento de fornecedores é mais do que suficiente.

RÁCIOS DE ESTRUTURA

Os rácios de estrutura também são designados rácios financeiros, uma vez que salientam os aspetos financeiros da empresa, como a sua solvabilidade, estrutura financeira e capacidade de endividamento. Estes são por excelência os rácios que a análise dos bancos privilegia, bem como a sua posterior monitorização do grau de incumprimento da empresa a que é concedido o empréstimo.

Estes são os instrumentos que permitem verificar o grau de intensidade com que a empresa recorre a capitais alheios no financiamento da sua atividade, além de evidenciarem o impacto que poderá resultar da concessão de crédito adicional. Assim, o nível de alavancagem, fundamental na análise de crédito novo, encontra nestes rácios a sua melhor *proxy*.

Do lado do acompanhamento, estes rácios funcionam muito bem como *financial covenants*, ou seja, como cláusulas de *default*, que permitem ao banco declarar o vencimento antecipado do crédito concedido. Os *financial covenants* são incluídos nos contratos de financiamento para garantir desempenhos económico-financeiros mínimos, pelo que ultrapassados esses níveis os bancos ficam com o poder de ponderar se pretendem manter os empréstimos nas condições inicialmente contratadas.

Deste modo, perante um incumprimento dos *financial covenants*, o banco pode, numa decisão extremada, revogar automaticamente o contrato ou, numa decisão mais comum, conceder um *waiver* ao seu cumprimento e aproveitar para introduzir alterações contratuais. Esses ajustamentos passam normalmente pelo agravamento do *pricing*, mas podem converter-se ainda no reforço das garantias ou na introdução de mais *covenants* (financeiros ou não). A concessão de um *waiver* ao cumprimento dos *financial covenants* implica quase sempre a cobrança de uma comissão de penalização *(waiver fee)*, cobrada à cabeça e por um valor percentual do valor à data do empréstimo.

O grau de autonomia financeiro (GAF), que estabelece uma relação entre os capitais próprios e o ativo líquido, determina a percentagem dos ativos/atividade financiados pelo capital dos proprietários da empresa, ou seja, a capacidade da empresa de financiar o seu ativo sem recorrer a capitais alheios.

FIGURA III-26: Rácios de estrutura

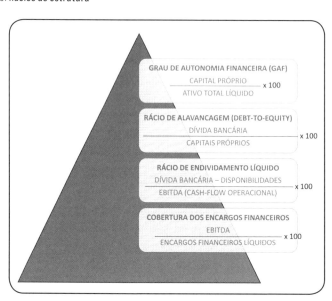

A CONCESSÃO DE CRÉDITO BANCÁRIO

Nesta medida, o GAF mede a solvabilidade da empresa ou o seu grau de alavancagem, evidenciando a sua estrutura financeira de uma forma muito expedita e simples, pois os valores são diretamente retirados do balanço e não carecem de ajustamentos em função da permanência dos capitais nem em função do pagamento de juros.

Não é surpreendente que quanto maior for o GAF menor é o risco de a empresa estar a ser objeto de análise. Um GAF elevado traduz um grande envolvimento dos proprietários no negócio da empresa, e para o banco esse *commitment* constitui uma garantia de reembolso da dívida. Por outro lado, uma situação líquida sólida e excedente dos passivos aumenta a probabilidade de cobertura da totalidade das responsabilidades, incluindo o crédito concedido e a conceder pelo banco.

Como valor de referência, pode afirmar-se que um bom GAF se encontra acima dos 30 por cento.

O GAF pode ser melhorado se se considerarem alguns ajustamentos, como a retirada dos empréstimos aos proprietários, uma vez que não estão a financiar a atividade da empresa, e o acréscimo dos empréstimos dos proprietários à empresa, pois habitualmente trata-se de uma fonte estável de financiamento. Este GAF apurado denomina-se GAF ajustado ou corrigido.

O rácio de alavancagem ou *debt-to-equity ratio*, que estabelece uma relação entre o endividamento de uma empresa e os seus capitais próprios, é uma alternativa ao GAF mais centrada no peso da dívida bancária e na capacidade da empresa de pagar os empréstimos que contrai.

Este rácio oferece-nos uma visão clara da estrutura de capitais da empresa, mostrando como se reparte a sua dependência dos capitais alheios face aos capitais próprios investidos. Naturalmente, uma solvabilidade mais saudável encontra-se num rácio de alavancagem claramente inferior à unidade.

O *net debt*/EBITDA é, a par do GAF, um dos rácios de preferência dos bancos. O rácio de endividamento líquido estabelece a relação entre a dívida bancária e equiparada (isto é, dívida também remunerada), deduzida da liquidez imediata da empresa (disponibilidades), e a sua capacidade operacional de gerar meios (EBITDA) para a reembolsar.

Na prática uma empresa que tenha, por exemplo, um rácio *net debt*/EBITDA de 2x, necessita de dois exercícios completos com o mesmo EBITDA para reembolsar a totalidade da dívida bancária líquida. Deste modo, quanto menor o rácio de alavancagem melhor, pois menor é o peso do passivo

O FINANCIAMENTO BANCÁRIO DE PME

bancário comparado com os meios libertos operacionais gerados para o amortizar.

Mas existirá algum valor de referência para este rácio a partir do qual se possa afirmar que a empresa está alavancada? A resposta só é possível se se acompanhar o rácio *net debt*/EBITDA do prazo médio da dívida da empresa. Ou seja, quanto maior o prazo médio da dívida, maior tolerância existe para um rácio de alavancagem superior, já que a empresa, caso não incorra em qualquer incumprimento, sabe de antemão que a dívida bancária não lhe vai ser exigida a curto prazo.

Atente-se no seguinte exemplo: um rácio de *net debt*/EBITDA de 3x é dramático para uma empresa de serviços, em que a dívida bancária é essencialmente de apoio ao FM, logo a curto prazo. Para uma empresa imobiliária, com financiamentos a longo prazo (normalmente superiores a dez anos), é um valor perfeitamente normal e gerível.

Ter capacidade para suportar um determinado *stock* de dívida não quer dizer capacidade para pagar os encargos financeiros associados a esse valor de dívida bancária. Assim, em complemento ao rácio de alavancagem importa sempre medir o grau de cobertura dos encargos financeiros, ou seja, avaliar em que medida o *cash-flow* operacional liberto é suficiente para fazer frente aos juros e outros encargos que a empresa tem de pagar pela utilização do crédito bancário.

Deste modo, quanto maior o rácio maior o grau de cobertura dos encargos financeiros pelos meios libertos operacionais.

RÁCIOS DE RENTABILIDADE

Todos os rácios de rentabilidade escalpelizam os resultados líquidos, aferindo o lucro que a empresa foi capaz de obter num determinado período relativamente ao montante investido, ao valor do ativo ou ao valor líquido da empresa.

Na margem de vendas ou rentabilidade das vendas ou produção apura-se a margem total das vendas após os efeitos fiscais, financeiros e de exploração da empresa. Este instrumento integra-se numa análise mais transversal da conta de exploração, aferindo o peso relativo das diferentes componentes da demonstração de resultados com a produção (vendas, prestação de serviços, variação de produção, subsídios à exploração e trabalhos para a própria empresa).

Em paralelo com a rentabilidade das vendas merece destaque a margem bruta e a margem EBITDA. A margem bruta permite determinar o que sobeja da produção depois de cobertos os custos das mercadorias vendidas, a partir do que chegamos à grande medida de rentabilidade, a margem EBITDA, que nos evidencia, após ponderados todos os custos operacionais, se as vendas da empresa foram efetivamente rentáveis e em que medida. Dois por cento? Cinco por cento? Dez por cento? Vinte por cento? Quanto maior melhor.

FIGURA III-27: Rácios de rentabilidade

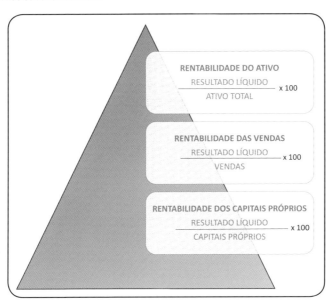

Estes rácios de rentabilidade das vendas também têm um grande significado do ponto de vista de comparação dinâmica entre vários exercícios subsequentes, pois as variações muito significativas (positivas ou negativas) têm de ter uma boa explicação, ou a fiabilidade das demonstrações financeiras fica em causa. O pináculo da análise dos rácios de rentabilidade da produção é o estudo da estrutura de custos e de proveitos, já que determinada margem EBITDA nos leva a questionar como a mesma pode ser maximizada.

Além da rentabilidade das vendas é igualmente muito relevante que os resultados líquidos sejam comparados com o capital investido que lhes deu origem. O *return on investment* (ROI), a rentabilidade do ativo, é o rácio que avalia o desempenho desses capitais investidos na empresa independentemente da sua origem, isto é, sejam próprios ou alheios.

O FINANCIAMENTO BANCÁRIO DE PME

Ao medir a rentabilidade do investimento, o ROI oferece a grande vantagem de permitir a comparação com os custos de financiamento (i) e, dessa forma, dá indicações sobre a vantagem (se ROI > i) ou não (se ROI < i) de a empresa recorrer a capitais alheios.

Se o ROI mede a rentabilidade dos capitais independentemente da sua origem, a rentabilidade dos capitais próprios (ROE – *Return on Equity*) fá-lo para a parte do ativo financiado pelo capital aportado pelo proprietário da empresa. Ou seja, o ROE informa sobre a remuneração gerada pelos capitais próprios, evidenciando a capacidade da empresa de gerar lucros a partir do investimento do proprietário.

Terminada a perscrutação dos principais rácios económico-financeiros, importa referir que a sua utilização só faz sentido quando enquadrada numa análise qualitativa e quantitativa integrada; quando utilizados de forma isolada, as suas limitações podem levar a interpretações incorretas.

4.
Fatores Indutores e Condicionantes do Crédito

Only when the tide goes out do you discover who's been swimming naked.
— Warren Buffet

Os bancos não são todos iguais, como se viu e ficou demonstrado de forma dramática. E continuam a não ser todos iguais.
— Fernando Ulrich

4.1. OS RISCOS DA ATIVIDADE BANCÁRIA

Ponto basilar: os bancos são empresas com um negócio muito específico, mas nunca deixam de ser empresas em nenhum momento e fase do seu ciclo de vida. Não surpreende por isso que os gestores bancários levantem as mesmas questões que os seus congéneres empresários sempre que realizam uma operação de crédito:

- Qual o retorno esperado do seu negócio? Ou seja, qual o *cash-flow* gerado e a margem de lucro associada?
- (Ou, pelo menos) os recursos investidos serão restituídos? Existe garantia de isso acontecer?
- (Ou, mais específico da indústria) existem os recursos necessários em conformidade com os requisitos para reembolso de depósitos? Ou seja, o banco garantirá sempre a liquidez necessária para cumprir com a devolução (em situação extrema) dos depósitos?

Estas perguntas simples são condutoras de todo e qualquer negócio e também do dos bancos. É a partir daqui que começam a definir-se os pormenores das operações de crédito e outras questões:
- Qual o prazo médio a associar às operações ativas (pois afeta a liquidez da instituição financeira)?
- Que garantias solicitar para bem da segurança da operação de crédito?
- Qual a taxa de juro a aplicar a determinada operação para garantir a taxa de rentabilidade pretendida?

Estas três últimas questões, mais específicas da indústria bancária, evidenciam que o problema fundamental do negócio bancário assenta em três pilares, ou seja, alinhar corretamente os objetivos de solvabilidade, rentabilidade e liquidez.

Para alcançar (ou não) estes objetivos é preciso evitar inúmeros riscos, conforme sinteticamente se observa na figura IV-1.

FIGURA IV-1: Espetro de riscos bancários

Dada a multiplicidade dos riscos que confrontam a atividade dos bancos, a sua gestão terá de assentar num modelo de governação que respeite as melhores práticas, conforme explicitadas na Diretiva Comunitária 2013/36/EU. Destaca-se a necessidade de uma gestão centralizada e apoiada por uma estrutura dedicada que abranja a avaliação e o controlo dos riscos, consagrando o princípio da segregação de funções entre as áreas comerciais e de gestão de risco.

A gestão dos diferentes riscos terá de ser integrada nas suas múltiplas dimensões, de forma a permitir a todo o momento uma visão holística dos riscos, um resumo da evolução dos principais indicadores de risco e uma perspetiva da sua evolução futura.

Assim, depois de definidos os princípios que traduzem o perfil de risco pretendido pelo banco e os limites do negócio de forma a assegurar o alinhamento da atividade com o perfil definido, deverá ser possível avaliar os processos a rever de forma a integrar a perspetiva de risco, quer na orçamentação comercial quer na alocação de capital.

FIGURA IV-2: **Gestão integrada de risco**

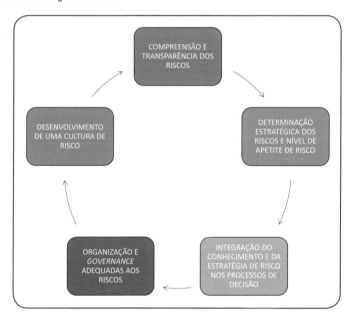

Para uma gestão integrada mais eficaz é fundamental um forte envolvimento da comissão executiva do banco na gestão do risco, aconselhando as melhores práticas a criação de um fórum específico de supervisão da função interna de risco e de monitorização da sua evolução, bem como a criação da figura de *chief risk officer* (CRO), o administrador executivo com o pelouro do risco.

4.1.1. RISCO DE MERCADO

O risco de mercado está associado a impactos negativos potenciais nos resultados ou no capital do banco, decorrentes da alteração nos preços dos ativos em carteira ou das taxas de mercado (taxas de juro, de câmbio, preço de ações, etc.). Ou seja, é o risco associado às condições financeiras que rodeiam os bancos e resulta de movimentos adversos no mercado do preço dos ativos.

Neste tipo de risco competirá ao CRO/comité de risco propor os limites de exposição e o controlo do risco de mercado, implementar e pôr em prática mecanismos diários de alerta que permitam a tomada de ação no sentido da redução imediata de excessos em limites autorizados e elaborar análises periódicas para caracterização adequada e sintética do risco de mercado das carteiras.

A avaliação do desempenho da sala de mercados e o controlo de dados são nevrálgicos para o controlo dos riscos

> ### VaR — VALUE-AT-RISK
>
> O VaR refere-se à perda esperada, num determinado horizonte temporal e com um dado grau de confiança. É função de três parâmetros: volatilidade, distribuição e correlação das taxas de rendibilidade dos ativos constituintes da carteira:
>
> $$VaR = V_p \times z_\alpha \times \sigma_p,$$
>
> Vp = valor de mercado da carteira p; z_α = valor crítico da distribuição considerada (por exemplo a normal) para o nível de confiança α (por exemplo 95%);
>
> σ_p = desvio-padrão da carteira.
>
> Um VaR mensal, com 95% de confiança, de 5% implica que, com 95% de confiança, a carteira não perde mais de 5% num determinado mês.

de mercado. No primeiro caso é crucial a reavaliação diária de posições, o cálculo do justo valor para obrigações e derivados, determinar os resultados das salas de mercados, controlar os resultados, nomeadamente em função dos limites de risco aprovados e de limites de *stop loss* (isto é, medidas de desempenho ajustadas ao risco para carteiras do grupo). Do lado do controlo de dados, sublinhe-se o controlo diário de preços, taxas, curvas de rendimento e volatilidades utilizadas na avaliação de posições e de risco, e a atualização dos dados dos sistemas de risco e de *front-office*.

O modelo de *value-at-risk* (VaR) é em geral usado para todos os tipos de risco de mercado (taxas de juro, ações, taxas de câmbio e volatilidade). Mede a pior perda esperada através de um horizonte dado em condições normais de mercado a um dado nível de confiança.

No entanto, os modelos de VaR não são adequados para medir o risco em situações de *stress* de mercado, existindo um «risco de cauda» *(tail risk)*, já que o VaR desconsidera as perdas que possam ocorrer para além do nível de confiança, o que pode conduzir a avaliações inadequadas em relação ao risco efetivo dos ativos para distribuições não normais.

Entre os riscos de mercado merece destaque o risco específico de taxa de juro, ou seja, o risco incorrido por um banco sempre que, no desenvolvimento da sua atividade, contrata operações com fluxos financeiros sensíveis a variações de taxa de juro. Dito de outro modo, é o risco de que ocorra uma variação de taxa de juro associada nomeadamente ao *mismatch* de prazos de refixação de taxas entre ativos e passivos detidos, diminuindo a rentabilidade ou aumentando o seu custo financeiro.

Para a medição deste tipo de risco, a metodologia mais frequentemente adotada é a agregação em intervalos residuais de revisão de taxa de juro de todos os ativos e passivos sensíveis à sua variação, obtendo-se desse modo os correspondentes *gaps* de taxa de juro. A análise da dimensão do risco de taxa de juro envolve ainda o cálculo mensal da duração dos ativos e passivos sensíveis, bem como o respetivo *gap* de duração.

Uma vez que os efeitos dos gaps de taxa de juro podem ser nefastos sobre a margem financeira, é conveniente proceder-se com regularidade à simulação de cenários previsionais da evolução mensal dos ativos e passivos sensíveis, bem como das diferentes taxas de mercado e das expectativas refletidas nas *yield curves*. Por sua vez, esta gestão e controlo do risco de taxa de juro do balanço e da carteira bancária deverão ser suportados por um conjunto de *guidelines,* que incluem a fixação de limites para as variáveis consideradas significativas do nível de exposição a este tipo de risco.

No contexto dos compromissos regulamentares de reporte do risco de taxa de juro, todos os bancos nacionais estão obrigados a informar semestralmente em pormenor o Banco de Portugal sobre o seu nível de exposição ao risco de taxa de juro da carteira bancária, conforme estabelecido na Instrução BdP n.º 19/2005, bem como a informar acerca dos resultados dos modelos internos de avaliação do referido risco ao abrigo da mesma instrução.

4.1.2. RISCO DE LIQUIDEZ

O risco de liquidez reflete a possibilidade de ocorrência de um desfasamento ou não compensação entre os fluxos monetários de pagamentos e os de recebimentos, gerando uma incapacidade de cumprimento dos compromissos assumidos. Ou seja, o risco de liquidez resulta da incapacidade dos bancos de disporem em qualquer momento dos fundos necessários para satisfazer todos os compromissos a um custo aceitável e compensador. Assim, o grau de liquidez de um banco permite demonstrar que o mesmo é seguro, reduz a dimensão do prémio de risco e permite recorrer a vendas desfavoráveis e evitar o recurso sistémico ao mercado monetário.

O risco de liquidez no negócio bancário pode surgir quando ocorram:

- Dificuldades na captação de recursos para financiar os ativos, o que conduz normalmente ao acréscimo dos custos de captação, mas pode implicar também uma restrição do crescimento dos ativos;
- Dificuldades na liquidação atempada de obrigações para com terceiros, induzidas por *mismatches* significativos entre os prazos de vencimento residual de ativos e passivos.

Os bancos, por serem entidades com fins lucrativos, desejam contratar mais empréstimos para atingir lucros cada vez maiores, mas reduzem com isso a sua capacidade de atender os pedidos de resgate por parte de seus depositantes. Desta forma, mais empréstimos promovem maior retorno ao banco, mas por outro lado geram maiores riscos. É responsabilidade da administração de um banco definir um limite adequado ao nível de liquidez dos depósitos para reduzir o risco de não poder pagar os direitos exigidos pelos depositantes.

Não obstante, é evidente que os ativos mais líquidos tendem a reduzir a rentabilidade dos bancos, pelo que estes procuram deter o mínimo possível deste tipo de ativos – apenas o necessário para satisfazer as suas necessidades operacionais de liquidez.

4.1.2.1. ÍNDICES DE LIQUIDEZ

A gestão do risco de liquidez tem na sua génese a análise dos prazos residuais de maturidade dos diferentes ativos e passivos do balanço. Os volumes de *cash inflows* e *cash outflows* são evidenciados por intervalos temporais em função do seu prazo residual de ocorrência e, a partir daí, são apurados os respetivos *gaps* de liquidez tanto do período como acumulados.

Assim, a posição de liquidez de um banco é medida pela diferença entre os ativos líquidos disponíveis nos 30 dias seguintes e as responsabilidades exigíveis no mesmo período, ao passo que alguns dos rácios mais utilizados de liquidez dos bancos passam pela percentagem de depósitos, créditos concedidos e aplicações a curto prazo em função dos respetivos ativos totais.

Destaque ainda para o rácio de liquidez, apurado dividindo o ativo total pelo passivo total ajustado ao *mismatch* negativo de cada um dos prazos residuais de vencimento considerados. O índice de liquidez – quociente entre passivos e ativos ponderados – indica, se for inferior a 1, um *mismatch* que é tanto maior quanto menor for o índice, ou seja, os recursos a curto prazo financiam ativos de prazos mais longos.

O *gap* de liquidez em escala cumulativa de maturidade, definido como a diferença dos ativos líquidos e passivos voláteis em proporção da diferença entre o ativo total e os ativos líquidos, em cada escala cumulativa de maturidade residual, tem vindo a conhecer uma utilização crescente. Este indicador avalia o *gap* entre os ativos líquidos e as responsabilidades exigíveis a curto prazo em percentagem dos ativos ilíquidos, permitindo uma caracterização abrangente da situação de liquidez dos bancos, por considerar um conjunto alargado de ativos e passivos e respetivas maturidades residuais. Os *gaps* de liquidez devem ser calculados mensalmente.

RÁCIOS DE LIQUIDEZ

▪ **Gap de liquidez:**
(Ativos líquidos – Passivos voláteis) / (Ativo total – Ativos líquidos)
* Ativos líquidos = Caixa + Disponibilidades em bancos centrais e OIC + Valores à cobrança + Ativos elegíveis como garantias em operações de crédito em bancos centrais;
* Passivos voláteis = Recursos de bancos centrais + Financiamento interbancário + Responsabilidades representadas por títulos + Compromissos assumidos com terceiros + Derivados + Outros passivos.

▪ *Liquidity coverage ratio* **(LCR):**
Stock de ativos líquidos de alta qualidade/total de saídas líquidas de caixa nos 30 dias seguintes

▪ *Net Stabile funding ratio*
(NSFR): Montante de recursos estáveis disponíveis/montante de recursos estáveis obrigatórios

▪ **Rácio de transformação:**
Créditos/depósitos

▪ **Índice de liquidez:**
Ativos líquidos /passivos voláteis

A gestão do risco de liquidez incorpora ainda a realização de exercícios de *stress testing* em articulação com o plano de contingência de liquidez existente, conforme os princípios e recomendações divulgadas pelo Comité de Basileia e pela EBA (European Banking Authority).

Segundo a definição do Bank International for Settlement (BIS), existem dois tipos de *stress test*: *stress test* univariado, que consiste numa análise de sensibilidade, com a finalidade de avaliar o impacto da alteração de uma variável na exposição do banco; e *stress test* multivariado, baseado na análise de hipóteses, em que se criam cenários de *stress* para prever os movimentos simultâneos de variáveis que interessam aos fatores de risco.

FIGURA IV-3: Exemplo do processo de *stress test*

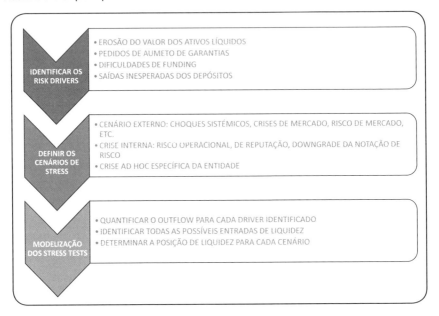

A metodologia mais utilizada para avaliar a resiliência dos bancos a eventuais dificuldades de liquidez é a multivariada, que engloba a medição e a monitorização do designado período de sobrevivência – isto é, o tempo até à ocorrência de dificuldades de liquidez se previamente não forem tomadas medidas corretivas – perante três cenários de *stress* nos mercados de financiamento. É determinado um conjunto de valores mínimos a observar para os «períodos de sobrevivência» apurados em cada um dos cenários referidos; um eventual não cumprimento de qualquer dos mínimos estabelecidos pressupõe a aplicação das medidas de contingência, de acordo com os níveis de prioridade definidos quanto à utilização dos diferentes instrumentos de financiamento.

Com a entrada em vigor da CRD IV – *Capital Requirements Directive* em 2014, a EBA definiu um conjunto de novos reportes contabilísticos

(FINREP – *Financial reporting*) e prudenciais (COREP – *Common reporting*) com o objetivo de harmonizar e garantir a comparabilidade da informação no contexto europeu, designadamente reportes prudenciais de liquidez ao nível dos novos *standards* mínimos enquadrados no quadro regulamentar de Basileia III – o *Liquidity Coverage Ratio* (LCR) e o *Net Stable Funding Ratio* (NSFR).

O rácio de cobertura de liquidez (LCR) visa promover a resistência de liquidez a curto prazo garantindo que a instituição financeira dispõe de um nível suficientemente elevado de ativos líquidos de alta qualidade que lhe permita sobreviver por um período de 30 dias a uma situação de *stress* intenso. Para este efeito, os ativos líquidos deverão cobrir na totalidade os *cash outflows* a que provavelmente o banco deverá fazer frente no período definido, em situação de crise. Ou seja, este indicador pretende que os bancos tenham na sua carteira um *stock* de ativos líquidos de alta qualidade não vinculados, disponíveis para contrabalançar eventuais saídas líquidas de caixa num cenário de *stress* intenso a curto prazo.

O requisito da CRD IV prevê que, em caso de ausência de tensão, o valor do LCR não seja inferior a 100 por cento – o mesmo que dizer que os valores de *stock* de ativos líquidos de alta qualidade devem ser pelo menos iguais ao total dos fluxos líquidos de caixa. Em caso de tensão de liquidez, o banco utiliza esse *stock* reduzindo o rácio para valores inferiores a 100 por cento. Contudo, dadas as fortes necessidades extra de fundos para o cumprimento imediato deste rácio nos 100 por cento – estimado, para os 200 maiores bancos mundiais, um esforço extra de fundos na ordem dos 1,8 biliões de euros –, o Comité de Basileia decidiu suavizar a aplicação do LCR no tempo; assim, entrou em vigor em 2015 com o rácio mínimo de 60 por cento, passando para 70 por cento em 2016, 80 por cento em 2017 e 90 por cento em 2018. Assim, a sua implementação deve respeitar esses requisitos mínimos até atingir o rácio de 100 por cento em 2019.

O segundo *standard (net stable funding ratio)* visa por sua vez promover a sustentabilidade do banco num prazo mais longo, através da criação de uma estrutura mais equilibrada e estável entre maturidades de ativos e passivos. O NSFR define-se como a relação entre o montante de recursos estáveis disponíveis, apurado a partir dos passivos e dos instrumentos de capital (*Tier 1* e *Tier 2*) considerados estáveis no prazo de um ano, e o montante de recursos estáveis obrigatórios, avaliado com base nas características gerais do risco de liquidez dos ativos e da exposição fora de balanço. O NSFR deve ser calculado e atualizado trimestralmente e exige que o banco seja capaz de o satisfazer de modo contínuo.

A imposição destes rácios de liquidez no quadro regulatório europeu, dada a sua constituição, levará inevitavelmente a profundas alterações do negócio bancário. É de prever uma tendência crescente para financiar as empresas com maturidades curtas para redução do impacto no rácio de liquidez estrutural (NSFR) e favorecer o rácio de liquidez a curto prazo (LCR), reduzindo o risco de liquidez para os bancos; por outro lado, prevê-se que o recurso a emissão de obrigações com maturidades longas, a redução na diversificação das fontes e instrumentos de *funding* se tornem práticas correntes.

O risco maior pode estar no incentivo que este novo quadro propicia para os bancos investirem mais em títulos dos Estados, considerados líquidos para cumprimento dos rácios de liquidez, em detrimento do financiamento à economia. Ou seja, os novos requisitos poderão contribuir para alcançar maior estabilidade e resiliência das instituições financeiras em geral, mas isso pode ser alcançado à custa de uma mudança profunda no papel central dos bancos na economia, enquanto principal entidade na captação de recursos e na concessão de créditos às famílias e às empresas.

Nesse mesmo sentido já se deu uma profunda alteração do quadro da indústria bancária, sobretudo em Portugal, com a desalavancagem dos seus balanços. E isto porque a alavancagem dos bancos é também ela um indicador de liquidez e determinante da rentabilidade do negócio.

O indicador de alavancagem mais relevante centra-se na evolução do rácio crédito/depósitos, também conhecido como rácio de transformação, que espelha o peso do crédito concedido pelas instituições financeiras em função dos seus depósitos totais. Por definição, quanto maior o valor do rácio de transformação maior o grau de alavancagem do banco.

4.1.2.2. EVOLUÇÃO (RECENTE) DA LIQUIDEZ NA BANCA PORTUGUESA

A posição de liquidez do setor bancário, medida pelos *gaps* de liquidez, tem melhorado significativamente desde 2012. Esta evolução reflete uma maior estabilidade das fontes de financiamento dos ativos líquidos e a diminuição do desfasamento de maturidades entre ativos e passivos, indo ao encontro das exigências de liquidez e de estrutura de passivos definidas pelo novo enquadramento regulamentar europeu.

FATORES INDUTORES E CONDICIONANTES DO CRÉDITO

FIGURA IV-4: Evolução do *gap* de liquidez

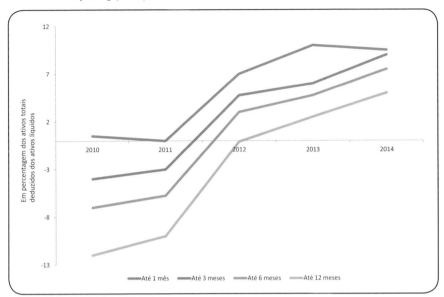

Da mesma forma, o *gap* comercial – diferença entre crédito e depósitos – passou de 133 mil milhões de euros em 2010 para 18 mil milhões de euros em 2014.

As políticas de desalavancagem implementadas pelas instituições financeiras no âmbito do plano de ajustamento imposto pela troika, conjuntamente com a diminuição da procura de crédito por parte dos particulares e das empresas e a par do aumento do recurso de clientes e outros empréstimos, permitiram reduzir o rácio de crédito sobre depósitos (ou rácio de transformação) de 157 por cento em 2009 para 107 por cento em 2014. Desta forma, cumpriu-se a indicação do Banco de Portugal de um rácio de transformação de 120 por cento para os oito maiores grupos bancários, em finais de 2014. No início de 2018 será exigido um rácio de transformação de pelo menos 100 por cento.

O atual processo de desalavancagem e ajustamento dos balanços dos bancos portugueses deverá prosseguir a médio prazo, dadas as restrições à procura de crédito impostas pelo ainda elevado endividamento das empresas e pela manutenção de um crescimento económico moderado.

FIGURA IV-5: Evolução do rácio de transformação

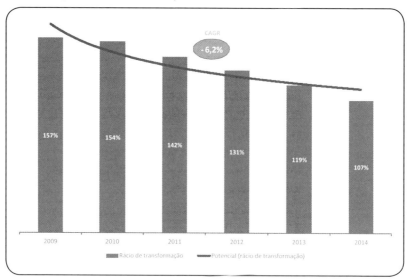

Salienta-se igualmente a maior estabilidade alcançada na estrutura de *funding* dos bancos nacionais, muito por ação dos recursos dos clientes, que no período de maior perturbação foram a principal fonte de financiamento alheio, atingindo mais de metade da totalidade do endividamento (58,7 por cento em 2014 *vs.* 43,4 por cento em 2010). Por sua vez, o recurso ao financiamento de bancos centrais, designadamente do Eurosistema, continua a decrescer, tendo alcançado valores mínimos desde o início da crise da dívida soberana em maio de 2010.

4.1.2.3. A AÇÃO DOS BANCOS CENTRAIS

A liquidez do negócio bancário é fortemente influenciada pela política monetária praticada pelos bancos centrais, decorrente de os bancos poderem financiar-se junto dos bancos centrais, mediante a entrega de ativos elegíveis como colaterais. Deste modo, desde que os bancos centrais sejam flexíveis, os bancos conseguem transformar em liquidez uma parte significativa do seu ativo, mesmo sem a venda dos mesmos em mercado, e, logo, não se sujeitando a preços desfavoráveis nem à falta de compradores.

Neste cenário parece estar à partida resolvida qualquer crise de liquidez. Porém, um dos principais ensinamentos da atual crise financeira é

FATORES INDUTORES E CONDICIONANTES DO CRÉDITO

precisamente evidenciar que as coisas não são simples, e isto porque os ativos «entregues» aos bancos centrais perderam vertiginosamente valor, nomeadamente a dívida soberana, o que resultou nalguns casos na desqualificação desses ativos como colaterais.

A posição de liquidez dos bancos beneficiou por isso das medidas de política monetária, convencionais e não convencionais, do Banco Central Europeu desde 2011 – destaque para o programa de transações monetárias definitivas do Banco Central Europeu (OMT – *outright monetary transactions*) e o programa de aquisição de ativos de âmbito alargado. Introduziram-se também algumas medidas de flexibilização na gestão corrente das instituições financeiras, nomeadamente na gestão de liquidez dos bancos. No seguimento da decisão do Banco Central Europeu, o Banco de Portugal veio publicar uma instrução que flexibilizou os critérios para a determinação da elegibilidade dos ativos a serem utilizados como garantia nas operações de política monetária do Eurosistema.

4.1.3. RISCO OPERACIONAL

O risco operacional corresponde à possibilidade de risco de perdas ou impactos financeiros negativos, no negócio ou na imagem/reputação da organização, causados por falhas ou deficiências na governação e processos de negócio, nas pessoas, nos sistemas ou resultantes de eventos externos, que poderão ser desencadeados por uma multiplicidade de eventos, à possibilidade de ocorrência de perdas resultantes de falha, deficiência ou inadequação de processos internos, pessoas e sistemas, passando por perdas decorrentes de eventos externos, incluindo o risco legal associado à inadequação ou deficiência em contratos celebrados pelo banco, ou por indemnizações pagas por danos a terceiros decorrentes das atividades desenvolvidas pela instituição.

Nas últimas décadas, uma série de eventos associados a uma gestão inadequada do risco operacional traduziu-se em elevadas perdas financeiras e reputacionais, tendo inclusive posto em causa a continuidade de algumas grandes instituições. Estes acontecimentos tiveram uma influência determinante na emergência do risco operacional.

A gestão do risco operacional, em linha com as boas práticas com origem no Comité de Basileia, Committee of Sponsoring Organizations of the

Treadway Commission (COSO), tem como base uma visão por processos *(end-to-end)* e apoia-se num conjunto de orientações, metodologias e regulamentos.

A gestão do risco operacional envolve várias áreas de organização do banco e tem por objetivo estabelecer um processo completo, contínuo e sistemático para identificar, analisar, responder, reportar e monitorizar os riscos operacionais. Através desta prática os bancos têm, não só a faculdade de reduzir os eventos-surpresa e os respetivos custos operacionais, mas também a possibilidade de identificar oportunidades de melhoria nos processos de negócio, de disponibilizar informação de suporte na tomada de decisões estratégicas e de identificar e gerir riscos múltiplos, apresentando respostas integradas aos diferentes níveis de risco. Ou seja, em primeira instância a gestão do risco operacional pretende transformar os riscos em oportunidades.

Um dos principais alicerces de qualquer projeto de gestão de risco operacional passa pelo combate intransigente ao risco de *compliance*, que o Comité de Basileia define como «o risco de incorrer em sanções de carácter legal ou regulamentar e prejuízos financeiros ou de ordem reputacional que uma instituição financeira pode sofrer em resultado de não ter cumprido leis, regulamentos, códigos de conduta e normas de boas práticas».

FIGURA IV-6: **Multidisciplinaridade do risco operacional**

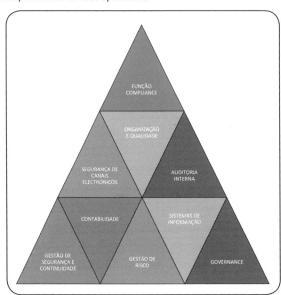

Em conjunto com a gestão de risco e a auditoria interna, a função de *compliance* constitui, no âmbito do *corporate governance*, um dos três pilares do sistema de controlo interno. Compete-lhe assegurar o respeito pelas disposições legais e regulamentares aplicáveis, incluindo as relativas à prevenção do branqueamento de capitais e do financiamento do terrorismo, bem como das normas e usos profissionais e deontológicos, das regras internas e estatutárias, das regras de conduta e de relacionamento com clientes, das orientações dos órgãos sociais e das recomendações do Comité de Supervisão Bancária de Basileia e do Comité das Autoridades Europeias de Supervisão Bancária, de modo a proteger a honorabilidade da instituição e a evitar que esta seja alvo de sanções.

Neste sentido, a função *compliance* está presente em todas as áreas da instituição, nos departamentos de retaguarda, garantindo o cumprimento das regras e normas legais, na linha da frente, onde se cuida do cumprimento das normas de relacionamento com os clientes, e nos departamentos intermédios, que interligam frente com retaguarda e clientes com estruturas de suporte. Desta maneira, a função de *compliance* é o elo de ligação entre o negócio diário e a segurança regulamentar e reputacional de uma instituição financeira, assegurando a consciência para a regulamentação aplicável entre os colaboradores.

FIGURA IV-7: Função *compliance*

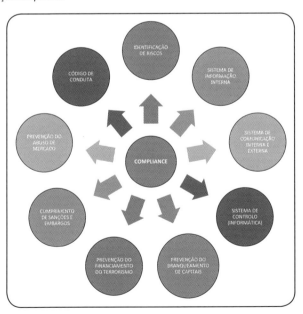

O FINANCIAMENTO BANCÁRIO DE PME

Estes objetivos concretizam-se através das seguintes atividades:

- Acompanhamento e avaliação regular da adequação e da eficácia das medidas e dos procedimentos adotados para detetar qualquer risco de incumprimento das obrigações legais e deveres a que a instituição se encontra sujeita, bem como das medidas tomadas para corrigir eventuais deficiências no respetivo cumprimento;
- Aconselhamento aos órgãos de administração e de gestão, para efeitos do cumprimento das obrigações legais e dos deveres a que a instituição se encontra sujeita;
- Acompanhamento e avaliação dos procedimentos de controlo interno em matéria de prevenção do branqueamento de capitais e do financiamento do terrorismo, bem como centralização da informação e respetiva comunicação às autoridades competentes;
- Prestação imediata ao órgão de administração de informação sobre quaisquer indícios de violação de obrigações legais, de regras de conduta e de relacionamento com clientes ou de outros deveres que possam fazer a instituição ou os seus colaboradores incorrer num ilícito de natureza contraordenacional;
- Elaboração e apresentação ao órgão de administração e ao órgão de fiscalização de um relatório, de periodicidade pelo menos anual, identificando os incumprimentos verificados e as medidas adotadas para corrigir eventuais deficiências;
- Acompanhamento, avaliação e divulgação interna da legislação e das normas publicadas pelas entidades regulamentares e de supervisão.

A função *compliance* dispõe-se no quadro bancário nacional através do Aviso 5/2008 do Banco de Portugal, bem como da recomendação do Comité de Basileia de abril de 2005 designada «*Compliance* e função *compliance* nos bancos». Ambos os documentos definem dois níveis fundamentais de responsabilidade relativamente a *compliance:* o nível da implementação da função compete aos órgãos de administração e o nível da execução dos deveres correspondentes compete a todos os colaboradores.

Neste domínio, os códigos de conduta devem ser instrumentos fundamentais do exercício de funções de todos os colaboradores bancários e o modelo-base da sua ação permanente. Complementarmente, e de igual importância, é crucial a existência de políticas de comunicação de irregularidades graves, de *know your customer* (KYC), de transmissão e execução de ordens, de resolução de conflitos de interesses e princípios claros de segregação de patrimónios.

4.1.4. RISCO DE CRÉDITO

O risco de crédito encontra-se associado às perdas e ao grau de incerteza quanto à capacidade de uma empresa de cumprir as suas obrigações contratuais. Dada a natureza da atividade bancária, o risco de crédito reveste uma importância especial face à sua materialidade, não obstante a sua interligação com os restantes riscos. Deste modo, a gestão deste tipo de risco será autonomizada no ponto seguinte.

4.2. AVALIAÇÃO E GESTÃO DO RISCO DE CRÉDITO

Como se observou no capítulo III, a análise do risco de crédito passa por um estudo individual de uma equipa de analistas, que elaboram relatórios de análise de risco de crédito e emitem uma opinião independente da área comercial, que capta e gere os clientes, sobre o risco de crédito inerente.

Antes da análise individual existe a avaliação desse risco de crédito, a partir do qual se estrutura a gestão do risco, da qual faz parte a análise do risco de crédito. De facto, antes de qualquer análise está a determinação do nível de perda esperada *(expected loss)*, que se contrapõe a todo o risco que não é possível antever.

4.2.1. PERDA ESPERADA

Todas as empresas sem exceção comportam um risco de incumprimento com uma dada probabilidade, sendo precisamente esse o objetivo maior da avaliação do risco, o de determinar essa probabilidade para um dado valor de exposição de crédito, formando-se assim uma expectativa razoável de recuperação desse valor ou, pela negativa, de perda.

FIGURA IV-8: Cálculo da perda esperada

A determinação da EL pressupõe que estejam perfeitamente definidos os critérios de crédito em incumprimento. Em primeira instância importa referir que o crédito vencido corresponde ao montante das prestações vencidas e não pagas de capital, juros e comissões/despesas por um período igual ou superior a 90 dias, enquanto o crédito em incumprimento, tal como está definido na Instrução BdP n.º 16/2004, compreende o crédito vencido há mais de 90 dias e o crédito de cobrança duvidosa reclassificado como crédito vencido para efeitos de provisionamento, como disposto no Aviso BdP n.º 3/95.

O conceito de incumprimento também está expresso no Artigo 178.º do Regulamento (UE) n.º 575/2013 do Parlamento Europeu e do Conselho, cujas especificidades foram revistas em 2014 para introduzir as recomendações da EBA na matéria, publicadas no documento *Final draft ITS on supervisory reporting on forbearance and non-performing exposure*.

A Instrução n.º 22/2011 do BdP traz à colação um outro conceito, o de crédito em risco, que agrega três realidades distintas:
- Valor total em dívida do crédito que tenha prestações de capital ou juros vencidos por um período igual ou superior a 90 dias;
- Valor total em dívida dos créditos reestruturados, após terem estado vencidos por um prazo superior ou igual a 90 dias, sem que tenham sido adequadamente reforçadas as garantias constituídas ou integralmente pagos pelo devedor os juros e outros encargos vencidos;
- Valor total em dívida do crédito que tenha prestações de capital ou juros vencidos inferiores a 90 dias, mas sobre o qual existam indicações que justifiquem a sua classificação como crédito em risco (designadamente falência ou liquidação do devedor).

Complementarmente, o novo quadro regulatório veio definir que o incumprimento deve ser medido também ao nível da empresa e não apenas da operação de crédito, pelo que a ativação do incumprimento numa operação contamina toda a exposição que o banco tenha à empresa *(cross default)*.

4.2.2. PROBABILIDADE DE INCUMPRIMENTO

A determinação da probabilidade de incumprimento (*probability of default* – PD) é um dos instrumentos fundamentais de que os bancos necessitam para levar a cabo a sua atividade de concessão de empréstimos. Assim, e de forma muito simples, se a PD estimada de uma empresa for superior a determinado valor, o banco não concede crédito, e se for inferior concede. Claro que esta regra pode ser aperfeiçoada, através, por exemplo, da exigência de maiores garantias se a PD estimada for próxima do limite predeterminado.

No fundo, com a análise da PD os bancos tentam aferir a probabilidade de uma dada empresa não cumprir integralmente as suas obrigações de crédito, durante um determinado período de observação (três meses, um ano, dois anos, etc.).

Deste modo a existência de métodos estatísticos fiáveis que permitam conhecer esta probabilidade torna-se fundamental para o processo de decisão na concessão de crédito por parte dos bancos. De uma maneira geral, existe alguma dificuldade em obter dados do balanço das empresas que permitam o desenvolvimento de modelos completos e fiáveis de incumprimento, por isso a informação tem de ter fontes mais vastas, como a disponibilizada pela Central de Responsabilidades do Banco de Portugal, por agências de *rating*, relatórios e contas e outras publicações da empresa, e a análise económico-financeira realizada aquando da análise do risco de crédito.

As metodologias mais recorrentes a sintetizar toda a informação recolhida são os modelos de *rating* e *scoring*. No âmbito do nosso objeto, que são as PME, vamos concentrar-nos apenas no primeiro modelo, como processo de classificação comparativa de informação disponível através de uma escala de atributos, visando identificar maiores ou menores probabilidades de incumprimento.

Os modelos de *rating* podem ser internos ou externos, recorrendo os bancos a modelos internos sempre que possuem informação histórica e capacidade de análise suficientes em relação ao comportamento das empresas que permita definir padrões de incumprimento. Cada instituição financeira utiliza as suas próprias grelhas de notação de risco, mas todas com o propósito de o segmentar em diferentes níveis.

Depois de construídos os modelos de *rating*, identificam-se as probabilidades de incumprimento associadas às notações dos modelos num determinado período. Por exemplo, se o melhor nível de *rating* corresponder a uma PD de 0,01 por cento, 1 em cada 100 créditos com características semelhantes em termos de risco, isto é, da mesma classe de risco, deverão entrar em incumprimento.

É a partir desta grelha de notações de *rating*, que definem níveis de PD, que os bancos estabelecem as suas fronteiras de aceitação/rejeição dos créditos a conceder.

4.2.3. EXPOSIÇÃO NO MOMENTO DO INCUMPRIMENTO

Além da PD é necessário ter presente o montante em exposição no momento de incumprimento (*exposure at default* – EAD), pois será esse o valor a considerar para o cálculo da EL.

A EAD difere em função do tipo de plano de amortização do crédito a considerar, ou seja, se a linha de crédito for um empréstimo com um plano de reembolso predefinido, o valor da EAD corresponde ao montante em dívida no montante de incumprimento; por outro lado, se se tratar de um limite de crédito passível de reutilização *(revolving)* – por exemplo conta-corrente, descoberto em conta de D. O., *plafond* para desconto de letras ou abertura de cartas de crédito, etc. –, a EAD não se circunscreve ao capital utilizado, já que existe sempre um risco de utilização do crédito até ao limite contratado (caso a utilização não esteja já no seu máximo).

Neste último caso, a EAD resulta não só do crédito utilizado, mas da aplicação de um fator (normalmente 50 por cento) para transformar o limite contratado não utilizado num montante equivalente à exposição em crédito. Por exemplo: considerando uma conta-corrente de 100 mil euros, utilizada em 50 mil euros, a EAD será igual a 100 000 + (100 000 – 50 000) x 50 por cento.

4.2.4. PERDA EM CASO DE INCUMPRIMENTO

Visto que incumprimento não implica perda total, para a determinação da EL tem de se considerar também a estimativa do crédito em incumprimento que é objeto de recuperação. Nesta medida, a perda em caso de incumprimento (*loss given default* – LGD) corresponde precisamente à parte não recuperada, em percentagem do valor em dívida.

$$LGD = 1 - \text{ESTIMATIVA DE RECUPERAÇÃO (\%)}$$

$$\text{ESTIMATIVA DE RECUPERAÇÃO} = \frac{\text{VALOR RECUPERADO LÍQUIDO}}{\text{EAD}}$$

$$\text{VALOR RECUPERADO LÍQUIDO} = \text{VALOR RECUPERADO} - \text{GASTOS COM RECUPERAÇÃO}$$

Por sua vez, o valor recuperado está dependente de alguns fatores, nomeadamente das formas de mitigação de risco, como são as garantias reais e pessoais associadas à operação de crédito (*vide* ponto 4.2.4., seguinte). Todas elas ajudam a reduzir o valor da LGD.

4.2.5. TÉCNICAS DE REDUÇÃO DO RISCO DE CRÉDITO

A bem de uma gestão de risco de crédito prudente, os bancos utilizam diversas técnicas de mitigação de risco, de modo a salvaguardarem-se contra eventuais incumprimentos dos contratos estabelecidos. A constituição de colaterais e garantias é a que está mais em sintonia com os requisitos de elegibilidade previstos no Regulamento (UE) n.º 575/2013, que a seguir se pormenoriza.

No caso da prestação de avales é introduzida uma terceira entidade como garante das obrigações de crédito da empresa mutuária, ocorrendo uma transferência do risco associado à exposição do cliente para o prestador da proteção, quando esta é objeto de uma ponderação mais favorável. Situação idêntica ocorre com a prestação de garantias bancárias ou equiparadas (por exemplo sociedades de garantia mútua, Banco Europeu do Investimento e outras entidades de fomento e investimento, estados, etc.).

No caso das garantias reais pode estar-se na presença de um colateral financeiro ou de hipotecas de bens imóveis/penhor de bens móveis. No primeiro caso enquadram-se ações, títulos de dívida ou unidades de participação em fundos de investimento, entre outros instrumentos financeiros se cotados numa bolsa reconhecida e com um nível de proteção, tido em conta no *haircut* aplicado ao valor do ativo financeiro, determinado em função das suas características.

FIGURA IV-9: Técnicas de redução do risco

Neste tipo de garantia o conceito de *haircut*, ou «ajustamento de valor», é fundamental, pois há que considerar a possibilidade de degradação do valor do colateral no tempo, sendo o *haircut* um coeficiente que traduz essa possibilidade de desvalorização e se aplica ao valor bruto do colateral financeiro para determinar o valor efetivo do ativo financeiro para efeito de garantia real. Note-se que os *haircuts* a aplicar ao valor dos colaterais financeiros, que reduzem a sua capacidade de redução de risco, são determinados pelo Regulamento (UE) n.º 575/2013, tendo em conta o seu tipo, a avaliação de crédito, a contraparte e a maturidade, entre outros fatores. Além dos *haircuts* aplicados ao valor dos títulos, podem ainda ser considerados *haircuts* cambiais e para eventuais desfasamentos de maturidade entre o contrato e a respetiva garantia *(maturity mismatch)*.

No caso dos colaterais reais, representados por hipotecas de bens imóveis ou penhor de bens móveis, a avaliação é um momento crítico. A verificação do valor do ativo é feita para a contratação de todas as operações novas de crédito, tendo como objetivo determinar o presumível valor de transação em mercado livre.

Para o efeito, os bancos contratam peritos avaliadores registados junto da Comissão do Mercado de Valores Mobiliários (CMVM). As avaliações

FATORES INDUTORES E CONDICIONANTES DO CRÉDITO

têm de ser realizadas por observação direta no local, utilizando os avaliadores os seguintes métodos de avaliação: valorização pelo método comparativo, fixando-se a incidência média de mercado em termos de valor unitário de transação por metro quadrado de construção existente, em função do tipo de utilização; valorização pelo método do custo de reconstrução depreciado, calculado pela soma do valor do terreno com os custos de construção incluindo encargos, depreciado em função das condições físicas funcionais, ambientais e económicas atuais do imóvel e acrescido dos custos de comercialização e margem de lucro/risco do promotor; valorização pelo método do rendimento, quando se trata de imóveis com a finalidade de rendimento; valorização pelo método do valor residual, utilizado na estimativa do valor de terrenos com potencial construtivo, construções a reabilitar e imóveis inacabados.

Sempre que as operações de crédito são objeto de alterações contratuais, são em regra passíveis de nova avaliação, realizada nos mesmos moldes que as novas operações.

4.3. OS PILARES DO NEGÓCIO BANCÁRIO

Como anteriormente referido, a atividade bancária conduz-se por três princípios basilares: rentabilidade, solvabilidade e liquidez, a que podemos acrescentar, com propriedade, um princípio de sustentabilidade, que passa pela preocupação estratégica de assegurar uma atividade sustentável em linha com a imagem, a reputação e o contributo social ambicionados.

O princípio da rentabilidade passa essencialmente pelo compromisso de remunerar adequadamente os riscos assumidos, enquanto o princípio da solvabilidade requer a manutenção de um nível de capital adequado para fazer frente a perdas não esperadas e traduzir uma imagem permanente de solidez do banco. Por fim, o princípio da liquidez assume-se como o compromisso de conservar uma estrutura de financiamento estável e um nível de liquidez suficiente para assegurar a sobrevivência em situações adversas.

FIGURA IV-10: Pilares do negócio bancário

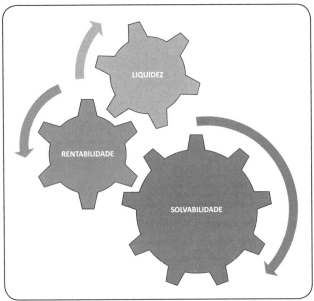

A seguir exploramos os dois primeiros pilares, já que o princípio da liquidez foi especificado atrás, aquando da análise do risco de liquidez.

4.3.1. SOLVABILIDADE E RÁCIO DE ADEQUAÇÃO DE FUNDOS PRÓPRIOS

A sustentabilidade da atividade bancária passa pelo desenvolvimento das operações que está legalmente autorizada a praticar, mantendo uma estrutura de capitais sólida, capaz de responder ao crescimento da atividade e que se mostre adequada ao seu perfil de risco. A proteção dos depositantes, dos acionistas e dos credores só é garantida caso a solvabilidade do banco nunca esteja em causa.

Para a perseguição deste objetivo de gestão os bancos estão hoje, e cada vez mais, obrigados a cumprir com as exigências regulamentares estabelecidas pelas autoridades de supervisão, nomeadamente pelo Banco Central Europeu, pelo Banco de Portugal e pelo Conselho Nacional de Supervisores Financeiros.

Este maior (correto) fervor começou após a falência do banco alemão Herstatt, em 1974. O Comité de Supervisão Bancária de Basileia deu início a um intensíssimo debate para desenvolver um padrão mínimo de capital regulatório para os bancos e que conduziria ao *Cooke ratio*, acordado em 1988 após catorze anos de discussão. Seguir-se-iam ajustamentos vários – o *Market Risk Amendment* de 1996, do Acordo de Basileia II, em 2004, o Acordo de Basileia 2.5, de 2009, e o mais recente Acordo de Basileia III, em 2011 –, o que atesta a dificuldade em determinar um valor de adequação de capital. Mas o problema não se extingue na fixação do limite mínimo de capital que um banco deve atender; exige a própria definição dos componentes da base de capital, que também tem merecido dos reguladores sucessivos refinamentos.

Todavia, independentemente da *praxis* estipulada, é indiscutível que a solvabilidade dos bancos está diretamente dependente da afetação de capital (ou fundos próprios) às operações de crédito concedido, para dessa forma fazerem face à necessidade de cobertura do risco não esperado de crédito, isto é, do risco associado à contraparte.

Ou seja, os bancos têm a obrigatoriedade de manter determinados valores de capital, requisitos para que a instituição tenha capital suficiente para suster perdas operacionais e ainda honrar os capitais dos depositantes, capital que representa uma margem de segurança para fazer frente a prejuízos inesperados.

Os requisitos mínimos de solvabilidade são portanto uma medida para acomodar o risco não esperado, uma vez que quanto aos riscos esperados de crédito a cobertura é feita mediante a constituição adequada de provisões de crédito.

4.3.1.1. ACORDO DE BASILEIA I

Como se referiu, o Comité de Basileia criou o rácio de adequação de fundos próprios (CRAR – *capital to risk weighted assets ratio* ou ainda *Cooke ratio*) para proteger os depositantes e promover a estabilidade e a eficiência do sistema bancário. Este rácio constitui-se como um padrão internacional para medir o risco de insolvência dos bancos decorrente de perdas que incorram.

Para se obter este rácio de adequação, ou de requisitos mínimos de capital, é necessário ponderar os fundos próprios pelo risco ponderado dos ativos no balanço e extrapatrimoniais do banco:

$$\boxed{\text{CRAR}} = \frac{\text{FUNDOS PRÓPRIOS}}{\text{ACTIVOS PONDERADOS PELO RISCO}} > 8\%$$

Mas o caráter revolucionário deste rácio de solvabilidade tem na definição de fundos próprios o seu elemento-chave, uma vez que não se cinge ao conceito de capitais próprios que habitualmente se calcula para empresas não financeiras.

4.3.1.1.1. FUNDOS PRÓPRIOS: TIER I E TIER II

Os conceitos *Tier* foram criados pelo Comité de Basileia para categorizar os elementos de capital próprio das entidades financeiras de acordo com a qualidade e a capacidade de absorção de perdas, sendo atualmente utilizados por todas as entidades reguladoras do sistema financeiro. As primeiras definições foram avançadas, em 1988, pelo Acordo de Basileia I, que desagregou a composição dos fundos próprios dos bancos em duas partes distintas:

- Core capital ou Tier 1 capital (capital principal), constituído por capital social, reservas, lucros acumulados e resultados líquidos do exercício, deduzido dos valores das ações próprias, do capital ainda não consolidado, dos prejuízos acumulados, das despesas pré-operacionais e das imobilizações incorpóreas; e
- Supplementary capital ou Tier 2 capital (capital suplementar), constituído por reservas de reavaliação, provisões gerais para o risco de crédito e instrumentos de capital de natureza híbrida (sobretudo ações preferenciais perpétuas e dívida subordinada).

4.3.1.1.2. PONDERADORES DE RISCO DE CRÉDITO

Por sua vez, o cálculo dos ativos ponderados pelo risco recorria aos ponderadores de risco de crédito, que correspondiam a cinco coeficientes que se aplicavam a diferentes naturezas de ativos em conformidade com os distintos níveis de risco potencial de incumprimento. Os ponderadores de crédito considerados pelo Acordo de Basileia I eram os seguintes:

- Ponderação de 0 por cento aplicada a todos os créditos considerados imediatamente líquidos ou com garantias reais (dinheiro ou outros meios equivalentes e ativos sobre administrações centrais e bancos centrais) que colateralizem a 100 por cento;

- Ponderação de 20 por cento para os empréstimos concedidos ao setor público ou ao setor de crédito da zona OCDE;
- Ponderação de 50 por cento para os créditos garantidos por hipotecas sobre imóveis destinados à habitação e contratos de *leasing* imobiliário;
- Ponderação de 100 por cento para os ativos detidos sobre o setor privado, países não pertencentes à OCDE e empresas comerciais pertencentes ao setor público.

Desta fórmula de cálculo da ponderação dos ativos resulta uma das principais limitações do Acordo de Basileia I na definição do CRAR, uma vez que apenas tomava em consideração o risco de crédito na ponderação do valor dos ativos para efeito do requisito mínimo de capital. Deste modo, à luz do Acordo de Basileia I, o CRAC dispunha-se da seguinte forma:

Apesar da estreiteza conceptual que hoje identificamos, o rácio de Cooke introduzido pelo Acordo de Basileia I foi fundamental para aumentar o grau de credibilidade do sistema bancário num tempo de rápido processo de globalização. Acresce dizer que o rigor do rácio não se quedava pela fixação da meta dos 8 por cento, pois ao mesmo tempo obrigava a que nesses 8 por cento o *Tier 1* capital respondendo no mínimo por 4 por cento, o que implicava que o capital suplementar era no máximo igual ao capital principal.

4.3.1.2. ACORDO DE BASILEIA II

No início do século XXI, confrontado com o grau de complexidade que as inovações iam introduzindo nos mercados financeiros, estabelecendo redes de correlação entre fatores não totalmente entendidos e, concomitantemente, aumentando a volatilidade dos mercados, o Acordo de Basileia I começou a ressentir-se das suas limitações. Acresce a instabilidade gerada pelo impacto da falência fraudulenta de grandes multinacionais, com

O Acordo de Basileia II procedeu ao ajustamento dos requisitos de capital dos bancos aos riscos a que estão expostos, acabando por melhorar as práticas de mitigação e gestão de risco. Em resposta imediata ao Acordo de Basileia I foi introduzida no cálculo do rácio de Cooke a consideração do risco de mercado, complementando o risco de crédito.

4.3.1.2.1. PONDERADORES DE RISCO DE MERCADO

Para acomodar no rácio de solvabilidade a perda potencial decorrida de oscilações dos preços de mercado do ativo objeto do financiamento bancário ou mesmo de fatores exógenos que influenciam os preços de mercado (por exemplo variação cambial, taxa de juros, preços de ações ou mercadorias), o Acordo de Basilcia II passou a considerar duas metodologias para o cálculo dos requisitos de fundos próprios:

- O modelo-padrão utiliza ponderadores de risco às exposições em aberto da carteira de negociação, considerando várias tipologias de risco: o risco de posição, decomposto em risco específico, que corresponde ao risco de variação do preço dos instrumentos provenientes de fatores associados aos seus emitentes, e o risco geral, associado ao risco de variação de preço dos instrumentos provenientes das variações das taxas de juro, mas também os riscos da contraparte, de liquidação, de mercadorias e cambiais.
- O modelo avançado adota modelos internos de cálculo do risco de mercado, nomeadamente o VaR.

Com a introdução destes ponderadores, o Acordo de Basileia II fez pela primeira vez a clivagem entre o risco associado a transações a curto e longo prazo, distinguindo duas tipologias de portefólios de investimento. Por um lado, os bancos têm o *banking book*, em que se encontram ativos e passivos relativamente ilíquidos e que têm uma maturidade mais longa; por outro lado, possuem um *trading book*, que contém ativos que podem ser negociados a qualquer momento num mercado financeiro organizado. Indiscutivelmente, o *banking book* envolve um risco intrínseco muito maior do que o *trading book*.

Outro conceito introduzido por Basileia II e associado ao risco de mercado foi o de *market risk charge*, que considera não só o risco de mercado geral (ver definição no modelo-padrão) mas também o risco sistémico, entendido como o que se incorre caso ocorra um colapso no sistema financeiro ou um colapso de uma parte importante deste e que tenha implicações negativas de grande impacto na economia do país. Este risco pode ser originado por questões sociais, políticas, económicas e questões externas ao próprio país, e tem efeito dominó, uma vez que quando uma instituição financeira declara falência pode desencadear uma reação em cadeia de falências de outras instituições financeiras.

O valor que o *market risk charge* pode tomar é o máximo entre o VaR do último dia de negócio e a média dos VaR dos últimos 60 dias multiplicada por um fator fixado pelos reguladores, que tem 3 como valor mínimo.

4.3.1.2.2. PONDERADORES DE RISCO DE CRÉDITO

Basileia II também procedeu à revisão da metodologia de cálculo dos requisitos mínimos de capital associados ao risco de crédito. A Capital Requirements Directive (CRD) prevê dois métodos para o cálculo do capital necessário para a sua cobertura: o método-padrão e o método das notações internas (IRB).

Resumidamente, o primeiro baseia-se nas notações divulgadas por agências de *rating* externas reconhecidas para o efeito. De um modo geral, este método consiste na ponderação dos riscos em função do tipo de mutuário e do tipo de posição em risco. O segundo método, de que existem duas vertentes, permite a utilização de metodologias internas, com base em estimativas próprias da PD, no caso da vertente IRB Foundation, e ainda de estimativas próprias da LGD e da EAD, no caso da vertente IRB *advanced*.

FIGURA IV-12: Modelos de cálculo de risco de crédito introduzidos por Basileia II

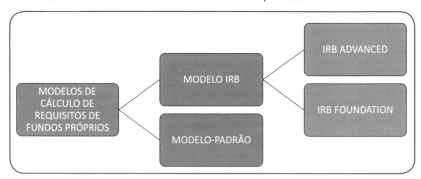

O modelo-padrão continua a ser o método mais utilizado. Pormenorizando um pouco mais, para o cálculo dos montantes das posições ponderadas pelo risco, relativos às classes de risco estabelecidas no Decreto-Lei n.º 104/2007, devem ser aplicados coeficientes de ponderação ao valor das posições cm risco correspondentes à seguinte percentagem do seu valor: 100 por cento para os elementos de risco elevado, 50 por cento para os de risco médio, 20 por cento para os de risco médio/baixo e 0 por cento para os de risco baixo.

A definição dos ponderadores recorre a *ratings* externos, determinados por agências de notação de risco. O quadro da figura IV-13 resume a grelha que estabelece a relação entre as notações de risco e os respetivos ponderadores.

Em resultado da aceitação de mitigantes de risco, o cálculo dos requisitos de fundos próprios pelo modelo-padrão permite a redução do risco de crédito através da substituição do ponderador de risco do mutuário pelo ponderador de risco da entidade relacionada com o colateral ou garantia dada (método simples do modelo-padrão). Caso esta ponderação seja ajustada pela aplicação de *haircuts* aos ativos dados em garantia, o modelo sofre um *upgrade*, denominado método integral do modelo-padrão.

FATORES INDUTORES E CONDICIONANTES DO CRÉDITO

FIGURA IV-13: **Ponderadores de risco de crédito (modelo-padrão)**

Grau da qualidade de crédito	1	2	3	4	5	6
Posições em risco sobre ...						
Administrações centrais ou bancos centrais (a)	0%	20%	50%	100%	100%	150%
Administrações regionais ou locais	0%	20%	50%	100%	100%	150%
Organismos administrativos e instituições sem fins lucrativos	100%	100%	100%	100%	100%	100%
Bancos multilaterais de desenvolvimento (b)	0%					
Organizações internacionais (c)	0%					
Instituições financeiras (d)	20%	50%	100%	100%	100%	150%
Empresas	20%	50%	100%	100%	150%	150%
Carteira de retalho (e)	75%					
Garantia de bens imóveis/*leasing* imobiliário de caráter comercial (f)	100%					
Garantia de bens imóveis/*leasing* imobiliário para habitação própria (g)	35%					
Elementos vencidos (h)	150%					

(a) Com exceção do BCE, cujo ponderador é sempre de 0 por cento.

(b) Banco Internacional de Reconstrução e Desenvolvimento; Sociedade Financeira Internacional; Banco Interamericano de Desenvolvimento; Banco Asiático de Desenvolvimento; Banco Africano de Desenvolvimento; Banco de Desenvolvimento do Conselho da Europa; Banco Nórdico de Investimento; Banco de Desenvolvimento das Caraíbas; Banco Europeu de Reconstrução e Desenvolvimento; Banco Europeu de Investimento; Fundo Europeu de Investimento; Agência Multilateral de Garantia dos Investimentos.

(c) EU; BEI; FMI.

(d) As posições em risco sobre instituições com prazo de vencimento inicial não superior a três meses devem ser objeto de uma ponderação de 20 por cento.

(e) Para efeitos de inclusão na carteira de retalho, as posições em risco devem preencher as seguintes condições: i) Incidir sobre pessoal singular ou sobre uma PME; ii) Ser uma de um número significativo de posições em risco com características semelhantes, de tal forma que o risco associado a essa posição se encontre significativamente reduzido; iii) O montante total devido à instituição de crédito e às suas empresas-mãe e filiais, incluindo créditos vencidos, pelo cliente ou grupo de clientes ligados entre si, excluindo posições garantidas por imóveis de habitação, não exceder um milhão de euros.

O FINANCIAMENTO BANCÁRIO DE PME

(f) Deve ser aplicado um ponderador de 50 por cento às operações que tenham por objeto bens imóveis polivalentes destinados a escritórios ou comércio e situados em Portugal ou no território de outros estados-membros da UE que permitam o mesmo coeficiente de ponderação, desde que a posição em risco seja integralmente garantida pela propriedade do bem imóvel. O ponderador de risco de 50 por cento apenas pode ser aplicado à parte do empréstimo que não excede 50 por cento do valor de mercado do bem imóvel, sendo o montante remanescente ponderado a 100 por cento.

(g) Até ao montante de 75 por cento do valor de mercado dos bens imóveis, devendo o montante remanescente ser ponderado de acordo com a respetiva contraparte, e tendo de cumprir os seguintes critérios: i) o valor do bem imóvel não depende significativamente da qualidade de crédito do mutuário; ii) o reembolso do empréstimo não depende significativamente dos fluxos de rendimento gerados pelo bem imóvel ou pelo projeto associado, mas antes da capacidade do mutuário de reembolsar a dívida a partir de outras fontes.

(h) Crédito vencido há mais de 90 dias e cujo valor se situe acima de um limite de 50 euros.

Apesar de se tratar de um modelo mais complexo que o modelo-padrão, o modelo IRB é uma metodologia de cálculo dos requisitos de capital mais sensível ao perfil e às idiossincrasias do banco, por se tratar de um modelo desenvolvido internamente.

O grau de complexidade (e de qualidade) do modelo IRB aumenta se todos os fatores de risco (PD, LGD, EAD e maturidades dos créditos) forem estimados internamente (IRB *Advanced* – Avançado), podendo no entanto o banco optar pelo IRB *Foundation* – Básico, em que apenas a PD é calculada internamente e os restantes fatores são estabelecidos pela autoridade de supervisão.

Após a determinação dos fatores de risco (PD, LGD, EAD e M – maturidade efetiva dos empréstimos), por qualquer dos dois métodos, os requisitos de fundos próprios são determinados pela seguinte fórmula matemática, de capital de Vasicek:

$$K = \left\{ LGD \times N\left[\left(\frac{1}{1-R}\right)^{0.5} NI(PD) + \left(\frac{R}{1-R}\right)^{0.5} NI(0.999)\right] - LGD \times PD \right\} \left\{ \frac{1 + (M - 2.5) \times b(PD)}{1 - 1.5b(PD)} \right\} \times 1.06$$

Decorre, sem surpresa, desta fórmula que os requisitos de capital estão positivamente relacionados com PD, LGD, M e com a correlação R.

4.3.1.2.3. FUNDOS PRÓPRIOS: TIER 3 CAPITAL

Em resultado da introdução do risco de mercado no cálculo do CRAR, Basileia II incluiu um novo conceito de fundos próprios intimamente ligado àquela tipologia de risco, uma vez que se trata de fundos que só podem ser utilizados para cobrir esse risco de mercado.

O conceito em causa é o *Tier 3 capital*, que inclui uma maior variedade de dívida que o *Tier 1* e o *Tier 2*, nomeadamente dívida subordinada a curto prazo.

A composição entre as três tipologias de fundos próprios também passou a ter mais regras:

- O capital que compõe o *Tier 2 capital* pode ser substituído pelo *Tier 3 capital* até 250 por cento, no entanto o *Tier 2 capital* não pode ultrapassar o *Tier 1 capital* e a dívida a longo prazo não pode ultrapassar 50 por cento do *Tier 1 capital;*
- O limite máximo de capital que constitui o *Tier 1 capital* do banco é de 250 por cento;
- Nenhum juro nem capital pode ser pago se o banco, depois desse pagamento, ficar abaixo dos requisitos mínimos de capital, mesmo que este juro ou capital já tenha atingido a sua maturidade;
- A soma do *Tier 2 capital* com o *Tier 3 capital* terá de ser sempre maior que o *core capital* e este deve ser no mínimo 50 por cento do total da base de capital.

Ainda no âmbito do Acordo de Basileia II, o *Tier 2 capital* foi dividido em duas camadas – *upper Tier 2 capital* e *lower Tier 2 capital;* em que o *upper Tier 2 capital* acrescia ao conceito de capital as ações preferenciais e outros instrumentos sem prazo com uma característica cumulativa e o *lower Tier 2 capital* agregava os instrumentos de capital subordinados e com prazo. Todavia, sob o novo quadro regulador de Basileia III, o conceito de *Tier 2 capital* foi simplificado, deixando de existir subcategorias, ou seja, a distinção entre *upper Tier 2* e *lower Tier 2* foi eliminada.

Assim, são elementos constitutivos do *Tier 2 capital* os instrumentos emitidos pelos bancos elegíveis como *Tier 2 capital* e que não se qualifiquem como *Tier 1 capital*, prémios de emissão, interesses minoritários que cumpram os requisitos *Tier 2 capital* e algumas provisões para perdas.

Como corolário de todas as alterações introduzidas pelo Acordo de Basileia II, o rácio de solvabilidade passou a ser calculado com mais informação e mais qualificada:

$$\boxed{\begin{array}{c}\text{CRAR}\\ \text{BASILEIA II}\end{array}} = \frac{\text{TIER 1 + TIER 2 + TIER 3}}{\text{ACTIVOS PONDERADOS PELO RISCO DE CRÉDITO + RISCO DE MERCADO}} > 8\%$$

4.3.1.3. ACORDO DE BASILEIA III

Na sequência da crise financeira estrutural de 2008, o Comité de Basileia teve de atuar com celeridade sobre os requisitos mínimos de capital dos bancos, por forma a reforçar a sua solvabilidade numa base de fundos próprios de elevada qualidade, o que deu origem ao Acordo de Basileia III.

De uma forma sintética, este novo acordo veio aumentar as exigências de capital nos bancos, com o objetivo claro de melhorar a sua qualidade sob pressão e alargar a capacidade dos mesmos para absorverem perdas e resistirem aos momentos com alguma escassez de liquidez. Além disso veio exigir a introdução de novos requisitos regulamentares sobre liquidez bancária e alavancagem.

FIGURA IV-14: Basileia III e solvabilidade

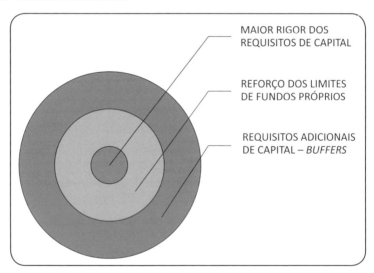

4.3.1.3.1. FUNDOS PRÓPRIOS: COMMON EQUITY TIER 1 CAPITAL ADDITIONAL TIER 1 CAPITAL

A crise financeira marcou a vida dos bancos com o registo de pesados prejuízos, devido nomeadamente à imparidade dos ativos tóxicos, o que levou a um desgaste da sua base de capital e consequentemente à descapitalização de alguns bancos. Por este motivo, o novo Acordo de Basileia III sentiu a necessidade de reforçar a qualidade e o montante do seu capital, por forma a dotar os bancos de uma maior capacidade de absorver as suas perdas.

Nesse sentido, Basileia III veio acrescentar refinamentos aos dois conceitos/padrões de capital definidos atrás (*Tier 1 capital* e *Tier 2 capital*).

O conceito de *Tier 1 capital* passou e desagrega-se agora em *common equity Tier 1* (CET1) e *additional going-concern capital Tier 1*.

O CET1 constitui-se como o capital de melhor qualidade da instituição, em termos de permanência e capacidade de absorção de prejuízos, incluindo a soma do capital social do banco excluídos os mecanismos de dividendos e lucros retidos. O segundo conceito de definição do *Tier 1 capital* é o *additional going-concern capital*, constituído essencialmente por instrumentos híbridos de capital e dívida. Por sua vez, o *Tier 2 capital* passou a ser constituído por dívidas subordinadas, desde que não ultrapassem 50 por cento do valor do *Tier 1 capital*.

Sob Basileia III, o conceito de *Tier 3 capital* foi abolido, uma vez que se passou a entender que o capital utilizado para atender aos requisitos de risco de mercado terá de ser da mesma qualidade que o capital utilizado para atender às necessidades de crédito, risco de mercado e operacional; por conseguinte, apenas o CET1, o *additional going-concern capital* e o *Tier 2 capital* passaram a ser tidos em conta.

Desta forma, o conjunto de fundos próprios *core* compreende o capital de melhor qualidade da instituição em termos de permanência e capacidade de absorção de prejuízos, ou seja, o novo *Tier 1 capital*, deduzido de eventuais prejuízos e de certos elementos sem valor de realização autónomo, numa perspetiva de continuidade da atividade de uma instituição.

Na prática, o *Tier 1 capital* passou a corresponder ao capital regulamentar com capacidade de absorção de prejuízos numa perspetiva de continuidade da atividade de uma instituição, enquanto o *Tier 2 capital* passou a representar o capital regulamentar disponível para absorver prejuízos numa perspetiva de liquidação de uma instituição.

4.3.1.3.2. PONDERADORES DE RISCO OPERACIONAL

Neste capítulo, o Acordo de Basileia III aportou duas importantes alterações, conferindo um maior rigor ao apuramento do ativo ponderado pelos riscos e aos requisitos de capital sobre o risco de contraparte, e ao passar a considerar no CRAR também o risco operacional.

Quanto à primeira parte da questão, nota para a introdução de ponderações mais elevadas para a exposição do risco de contraparte, com medidas que aumentam os requisitos de capital para operações de *trading book* e securitizadas, identificando instrumentos fora do balanço. Estas medidas são alteradas com o objetivo de incluir novos pesos, neste caso mais elevados, para a exposição ao risco de crédito.

No que concerne ao risco operacional, também ele passou a ser ponderado em conjunto com o risco de crédito e de mercado, podendo ser utilizados quatro modelos distintos, mas alternativos:

- Método do Indicador Básico (BIA – *Basic Indicator Approach*);
- Modelo-padrão;
- Modelo avançado (ASA – *Alternative Standardized Approach*);
- Modelo de medição avançada.

O modelo-básico (KBIA) aplica um valor fixo de 15 por cento sobre a média das receitas brutas da exploração dos últimos três anos para obter os requisitos de capital. É plasmado na seguinte equação:

$$K_{BIA} = \frac{\sum_{i=1}^{N} IR_i}{N} \times 15\%$$, onde IR é a receita bruta da exploração anual relevante dos três últimos anos, se positivo, e N o número de anos, dos últimos três, em que o indicador é positivo. Por sua vez, a receita bruta resulta da soma das receitas líquidas financeiras (com juros) e não financeiras, onde não são considerados lucros ou prejuízos dos títulos do *banking book*, despesas de provisão, receitas ou despesas extraordinárias e que não sejam recorrentes e, por fim, despesas operacionais associadas.

O método-padrão (TSA) não é tão unidimensional, uma vez que os requisitos de fundos próprios para cobertura de risco operacional (KTSA) consistem na soma média dos últimos três anos dos indicadores relevantes ponderados pelo risco, calculados em cada ano, relativamente aos segmentos de atividade.

Deste modo, o capital necessário para cobrir o risco operacional será calculado através da soma dos indicadores básicos de cada segmento. Assim, o capital a alocar é calculado através da média dos últimos três anos da soma dos indicadores relevantes ponderados pelos fatores de risco, calculados em cada ano, relativos a cada um dos segmentos da atividade,

$$K_{TSA} = \frac{\sum_{i=1}^{N} \max\left[\sum_{j=1}^{8}(IR_j \times \beta_j), 0\right]}{N}$$

, onde IR é indicador relevante, num dado ano, para cada um dos oito segmentos de atividade, βj é o fator de risco (percentagem fixa) para cada um dos segmentos e N o número de anos, dos últimos três, em que o requisito de fundos próprios anual relativo aos oito segmentos é positivo.

O modelo ASA é muito semelhante ao modelo-padrão, introduzindo esta metodologia um tratamento diferente para a banca comercial e para a banca de retalho, e nestes segmentos é utilizado um indicador de volume *(loans and advances)*, e não o indicador relevante, como era feito nas duas abordagens anteriores. Finalmente, no modelo de medição avançada o cálculo é feito através do sistema de medição interno dos riscos operacionais desde que estes sejam abrangentes, sistemáticos e tenham sido aprovados pela entidade reguladora.

4.3.1.3.3. RÁCIO CORE TIER 1 E LIMITES MÍNIMOS DE FUNDOS PRÓPRIOS

Decorrente de todas as alterações introduzidas pelo Acordo de Basileia III, e ainda que existam outros rácios de capital, o indicador mais relevante que acaba por se destacar é o rácio de capital *core Tier 1* – atendendo a que é o mais exigente – que se traduz no rácio entre os capitais próprios *core* do banco (capitais próprios, reservas, ações preferenciais não resgatáveis, etc.) e os ativos ponderados por risco de crédito, risco de mercado e risco operacional.

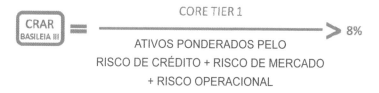

Basileia III também trouxe alterações ao limite mínimo de fundos próprios, ao desagregá-lo em parcelas por tipologia de capitais. Ou seja, com a entrada em vigor do Regulamento (UE) n.º 575/2013 do Parlamento Europeu e do Conselho (ou CRR – *Capital Requirements Regulation*), em 1 de janeiro de 2014, foi mantido o mínimo regulamentar de 8 por cento vigente até essa data para o rácio de fundos próprios total. Contudo, foi estabelecido adicionalmente um mínimo regulamentar de 4,5 por cento para o rácio CET1 e um mínimo regulamentar de 6 por cento para o *core Tier 1 capital*.

É este o quadro geral imposto pelo Acordo de Basileia III, mas existem situações particulares quanto à limitação mínima de fundos próprios, como é o caso português. A primeira intervenção específica do Banco de Portugal fez-se sentir no Aviso 1/2011, obrigando ao reforço dos níveis do rácio *Core tier 1* para um valor não inferior a 8 por cento até ao final de 2011, refletindo o quadro sistémico adverso e antecipando a convergência imperativa para os novos padrões internacionais de Basileia III. No mês seguinte foi publicado o Aviso 3/2011, que revogou o Aviso 1/2011, estabelecendo um cronograma de reforço dos fundos próprios, ficando os bancos sujeitos ao reforço dos seus rácios *Core tier 1* para um valor não inferior a 9 por cento até ao final de 2011 e 10 por cento até final de 2012. Claro que o plano de assistência financeira a Portugal funcionou como dínamo deste reforço da exigibilidade de fundos próprios.

Deste modo, no cumprimento dessas novas exigências em termos de capital e decorrentes do Exercício Europeu de Reforço de Capitais (*stress tests*) realizado pela EBA, em outubro de 2011, os bancos ficaram obrigados, até junho de 2012, ao cumprimento de um rácio *Core tier 1* mínimo de 9 por cento e à constituição de um *buffer* temporário de capital *core* adicional para fazer frente à exposição a dívida soberana.

Também a implementação do CRR em geral foi acompanhada pela entrada em vigor do Aviso n.º 6/2013 do BdP, que estabeleceu especificamente que os bancos nacionais deveriam manter, em permanência, um rácio CET1 mínimo de 7 por cento e simultaneamente abster-se de realizar operações que resultassem numa redução significativa do valor nominal de uma ou mais componentes dos seus fundos próprios até mostrarem estar a dar cumprimento integral às disposições previstas no CRR e na CRD IV, isto é, tal como as mesmas se aplicarão depois de terminadas as disposições transitórias.

Com a entrada em vigor do Decreto-Lei n.º 157/2014, que transpôs a CRD IV para a ordem jurídica nacional, em 23 de novembro de 2014, a

FATORES INDUTORES E CONDICIONANTES DO CRÉDITO

disposição que impunha um rácio CET1 mínimo de 7 por cento foi tacitamente revogada, mas manteve-se a regra de preservação de fundos próprios que restringe a realização de operações que levem a uma redução significativa do valor nominal dos fundos próprios.

4.3.1.3.4. CRIAÇÃO DE RESERVAS DE CAPITAL

Além das alterações introduzidas no cálculo do *Cooke ratio*, Basileia III definiu a criação de reservas de capital *(buffers)* com duas naturezas: o *conservation buffer* (*buffer* de conservação de capital) e o *countercyclical capital buffer* (reserva de capital contracíclico).

O primeiro *buffer* deve ser constituído por fundos próprios CET1 e funciona como um colchão de segurança, a ser mantido para além dos requisitos mínimos de capital de Basileia III. Este *buffer* de capital não faz parte da exigência de capital mínimo; deve sim estar disponível para absorver as perdas em períodos de maiores dificuldades financeiras.

Note-se no entanto que, quando os bancos forem autorizados a recorrer ao *conservation buffer capital* durante períodos de *stress*, podem ser impostas certas restrições sobre decisões discricionárias, como seja o pagamento de dividendos e de bónus aos colaboradores.

O *conservation buffer capital* deverá ser de 2,5 por cento em 2019, o que elevará o requisito mínimo de *Core Tier 1* para 7 por cento também nesse ano e o capital total mínimo passará de 8 por cento para 10,5 por cento.

Por sua vez, o *countercyclical capital buffer* tem como objetivo amortecer a ciclicidade excessiva, promover um provisionamento prospetivo e conservar capital quando o banco está em crescimento para poder ser usado se for necessário em períodos de *stress*, reduzindo os efeitos dos riscos excessivos corridos pelas instituições bancárias.

Esta margem de segurança também estabelece uma relação direta entre o volume de crédito concedido e o PIB de cada país. Para o efeito, o Comité de Basileia propôs o uso de uma probabilidade de incumprimento em recessão, bastante semelhante ao LGD, para o cálculo dos requisitos de capital derivado do risco de crédito.

Este *buffer* é constituído maioritariamente por CET1 e deverá ser constituído por uma percentagem adicional que varia entre zero e 2,5 por cento do risco ponderado em termos do capital principal.

Deste modo, considerando-se todos os limites impostos previstos, o capital regulamentar pode saltar para um intervalo entre os 10,5 e os 13 por cento do ativo ponderado pelos riscos.

FIGURA IV-14: Limites mínimos de capital impostos por Basileia III

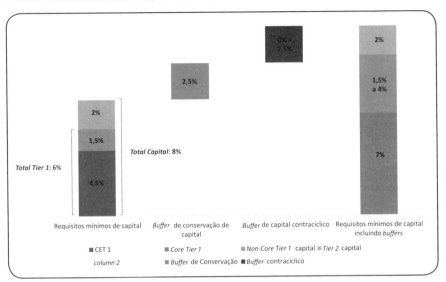

Todo este novo quadro regulatório entrou em vigor no dia 1 de janeiro de 2014 e prevê um conjunto de disposições transitórias que permitem a aplicação faseada dos novos requisitos, sendo concedida às autoridades competentes dos estados-membros a possibilidade de manter ou acelerar a implementação de alguns desses requisitos. Foi neste contexto que o BdP emitiu o já referido Aviso n.º 6/2013, que regulamenta o regime transitório previsto no Regulamento (UE) n.º 575/2013, tendo estabelecido que a implementação transitória dos impactos dos elementos que compõem os fundos próprios decorrerá até 2017, com exceção do impacto dos ativos por impostos diferidos que dependam da rentabilidade futura, cujo calendário se prolonga até 2023.

FATORES INDUTORES E CONDICIONANTES DO CRÉDITO

FIGURA IV-15: **Fases de transição de Basileia III**

Fonte: Comité de Basileia

4.3.2. RENTABILIDADE

Tendo em consideração que as características do negócio bancário se baseiam na confiança dos clientes nas instituições e que no essencial a capacidade de financiamento provém de recursos alheios, pode afirmar-se de modo um tanto simplista que a rentabilidade só será possível se a taxa de juro das operações ativas (financiamentos) superar a taxa de juro das operações passivas (depósitos).

De forma mais completa, mas ainda caminhando sob um conceito de rentabilidade muito linear, pode afirmar-se também que os bancos, objetivados na obtenção de rentabilidade no seu negócio, se estruturam para fazer os investimentos adequados em ativos rentáveis suficientes para cobrir os custos de capital e para gerar um remanescente conveniente a remunerar os capitais próprios dos acionistas.

Dentro deste espaço conceptual de rentabilidade, esta resulta da diferença entre dois conceitos fundamentais: o produto bancário e os custos de estrutura.

4.3.2.1. PRODUTO BANCÁRIO: MARGEM FINANCEIRA E SERVIÇOS

A variável preço é a que melhor expressa a necessidade de a remuneração média do ativo (sobretudo empréstimos) superar o custo médio do passivo (nomeadamente depósitos). Dir-se-á sem qualquer espécie de dúvida que esta é a regra primeira a ser observada para a rentabilização do negócio bancário.

As análises das várias componentes dos resultados correntes dos bancos são a melhor forma de evidenciar a natureza dos proveitos e custos na banca. Na primeira linha encontra-se a margem financeira estrita, que resulta da diferença entre os juros recebidos – crédito a clientes (mesmo que vencido), títulos detidos para negociação e disponíveis para venda, derivados e aplicações em outras instituições financeiras – e os pagos (depósitos e outros recursos de clientes, débitos representados por títulos e derivados). A margem financeira acrescenta a este agregado *grosso modo* as comissões líquidas associadas ao custo amortizado (a parcela de comissões incluída no valor de balanço dos ativos e passivos registados ao custo amortizado).

À margem financeira juntam-se ainda do lado dos proveitos as comissões líquidas, essencialmente comissões por garantias dadas – emissão de garantias bancárias, financeiras ou não financeiras, para abertura de cartas de crédito, *stand-by letters of credit* –, que compõem as denominadas comissões de primeira margem, e comissões por outros serviços prestados e operações realizadas por conta de terceiros. Nestas últimas, as comissões de segunda margem, agregam-se os proveitos da atividade de um banco que não está intrinsecamente ligado ao ato de emprestar dinheiro (ou garantir compromissos) e captar fundos, numa paleta de serviços financeiros infindável (transferências para outra instituição de crédito, domiciliação de ações num *dossier* de títulos, processamento de pagamentos automáticos através de TPA/POS, serviços de consultoria de *corporate finance*, montagem de financiamentos, etc.).

FIGURA IV-16: Composição do produto bancário

Finalmente, do lado positivo da conta de exploração dos bancos, surgem os importantes resultados em operações financeiras: diferenças cambiais, mais-valias com a venda de ativos financeiros (instrumentos de dívida e capital) e em instrumentos derivados.

O conjunto da margem financeira, das comissões líquidas e dos resultados em operações financeiras denomina-se produto bancário.

Dos três agregados que compõem o produto do sistema bancário português, a margem financeira continua a ser o que tem um maior peso; contudo, se no passado representava mais de metade do total do produto, desde 2012 a principal componente do produto bancário passou a ser o resultado das atividades de serviços a clientes e de mercado, que inclui as duas outras componentes, que representavam 55,3 por cento daquele indicador.

Assim, desde 2012, a estrutura de resultados das instituições financeiras nacionais revela uma clara tendência de deslocação da atividade de intermediação associada à venda de produtos para atividades de prestação de serviços a clientes e de mercado.

FIGURA IV-17: Evolução do produto bancário

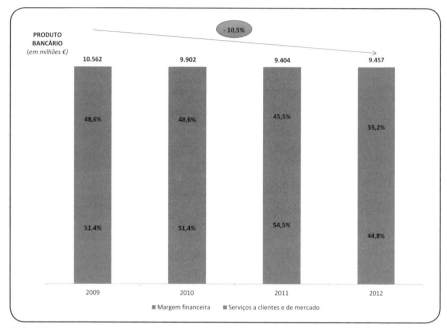

Fonte: APB.

O aumento nas comissões e nos resultados com operações financeiras está a permitir mitigar a quebra ocorrida na margem financeira; todavia, entre 2009 e 2012 o produto bancário registou uma redução de 10,5 por cento. As baixas taxas de juro da Euribor, utilizadas como referência na maioria das operações ativas, a redução do número de novas operações de crédito e o aumento da remuneração dos depósitos de clientes pressionaram negativamente a margem financeira, estreitando a diferença em volume entre juros recebidos e juros pagos.

4.3.2.2. CUSTOS DE ESTRUTURA E RÁCIOS DE EFICIÊNCIA

Para aferirmos a rentabilidade financeira do negócio bancário na leitura da conta de exploração, o produto bancário será deduzido dos custos de estrutura (custos com pessoal, FST e amortizações). Isto levanta a questão da otimização das variáveis de funcionamento e estrutura como fim para potenciar a rentabilidade.

FATORES INDUTORES E CONDICIONANTES DO CRÉDITO

O rácio *cost-to-income* ou de eficiência bancária, que resulta do quociente entre os custos de estrutura e o produto bancário, é a melhor medida para averiguar a capacidade de um banco de transformar os seus recursos em proveitos: quanto mais baixa for a relação entre aqueles dois agregados melhor, pelo que um aumento no rácio de eficiência indica um aumento dos custos ou proveitos decrescentes. O valor geralmente considerado como fronteira é de 50 por cento e significa que por cada euro gerado o banco tem um custo de produção de 0,5 euros.

Diferentes modelos de negócio geram diferentes rácios de eficiência de banco para banco, não sendo linear a leitura segundo a qual a deterioração do rácio corresponde a uma perda de rentabilidade. Por exemplo, um banco que dê uma maior ênfase ao serviço de apoio ao cliente pode deteriorar o seu *cost-to-income*, mas melhorar o seu lucro líquido com o aumento de clientes e a venda de produtos/serviços com maior valor acrescentado; por outro lado, os bancos que se concentram mais no controlo de custos terão, naturalmente, um rácio de eficiência melhor, mas isso pode traduzir-se em margens de lucro mais baixas.

> ## RÁCIOS DE EFICIÊNCIA
>
> - *Cost-to-income*:
> Custos de estrutura /produto bancário
> * Custos de estrutura = custos de funcionamento (custos com pessoal + FSE) + amortizações
>
> - **Crédito + depósitos/número de empregados**
>
> - **Ativo total líquido/número de empregados**
>
> - **Número de empregados/total de balcões**

Outro indicador de eficiência é o rácio crédito e depósitos por empregado, já que reflete a capacidade de captação de negócio por unidade do fator trabalho. Ao relacionar o volume de atividade, medido através do valor agregado do crédito e dos depósitos, com os recursos humanos envolvidos na sua produção, o rácio analisa a produtividade dos recursos humanos das instituições financeiras. O indicador ativo por empregado, que estabelece o quociente entre o valor agregado do ativo líquido e o número de empregados dos bancos, e a relação número de empregados por balcão são dois rácios muito semelhantes a este.

Para uma análise mais segmentada do peso/evolução das diferentes naturezas dos custos de estrutura, nomeadamente dos custos com pessoal, utiliza-se o rácio que pondera esses custos com o produto bancário. No sistema financeiro nacional o *range* deste rácio situa-se entre os 35 e os 45 por cento.

FIGURA IV-18: Evolução do rácio *cost-to-income*

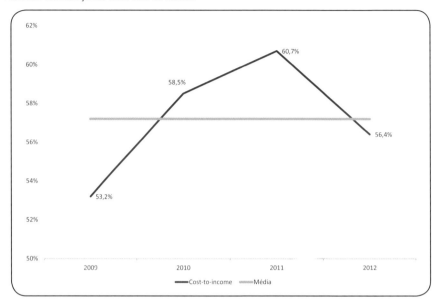

Fonte: APB.

Não obstante o contexto de marcada adversidade vivido nos últimos anos, as instituições financeiras nacionais conseguiram promover uma política mais criteriosa de afetação de recursos e melhorar os seus níveis de eficiência operacional. O ano de 2012 marcou um ponto de viragem no que respeita à tendência do indicador principal de eficiência das instituições financeiras, fruto sobretudo de uma forte contenção de custos.

Os custos de estrutura têm mantido desde então a tendência decrescente, que se centra particularmente na redução dos custos com pessoal. A contração do quadro de pessoal afeto à atividade doméstica surge sobretudo na sequência do encerramento de agências bancárias, no âmbito de uma política simultânea de racionalização da rede de balcões, também ela ditada pela necessidade de desalavancagem, redução de custos e aumento de eficiência.

Se os investimentos em tecnologia e sistemas de informação poderão ter permitido libertar alguma mão de obra de trabalhos administrativos, a redução de pessoal administrativo explica-se sobretudo pelos imperativos de *downsizing* de balanço e de aumento de eficiência.

FIGURA IV-19: Desagregação do peso dos custos de estrutura

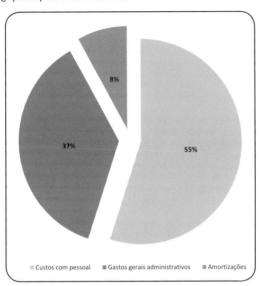

4.3.2.3. RENTABILIDADE AJUSTADA AO RISCO

Limitar-nos à análise do produto bancário e dos custos é amputar a determinação da efetiva rentabilidade do negócio de duas componentes fundamentais:
- O risco presente na concessão de crédito, ou seja, o prejuízo esperado e as provisões associadas a cada classe de risco;
- A afetação ótima de fundos próprios decorrentes do cálculo de requisitos de capitais próprios.

Deste modo, acrescentando na análise da rentabilidade este conceito de rentabilidade ajustada ao risco afastamo-nos do estrito conceito abordado atrás da rentabilidade financeira e fazemos um *upgrade* para o conceito de rentabilidade económica.

Deixa de ser simples perceber qual a operação de crédito mais rentável para a empresa, se uma com uma taxa de juro de 2 por cento se uma com uma taxa de juro de 4 por cento. A resposta passa a estar dependente do risco associado a cada operação de crédito.

FIGURA IV-20: **Rentabilidade económica**

4.3.2.3.1. QUALIDADE DA CARTEIRA DE CRÉDITO

A aferição do impacto do risco na rentabilidade do banco passa sobretudo pela qualidade da carteira de crédito, pois está diretamente relacionada com a qualidade dos ativos detidos em balanço e, em resultado disso, dos custos associados ao risco.

Este elemento de rentabilidade vem destacar sobretudo a necessária prudência e diversificação na concessão de crédito, nomeadamente através de um *mix* equilibrado entre crédito a particulares e a empresas, bem como através de uma política de concessão de crédito rigorosa na análise de risco.

Os indicadores mais utilizados para a medição do risco de crédito da carteira ou do tipo de política de crédito seguida pelo banco (prudente *versus* agressiva) são o rácio de crédito vencido (ou crédito em incumprimento), que representa a percentagem do crédito concedido e por regularizar, bem como o rácio de cobertura por imparidades, que avalia o grau de cobertura dos créditos vencidos por imparidades, aferindo se efetivamente o banco tem convenientemente provisionado o risco em carteira.

Outro critério agregador de risco de crédito é o conceito de NPE – *non performing exposures*. Os créditos que cumpram os critérios seguintes entram automaticamente no grupo de NPE:

- Operações de crédito com atrasos superiores a 90 dias;
- Créditos com imparidades específicas;
- Operações de crédito em empresas insolventes ou com PER;
- Operações reestruturadas por degradação de risco;
- Toda a exposição de uma empresa se 20 por cento dos seus créditos totais apresentarem um atraso superior a 90 dias – operações NPE por contágio de outras operações de crédito.

FATORES INDUTORES E CONDICIONANTES DO CRÉDITO

O agravamento da conjuntura económica nacional e internacional contribuiu para acentuar a deterioração da qualidade do crédito concedido pelos bancos. As empresas e a administração pública continuam a ser o segmento que apresenta o mais elevado índice no crédito vencido, representando na média dos últimos oito anos cerca de 70 por cento do crédito vencido total. Esta degradação do risco de crédito das empresas é particularmente relevante nos setores da construção civil e da promoção imobiliária e nas empresas de menor dimensão, o que não é de surpreender, já que estas empresas e estes setores têm sido dos mais gravemente atingidos pela conjuntura económica, e os que antes do início da crise financeira registaram taxas de aumento do endividamento mais elevadas.

No segmento dos particulares, e por tipologia, foi no crédito destinado ao consumo e outros fins que se registou o maior aumento, quer em montante quer em percentagem, atingindo o crédito vencido cerca de 2 mil milhões de euros no final de 2012.

RÁCIOS DE QUALIDADE DO CRÉDITO

- **Crédito em incumprimento/ crédito total**

Crédito em incumprimento = crédito vencido há mais de 90 dias + crédito de cobrança duvidosa reclassificado como vencido para efeitos de provisionamento.

- **Crédito em risco/crédito total**

Crédito em risco = crédito vencido há mais de 90 dias + valor total em dívida dos créditos reestruturados, tendo estado vencidos há mais de 90 dias + crédito vencido há menos de 90 dias, mas sobre o qual existam justificações da sua classificação como crédito em risco, designadamente a falência ou a liquidação do devedor.

- **Imparidades/crédito vencido (ou em risco ou total)**

Em face das previsões sobre a evolução macroeconómica, quer a nível europeu quer em Portugal, e face à expectativa de exigência continuada no que respeita ao controlo da qualidade do crédito, será de esperar que também por esta via o nível da rentabilidade das instituições financeiras nacionais se mantenha contraído e dessa forma haja um esforço acrescido por parte destas no sentido do reforço da sua solvabilidade e da melhoria das suas fontes de *funding*.

Contudo, a avaliação completa e correta do efetivo nível de risco de uma carteira de crédito exige que se considere o rácio de cobertura por imparidades do crédito em incumprimento e em risco. No sistema bancário nacional, apesar de os bancos não serem todos iguais, ou seja, de terem políticas muito díspares de cobertura dos níveis de risco de crédito, em termos médios o rácio de cobertura do crédito em incumprimento tem variado nestes anos de recessão entre os 80 e os 90 por cento; a situação é menos generosa no que concerne à cobertura do crédito em risco, em que o rácio se tem estabelecido entre os 50 e os 57 por cento.

FIGURA IV-21: Evolução dos rácios de qualidade do crédito

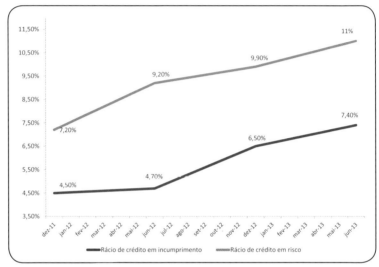

Fonte: APB.

4.3.2.3.2. RAROC – RISK ADJUSTED RETURN ON CAPITAL

A qualidade da carteira de crédito é uma excelente *proxy* para determinar o grau de risco que influi no cálculo da rentabilidade. Todavia, o modelo que mais objetivamente permite determinar essa rentabilidade ajustada pelo risco é o modelo *risk adjusted return non capital* (RAROC), já que consegue formular todas as variáveis que influem no cálculo da rentabilidade económica.

$$RAROC = \frac{\text{RENTABILIDADE FINANCEIRA - EL}}{\text{CAPITAL AJUSTADO PELO RISCO}}$$

Ou seja, o RAROC depende do produto bancário gerado, deduzido dos custos de estrutura e do prejuízo esperado/provisões, ponderado pelo

FATORES INDUTORES E CONDICIONANTES DO CRÉDITO

custo ajustado pelo risco, tal como se determinou atrás (RWA). O RAROC é assim uma métrica de gestão do risco e de avaliação do desempenho, através de uma abordagem ativa de alocação de capital, em que o RAROC procura influenciar os resultados das unidades de negócio encorajando os gestores a maximizarem a rentabilidade do capital minimizando o risco.

Efetivamente, a grande vantagem do modelo RAROC em particular e do cálculo da rentabilidade ajustada ao risco em geral é a possibilidade de alcançar uma verdadeira gestão integrada de rentabilidade e risco e dessa forma comparar a rentabilidade entre produtos, clientes e unidades de negócio, aferindo o que cria ou destrói valor para os acionistas, tendo em conta o risco que implica.

A partir do RAROC será possível responder com qualidade à questão apresentada anteriormente: qual a operação de crédito mais rentável para a empresa, uma com uma taxa de juro de 2 por cento ou outra com uma taxa de juro de 4 por cento, sendo o RAROC da primeira de 12 por cento e da segunda de 10 por cento? Sem qualquer dúvida, a primeira operação, apesar de ter uma taxa de juro inferior, é a mais rentável.

O RAROC pode ser calculado tendo por base *cash-flows* reais/passados (RAROC de medição), para aferir a rentabilidade alcançada, ou *cash-flows* estimados (RAROC de gestão), enquadrando-se na definição da estratégia do banco.

FIGURA IV-22: O modelo RAROC e as suas implicações

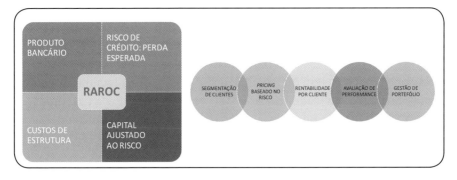

Apesar da qualidade de informação obtida através do RAROC, como métrica de cálculo da rentabilidade dos bancos e de acordo com a Instrução 23/2011 do Banco de Portugal, sempre que seja divulgado algum indicador de rentabilidade devem ser publicados os três indicadores seguintes:
- Produto bancário/ativo total líquido médio;

- RL antes de impostos (RAI) e interesses minoritário/ativo total líquido médio;
- RAI e interesses minoritário/capitais próprios médios.

4.3.2.4. FORMAÇÃO DO *PRICING*

A formação do preço das operações de crédito reflete esta estruturação mais completa do conceito de rentabilidade, considerando além do custo de matéria-prima o risco, os custos de estrutura e a margem de lucro.

FIGURA IV-23: Rentabilidade e formação do preço

4.4. OS CUSTOS DO RISCO DE CRÉDITO

Atrás ficou registado em que medida o risco de crédito afeta diretamente a rentabilidade da atividade bancária. Mas em que se traduz a determinação de probabilidades de perda esperada? Reflete-se na constituição de imparidades e provisões para a constituição de imparidades, que são os custos efetivos do risco de crédito.

4.4.1. IMPARIDADES

Considera-se existir imparidade quando se verifica a ocorrência de eventos de perda com impacto nos *cash inflows* esperados. Os bancos estão obrigados a constituir imparidades sobre os créditos concedidos perante a ocorrência dos seguintes eventos de perda:

- Incumprimento contratual, em que se destaca o crédito vencido há mais de 90 dias;
- Existência de provisão por imparidade resultante de uma análise individual sobre os clientes com exposições individualmente significativas;
- Insolvência declarada;
- Operações em contencioso.

Contudo, outros eventos existem que, apesar de não serem tão contundentes e definitivos como os precedentes, são indiciadores de perdas, pelo que também obrigam os bancos a constituir imparidades, numa percentagem dos créditos. São exemplos desses eventos os seguintes:

- Crédito vencido há mais de 30 dias, no banco que concedeu o crédito ou noutra instituição de crédito;
- Inibição de uso de cheques ou cheques devolvidos;
- Efeitos protestados/não cobrados;
- Créditos em clientes com uma notação de *rating* interno do quartil mais gravoso;
- Deterioração da notação de *rating* interno superior a 30 por cento da escala de notação de risco;
- Decréscimo material do valor da garantia real, superior a 20 por cento, quando tal resulte num *loan-to-value* superior a 80 por cento;
- Reestruturação de crédito por dificuldades financeiras (para operações em situação regular, mas que em meses anteriores tenham evidenciado quaisquer outros indícios de imparidade);
- Existência de dívidas à Autoridade Tributária ou à Segurança Social;
- Pedidos de insolvência ou PER.

A identificação, a análise e o tratamento de imparidades da carteira de crédito é feita em conformidade com duas abordagens:

- Análise coletiva de imparidade – para as exposições consideradas individualmente não significativas, determinam-se as provisões por imparidade por subsegmentos de risco, que englobam ativos com características de risco similares (segmento de crédito, tipo de colateral, histórico de comportamento de pagamento, entre outras);
- Análise individual de imparidade – nos clientes com exposições consideradas individualmente significativas é feita uma avaliação

individual, com periodicidade trimestral, que envolve as áreas comerciais, de acompanhamento e recuperação de crédito e a área de gestão de risco.

A identificação de indícios de imparidade é feita numa base individual relativamente a ativos financeiros em que o montante de exposição é significativo, e numa base coletiva quanto a ativos homogéneos cujos saldos devedores não sejam individualmente relevantes.

Os ativos que não forem objeto de análise específica são incluídos numa análise coletiva de imparidade, tendo para este efeito sido classificados em grupos homogéneos com características de risco similares, nomeadamente com base nas características das contrapartes e no tipo de crédito. Adicionalmente, os ativos avaliados individualmente e para os quais não foram identificados indícios objetivos de imparidade são igualmente objeto de avaliação coletiva de imparidade.

4.4.2. CÁLCULO DE IMPARIDADES: A TABELA QUALITATIVA DA CARTA CIRCULAR N.º 2/2014

Na Carta Circular n.º 02/2014/DSP, publicada em fevereiro de 2014, o Banco de Portugal sistematiza os critérios de referência bem como os princípios que suportam as metodologias de cálculo de imparidade, nos termos previstos na Norma Internacional de Contabilidade 39, «Instrumentos Financeiros: Reconhecimento e Mensuração» (IAS 39), para avaliação do risco associado à carteira de crédito e quantificação das perdas incorridas.

A referida carta circular destaca que, sempre que sejam identificados indícios de imparidade em ativos analisados individualmente, a eventual perda por imparidade corresponde à diferença entre o valor inscrito no balanço (valor da exposição), no momento da análise, e o valor recuperável estimado. Valor recuperável este que resulta do valor atual dos *cash-flows* estimados, descontados à taxa de juro original do contrato de crédito, e que tem em conta os mitigantes de risco contratados para cada operação de crédito.

Contudo, se não existir informação suficiente para determinar o valor recuperável, dispôs o Banco de Portugal uma tabela qualitativa de imparidade. A tabela é gradativa, com sete níveis distintos, sendo o último designado IBNR – *Incurred but not reported*, ou seja, funciona como uma antecâmara da constituição de imparidades.

Como não podia deixar de ser, a situação mais gravosa, que implica uma imparidade de 100 por cento, é a que resulta de um processo de insolvência com decisão de liquidação aprovada na assembleia de credores em que as informações disponíveis mostrem que o valor da massa falida será insuficiente para liquidar o passivo, e em que não existam garantias reais a favor do banco ou penhoras de bens resultantes de execução de garantias pessoais.

A falta de informação da contraparte também é fortemente penalizada, estando o banco obrigado a constituir imparidades entre 7 e 100 por cento nos casos em que não haja informação financeira ou as demonstrações financeiras do ano anterior (ou do último semestre) evidenciem pelo menos três dos seguintes indicadores: fluxos de caixa insuficientes face aos encargos da dívida/negativos, capitais próprios negativos, resultado líquido negativo nos últimos três anos e redução na margem bruta das vendas superior a 50 por cento.

Na referida tabela importa sublinhar também a atenção ao produto garantias bancárias, quer de boa execução técnica ou financeira, com fatores de conversão tabelados específicos. No caso das garantias de boa execução, os fatores de conversão consoante a maior (ou menor) informação disponível sobre a evolução da obra. Assim, mesmo que o ordenador da garantia bancária esteja classificado dentro de uma das (sete) classes de risco como objeto imperativo de constituição de imparidades para os seus créditos, caso a obra já esteja concluída com receção definitiva ou sem receção definitiva, mas concluída há mais de cinco anos, a garantia bancária fica numa situação IBNR, e com fatores de conversão amenizadores caso a obra ainda esteja a decorrer, mas sem indícios de incumprimento (situação melhor) até se estar perante uma obra suspensa (não concluída). Mesmo que não exista informação suficiente sobre a obra, a carta circular veio impor fatores de conversão em função dos anos decorridos desde a emissão da garantia bancária, ficando esta numa situação IBNR sempre que a data de emissão seja superior a dez anos.

Por fim, nota para o facto de os bancos, periodicamente, abaterem ao ativo os créditos considerados incobráveis por utilização da imparidade constituída (*write-off*), após análise específica por parte dos órgãos de estrutura que têm a seu cargo o acompanhamento e a recuperação dos créditos e a aprovação da comissão executiva. As eventuais recuperações de créditos abatidos ao ativo são refletidas como uma dedução ao saldo das perdas por imparidade refletidas na demonstração de resultados, na rubrica imparidade do crédito líquida de reversões e recuperações.

BIBLIOGRAFIA

Alcarva, Paulo – *A Banca e as PME*. Vida Económica. Porto, 2013.

Almeida, Paulo Nunes de (coord.) – *Livro Branco da Sucessão Empresarial: O Desafio da Sucessão Empresarial em Portugal*. AEP – Associação Empresarial de Portugal. Porto, 2011.

Associação Portuguesa de Bancos (APB) – www.apb.pt.

Associação Portuguesa de Capital de Risco (APCRI) – www.apcri.pt.

Autoridade Bancária Europeia (EBA) – www.eba.europa.eu.

Banco Central Europeu (BCE) – www.ecb.europa.eu.

Banco de Pagamentos Internacionais (BIS) – www.bis.org.

Banco de Portugal – www.bportugal.pt.

Banco de Portugal – *Aviso do Banco de Portugal n.º 9/2007*. Transposta para a ordem jurídica interna a Diretiva n.º 2006/48/CE. 2007.

Banco de Portugal – *Instrução n.º 15/2007 – Processo de autoavaliação da adequação do capital interno (ICAAP)*. 2007.

Banco de Portugal – *Instrução n.º 18/2007 – Testes de esforço (stress tests)*. 2007.

Banco de Portugal – *Aviso do Banco de Portugal n.º 6/2010*. Fixa os elementos que podem integrar os fundos próprios das instituições financeiras e define as características de que os mesmos se devem revestir. 2010.

Basel Committee on Banking Supervision – *International Convergence of Capital Measurement and Capital Standards*. Acordo de Basileia I. 1988.

BASEL COMMITEE ON BANKING SUPERVISION – *Amendment of the Basle Capital Accord in respect of the inclusion of general provisions/general loan-loss reserves in capital.* Aditamento ao Acordo de Basileia I. 1991.

BASEL COMMITEE ON BANKING SUPERVISION – *Treatment of Potential Exposure for Off-Balance-Sheet Items.* Aditamento ao Acordo de Basileia I. 1995.

BASEL COMMITEE ON BANKING SUPERVISION – *Principles for the Management of Credit Risk – consultative document.* 1999.

BASEL COMMITEE ON BANKING SUPERVISION – *Basel II: International Convergence of Capital Measurement and Capital Standards: a Revised Framework.* Acordo de Basileia II. 2004.

BASEL COMMITEE ON BANKING SUPERVISION – *Amendment to the capital accord to incorporate market risks.* Aditamento ao Acordo de Basileia II. 2005.

BASEL COMMITEE ON BANKING SUPERVISION – *The Application of Basel II to Trading Activities and the Treatment of Double Default Effects.* 2005.

BASEL COMMITEE ON BANKING SUPERVISION – *Home-host information sharing for effective Basel II implementation – final document.* 2005.

BASEL COMMITEE ON BANKING SUPERVISION – *Basel II: International Convergence of Capital Measurement and Capital Standards: A Revised Framework – Comprehensive Version.* 2006.

BASEL COMMITEE ON BANKING SUPERVISION – *Principles for home-host supervisory cooperation and allocation mechanisms in the context of Advanced Measurement Approaches (AMA) – final document.* 2007.

BASEL COMMITEE ON BANKING SUPERVISION – *Principles for sound liquidity risk management and supervision – final document.* 2008.

BASEL COMMITEE ON BANKING SUPERVISION – *Basel III: International framework for liquidity risk measurement, standards and monitoring* e *Basel III: A global regulatory framework for more resilient banks and banking systems.* Acordo de Basileia III. 2010.

BASEL COMMITEE ON BANKING SUPERVISION – *Basel III: A global regulatory framework for more resilient banks and banking systems – revised version.* 2011.

BASEL COMMITEE ON BANKING SUPERVISION – *Basel III: The Liquidity Coverage Ratio and liquidity risk monitoring tools.* 2013.

BASEL COMMITEE ON BANKING SUPERVISION – *Basel III: the net stable funding ratio*. 2014.

BATISTA, António Sarmento – *A Gestão do Crédito como Vantagem Competitiva*. Manual de Crédito e Cobranças. Vida Económica. Porto, 2004.

BENNINGA, Simon Z., e SARIG, Oded H. – *Corporate Finance: a valuation approach – International Edition*. McGraw-Hill. Nova Iorque, 1997.

BERGER, Allen N., DAI, Qinglei, ONGENA, Steven; SMITH, David C. *To what extent will the banking industry be globalized? A study of bank nationality and reach in 20 European nations. Journal of Banking & Finance*. 2003, 27 (3) pp. 383-415.

BODIE, Zvi, KANE, Alex, e MARCUS, Alan J. – *Investments*. McGraw-Hill. Nova Iorque, 1996.

BOLT, Wilko, HAAN, Leo de, HOEBERICHTS, Marco, VAN OORDT, Maarten e SWANK, Job. *Bank Profitability during Recessions*. Journal of Banking & Finance. 2012, 36 (9): pp. 2552–2564.

BRANDÃO, Elísio – *Finanças*. Edição de autor. Porto, 2002.

BREALEY, R., MYERS, S., e ALLEN, F. – *Principles of Corporate Finance – 9th Edition*. McGraw-Hill/Irwin. Nova Iorque, 2008.

CARVALHO, Cristina Neto, e MAGALHÃES, Gioconda – *Análise Económico- -Financeira de Empresas*. Universidade Católica Editora. Lisboa, 2003.

COMISSÃO DO MERCADO DE VALORES MOBILIÁRIOS – www.cmvm.pt.

COMISSÃO EUROPEIA – www.ec.europa.eu.

COMISSÃO EUROPEIA – *Diretiva 2002/87/CE*. Acesso à atividade das instituições de crédito e à supervisão prudencial das instituições de crédito e empresas de investimento. 2002.

COMISSÃO EUROPEIA – *Recomendação da Comissão 2003/361/CE*. Relativa à definição de micro, pequenas e médias empresas. 2003.

COMISSÃO EUROPEIA – *Regulamento (UE) 1092/2010*. Relativo à supervisão macroprudencial do sistema financeiro na União Europeia. Cria o Comité Europeu do Risco Sistémico. 2010.

COMISSÃO EUROPEIA – *Regulamento (UE) 1093/2010*. Cria uma Autoridade Europeia de Supervisão (Autoridade Bancária Europeia), altera a Decisão n.º 716/2009/CE e revoga a Decisão 2009/78/CE da Comissão. 2010.

COMISSÃO EUROPEIA – *Banking structural reform (Liikanen Report)*. 2012.

COMISSÃO EUROPEIA – *Diretiva 2013/36/EU e Regulamento (UE) 575/2013*. Sobre o acesso das instituições financeiras à sua atividade e a supervisão prudencial (CRD IV). 2013.

COMISSÃO EUROPEIA – *Innovation Union Scoreboard 2013*. 2014.

COMISSÃO EUROPEIA – *Impact of the Capital Requirements Regulation (CRR) on the access to finance for business and long-term investments*. 2016.

COMITÉ EUROPEU DO RISCO SISTÉMICO (ESRB) – www.esrb.europa.eu.

COMPETE 2020 – www.compete2020.pt.

DAMODARAN, Aswath – *Investment Valuation: Tools and Techniques for Determining the Value of Any Asset*. Wiley Finance. Nova Iorque, 1995.

DENIS, David J., e DENIS, Diane K. – *Leveraged Recaps and the Curbing of Corporate Overinvestment*. Journal of Applied Corporate Finance, volume 6, issue 1, primavera 1993, pp. 60–71.

DIÁRIO DA REPÚBLICA – Decreto-Lei n.º 298/92, de 31 de dezembro. Regime Geral das Instituições de Crédito e Sociedades Financeiras. 1992.

DIÁRIO DA REPÚBLICA – Lei n.º 25/2008, de 5 de junho. Lei do Combate ao Branqueamento de Capitais e ao Financiamento do Terrorismo. 2008.

DIÁRIO DA REPÚBLICA – Decreto-Lei n.º 178/2012, de 3 de agosto. Institui o SIREVE – Sistema de Recuperação de Empresas por Via Extrajudicial. 2012.

DIÁRIO DA REPÚBLICA – Lei n.º 16/2012, de 20 de abril. Institui o PER – Processo Especial de Revitalização. 2012.

DIÁRIO DA REPÚBLICA – Decreto-Lei n.º 29/2014, de 25 de fevereiro. Regula a disciplina aplicável aos valores mobiliários de natureza monetária designados por papel comercial. INCM. Lisboa, 2014.

DIÁRIO DA REPÚBLICA – Decreto-Lei n.º 162/2014, de 31 de outubro de 2014. Revisão dos regimes de benefícios fiscais ao investimento produtivo e respetiva regulamentação. 2014.

DIÁRIO DA REPÚBLICA – Portaria n.º 94/2015, de 27 de março de 2015. Regulamentação do regime de benefícios fiscais contratuais ao investimento. 2015.

BIBLIOGRAFIA

FARINHA, Jorge Bento Ribeiro Barbosa – *Análise de Rácios Financeiros*. Versão 2, Faculdade de Economia da Universidade do Porto. Porto, 1994.

FEDERAL RESERVE BANK OF ST. LOUIS – *Banking Act of 1933*. Junho, 1933.

FERREIRA, Domingos – *Fusões, Aquisições e Reestruturações de Empresas* – vol. I e II. Edições Sílabo. Lisboa, 2002.

FINANCIAL STABILITY BOARD – *A Coordination Framework for Monitoring the Implementation of Agreed G20/FSB Financial Reforms*. 2011.

FINANCIAL STABILITY BOARD – *Global Shadow Banking Monitoring Report 2015*. Novembro, 2015.

FUNDO JESSICA – www.fundojessicaportugal.org.

GAUGHAN, Patrick A. – *Mergers, Acquisitions and Corporate Restructurings*. John Wiley & Sons. Nova Iorque, 1996.

GLAUTIER, M. W. E. – *Towards a Reformulation of the Theory of Working Capital. Journal of Business Finance*, vol. III, n.º 1, primavera 1971, pp. 37-42.

GOVERNO DA REPÚBLICA – Programa de assistência económica e financeira 2011-2014. Lisboa, 2011.

GUIMARÃES, J. F. Cunha – *A prestação de contas e a IES. Revista TOC*, fevereiro 2009, pp. 29-35.

HIGGINS, Robert C. – *Analysis for Financial Management*. Irwin. Chicago, 1995.

HULL, John C. – *Introduction to Futures and Options Markets*. International Edition. Prentice Hall. Londres, 1998.

IAPMEI. *Guia Prático do Capital de Risco*. IAPMEI/APCRI. Lisboa, 2012.

IAPMEI – www.iapmei.pt.

INE – *Anuário Estatístico de Portugal 2013 – Edição 2014*. Lisboa, 2014.

INFORMA, *Barómetro Informa DB*. Informa DB. 2015.

INSTITUIÇÃO FINANCEIRA DE DESENVOLVIMENTO (IFD) – www.ifd.pt.

JENSEN, Michael C. – *Agency Costs of Free Cash Flow, Corporate Finance, and Takeovers*. The American Economic Review, Vol. 76, No. 2, Papers and Proceedings of the Ninety-Eighth Annual Meeting of the American Economic Association, maio 1986, pp. 323-329.

MARQUES, Manuel de Oliveira – *As Estruturas Financeiras Correntes das Empresas: um estudo comparativo.* Estudos de Economia, vol. VI, n.º 2, jan.-mar. 1986, pp. 141-168.

MARTINS, António – *Introdução à Análise Financeira de Empresas.* Vida Económica. Porto, 2004.

MARTINS, Eduardo Ferreira – *Marketing Relacional na Banca: a fidelização e a venda cruzada.* Vida Económica. Porto, 2006.

MILLER, M. – *Debt and Taxes. Journal of Finance*, 32 (2), 1977, pp. 261–275.

MOREIRA, José António Cardoso – *Análise Financeira de Empresas: da Teoria à Prática.* Instituto de Mercado de Capitais – Bolsa de Derivados do Porto. Porto, 1997.

MYERS, Stewart C., e MAJLUF, Nicholas S. – *Corporate financing and investment decisions when firms have information that investors do not have. Journal of Financial Economics*, 13 (2), 1984, pp. 187–221.

PDR 2020 – www.pdr2020.pt

PINEGAR, J. Michael, e WILBRICHT, Lisa – *What Managers Think of Capital Structure Theory: A Survey.* Financial Management, 1989, pp. 82-90.

PME Investimentos – www.pmeinvestimentos.pt

PORTUGAL 2020 – www.portugal2020.pt.

ROSS, Stephen A., WESTERFIELD, Randolph W., e JORDAN, Bradford D. – *Fundamentals of Corporate Finance.* McGraw-Hill. Nova Iorque, 1998.

SANTORO, Nicholas J. – *Bank Operations Management: Finding & Exploiting Hidden Profit – Opportunities Inside Your Bank.* Probus Publishing Chicago, 1992.

SILVA, Eduardo Sá – *Gestão Financeira: Análise de Fluxos Financeiros.* Vida Económica. Porto, 2007.

SOCIEDADE PORTUGUESA DE GARANTIA MÚTUA – www.spgm.pt.

SOCIEDADE PORTUGUESA DE GARANTIA MÚTUA – *Manual da Garantia Mútua.* Lisboa, setembro, 2008.

WOLF, Martin – *A Reconstrução do Sistema Financeiro Global: como Evitar as Crises Financeiras do Século XXI.* D. Quixote. Lisboa, 2009.

NOTAS

Capítulo 1

1. O IUS é um relatório anual que apresenta uma avaliação comparativa do desempenho da investigação e inovação dos estados-membros da UE27 e os pontos fortes e fracos dos seus sistemas de investigação e inovação. Usando um total de 24 indicadores, divididos entre oito dimensões de inovação e três categorias principais («viabilizadores», «atividades empresariais» e «resultados»), a informação incluída no relatório ajuda os estados-membros a avaliar as áreas em que precisam de concentrar esforços no sentido de aumentar o seu desempenho de inovação. O IUS inclui também informação sobre a Croácia, a Islândia, a antiga república jugoslava da Macedónia, a Noruega, a Sérvia, a Suíça e a Turquia. Num número mais limitado de indicadores, disponíveis internacionalmente, o IUS abrange também a África do Sul, a Austrália, o Brasil, o Canadá, a China, a Coreia do Sul, os EUA, a Índia, o Japão e a Rússia.
2. O problema do *free cash-flow* de Jensen.
3. DENIS e DENIS (1993) apresentaram indicações do aumento do desempenho operacional após operações de *leveraged recapitalizations* (endividamento para recompra de ações ou pagamento de dividendos).
4. PINEGAR e WILBRICHT (1989).
5. Decreto-Lei n.º 29/2014.
6. Nos países anglo-saxónicos estão bem caracterizadas duas formas fundamentais de investimento de capital de risco: 1. o *private equity*, como investimento aplicado na aquisição de participações em empresas já existentes, independentemente da sua dimensão, e com pouca ou nenhuma intervenção a nível da gestão e administração, com vista à valorização da participação; e 2. o *venture capital*,

O FINANCIAMENTO BANCÁRIO DE PME

como investimento em empresas pequenas ou mesmo em projetos empresariais iniciais *(start-up)*, nas quais o investidor acompanha de perto a gestão empresarial.

7. *Leveraged buy-out* (LBO), *management buy-out* (MBO), *management buy-in* (MBI), *management and employees buy-out* (MEBO), *family buy-out* (FBO), *fiscal buy-out* (FBO).

Capítulo 2

8. Em resultado da crise de 1929, os governos tomaram a decisão de regular as instituições financeiras. Nos Estados Unidos, em 1933, foi aprovado o Glass Steagall Act, que proibiu a mistura entre o risco das atividades de *retail, wholesale* e *investment*. Todavia, na década de 80, sob o impulso da administração Reagan, aumentou o nível de desregulamentação que haveria de conduzir à abolição do Glass Steagall Act, em 1999, já na presidência de Bill Clinton.

9. Em 2012, o *Global Shadow Banking Monitoring Report* provou que nos Estados Unidos a atividade dos *shadow banks* superava a dos bancos regulados, e na Europa ocidental a sua atividade representava metade do total do negócio bancário.

10. Para mais pormenor sobre a oferta bancária recomenda-se a consulta do livro *A Banca e as PME.*

11. Os cheques pré-datados, apesar de não estarem regulados pela Lei Uniforme do Cheque, continuam a ser utilizados comercialmente com grande regularidade em Portugal. Deste modo, os bancos nacionais não se escusam ao serviço através do qual asseguram o processamento de cheques pré-datados apresentados pelas empresas para cobrança posterior. Quando chega a data indicada no cheque o banco deposita-o e é assim tratado como se tivesse sido depositado no balcão nesse dia. Os cheques não cobrados são devolvidos ao cliente, sem qualquer espécie de risco para o banco. Normalmente este serviço abrange apenas cheques em euros, não havendo limitações de valor ou prazo.

12. Para valores nominais unitários (por título) inferiores a 50 mil euros a empresa tem de cumprir alternativamente os seguintes critérios: apresentar notação de risco da emissão do PPC ou notação de risco a curto prazo da própria empresa, atribuída por sociedade de notação de risco registada na CMVM ou obter a favor dos detentores dos títulos/investidores garantia autónoma, que assegure o cumprimento das obrigações de pagamento decorrentes da emissão do PPC. Para valores nominais unitários iguais ou superiores a 50 mil euros, não é exigido o cumprimento dos requisitos referidos.

13. As emissões de papel comercial têm por norma um prazo mínimo de sete dias e máximo de um ano. Por permitir prazos de emissão inferiores a um mês este produto diferencia-se positivamente das demais linhas de tesouraria, uma vez que o indexante a aplicar às emissões de papel comercial corresponde sempre ao prazo da utilização, enquanto na conta-corrente prevalece a Euribor a três ou seis meses. Assim, se a empresa utilizar a sua conta-corrente durante 15 dias, pagará uma taxa de juro correspondente à Euribor a três meses mais o *spread*, enquanto no PPC pagará a Euribor a 15 dias acrescida do *spread*. Caso não exista a Euribor para o período exato da emissão, a prática dispõe que o indexante é determinado por interpolação linear face aos indexantes existentes mais próximos (superior e inferior).

14. O pagaré é um documento financeiro emitido e pagável em Espanha, cujo aspeto e menções são idênticos aos do cheque vulgar, com a exceção de possuir data de vencimento, a partir da qual é exigível o seu pagamento.

15. Na operação *a forfait* o banco compra a remessa – por norma letras, notas promissórias, pagarés ou documentos/letras negociados ao abrigo de cartas de crédito de exportação – ao cedente renunciando ao direito de regresso contra este último no caso de incumprimento do sacado.

16. O conceito de seguro de créditos inclui o princípio da globalidade, isto é, a empresa deverá solicitar limites de garantia para todos os clientes a que venda a crédito, nos mercados interno ou externo, ficando seguro até aos limites aprovados. Contudo, não está garantido que a seguradora de crédito conceda *plafonds* de crédito a todos os clientes apresentados.

17. A SPGM foi a sociedade que iniciou em Portugal o sistema de garantia mútua, em 1994. Hoje em dia, com a criação das quatro SGM, cabem-lhe funções de sociedade *holding*, nomeadamente através de um centro de serviços partilhados; além disso, a SPGM gere o mecanismo de contragarantia – o FCGM.

18. A Madeira, apesar de classificada como região desenvolvida, beneficia ainda assim de uma taxa máxima de cofinanciamento de 85%, decorrente da insularidade.

19. Cada FINICIA FAME é constituído com uma dotação que a câmara municipal considere adequada à realidade empresarial do seu concelho. Essa dotação é assegurada pelo município (20%) e por uma instituição bancária (80%). A parcela do fundo relativa à câmara municipal é depositada numa conta à ordem, aberta especificamente para o efeito. Sempre que ocorram contratações ou reembolsos de financiamentos, esta conta será, respetivamente, debitada ou creditada pelo montante correspondente à dotação da câmara municipal. O saldo desta conta à ordem será remunerado de acordo com as condições acordadas entre a câmara e o banco.

O FINANCIAMENTO BANCÁRIO DE PME

20. Medida regulamentada pela Portaria n.º 236/2013 de 24 de julho.
21. Os Programas Integrados de Desenvolvimento Urbano Sustentável agregam operações de reabilitação urbana na área de uma SRU; Parcerias para Regeneração Urbana e Redes Urbanas para Competitividade e Inovação, aprovados pelos PO Regionais; operações de reabilitação urbana ao abrigo do DL 307/2009 ou outra legislação específica; Plano Diretor Municipal, Planos de Urbanização, Planos de Pormenor; outras operações de reabilitação aprovadas por municípios cuja natureza integrada seja formalmente reconhecida pela respetiva CCDR.
22. Lei do Orçamento do Estado para 2011 – Lei n.º 55-A/2010, de 31 de dezembro, alterada posteriormente pela Lei 83-C/2013 de 31 de dezembro.
23. Decreto-Lei n.º 162/2014, de 31 de outubro.
24. Decreto-Lei n.º 162/2014, de 31 de outubro de 2014, e Portaria n.º 94/2015 de 27 de março de 2015.
25. Lei n.º 16/2012, de 20 de abril.
26. Entrou em vigor a 20 de maio de 2012 e em fevereiro de 2015, pelo Decreto-Lei n.º 26/2015, foram introduzidas alterações ao n.º 3 do artigo 17.º – F do CIRE (aprovação do plano de recuperação no PER).
27. Criado pelo Decreto-Lei n.º 178/2012, de 3 de agosto, o SIREVE foi entretanto alvo de ajustamentos que justificaram a sua republicação em 6 de fevereiro, através do Decreto-Lei n.º 26/2015.
28. Decreto-Lei n.º 225/2015, de 9 de outubro.
29. Decreto-Lei n.º 226/2015, de 9 de outubro.
30. À data de elaboração deste livro, a IFD ainda não possui autorização da Comissão Europeia para intervir em áreas para além do mandato identificado para a primeira fase.

Capítulo 3

31. «Livro Branco da Sucessão Empresarial».
32. À frente a questão da alavancagem será mais bem enquadrada pelo cálculo de rácios de estrutura.
33. O EBITDA *(earnings before interests, taxes, depreciation and amortization)* representa o dinheiro que a empresa liberta da sua atividade operacional e que fica disponível para financiar os investimentos e as NFM, cumprir os encargos financeiros da dívida bancária, pagar impostos, criar reservas e remunerar os proprietários através da distribuição de dividendos.

Capítulo 4

34. O «risco de cauda» *(tail risk)* é igual às perdas que uma organização pode sofrer em casos extremos, em que as perdas excedem o nível de confiança predefinido, e resulta da interação entre fatores como a indexação da cauda, os parâmetros de escala, a probabilidade da cauda, o nível de confiança e a dependência da estrutura.

35. O *contingency funding plan* (CFP) consiste na identificação preventiva de todos os mecanismos e ações que devem ser postos em prática no caso de se verificarem eventos adversos ou imprevistos que possam causar *stress* de liquidez de caráter idiossincrático ou sistémico. Qualquer CFP terá de estar ajustado às características específicas de cada banco: grau de complexidade operativa, perfil de riscos assumidos e papel ou importância no sistema financeiro.

36. Esta diretiva sai diretamente do documento *International framework for liquidity risk measurement, standards and monitoring*, publicado em 2010 pelo Comité de Basileia, que veio adicionar o controlo da liquidez das instituições aos instrumentos de controlo da solvabilidade dos bancos.

37. Os ativos de alta qualidade devem reunir as seguintes características fundamentais: ser de baixo risco; ser avaliados de forma simples e certa; ter baixa correlação com títulos de maior risco, como, por exemplo, os títulos emitidos pelas IF com baixa liquidez; estar cotados em mercados desenvolvidos e oficiais. Além dessas características fundamentais, esses ativos devem reunir também outras quatro ligadas ao mercado de negociação: estar tratados num mercado de referência com uma sólida infraestrutura que permita a venda a qualquer momento; ser negociados também por *market-makers;* ter baixa volatilidade; ser preferencialmente de tipo *flight to quality* (situação em que os investidores procuram liquidar as suas posições em ativos ilíquidos para assumir posições nos ativos mais líquidos).

Também podem integrar o *stock* de ativos líquidos de alta qualidade os ativos recebidos no decurso de operações de *reverse repo* (acordo de revenda, no qual o comprador do ativo acorda a sua revenda numa data futura) e *securities financing transaction* (operações de tipo *repo, reverse repo* ou de *securities lending/borrowing,* em que o valor depende de variáveis do mercado, geralmente acompanhado de uma margem de desconto), ativos detidos junto do banco central, não reutilizados, jurídica e contratualmente à disposição do banco. Podem ainda integrar este valor os ativos depositados ou constituídos em garantias junto do banco central ou de uma entidade do setor público que não estejam a ser utilizados para gerar liquidez.

38. A previsão de saídas totais de caixa é calculada multiplicando os saldos das várias categorias ou tipologias de passivos e os compromissos fora do balanço, pelas taxas de utilização ou levantamentos esperados. O valor líquido, por sua vez, é determinado deduzindo do total de entradas de caixa esperadas ponderado por 75 por cento do total das saídas esperadas.

39. Um dos casos mais conhecidos é o da Enron, que declarou falência em 2001, arrastando consigo a Arthur Andersen, que fazia a sua auditoria externa; as investigações revelaram que a Enron tinha manipulado os seus balanços financeiros e escondera dívidas de 25 mil milhões de dólares, empolando artificialmente os seus lucros. Outro caso ocorreu em 2002, quando o Allied Irish Bank anunciou uma perda de 691 milhões de dólares numa das suas subsidiárias americanas. Estas perdas resultaram da atividade fraudulenta de um *trader* no mercado cambial, John Rusnak, entre 1997 e 2002, período durante o qual desenvolveu um esquema que consistia na manipulação dos sistemas de avaliação do risco, na persuasão de colaboradores, em transações fictícias e na falsificação de confirmações de transações. Em 2008, a Société Générale incorreu em perdas de quase 5 mil milhões de euros, causadas por transações não autorizadas realizadas por um único funcionário, Jérôme Kerviel, no que ficou caracterizado como uma das maiores fraudes da história do sistema bancário.

40. O Acordo de Basileia I foi estabelecido com a publicação do documento *International convergence of capital measurement and capital standards*. Apesar de publicado em 1988, este acordo só seria implementado na totalidade em 1992.

41. Podem ainda apontar-se outras limitações importantes na definição do CRAR pelo Acordo de Basileia I, como o facto de na classificação dos ativos não ser considerada a sua estrutura temporal, acabando por ser igualmente ponderados pelo risco os empréstimos a curto e longo prazo, bem como o facto de não ter em consideração as técnicas de mitigação de risco.

42. O Acordo de Basileia II foi estabelecido a 26 de junho de 2004, com a publicação do documento *International convergence of capital measurement and capital standard: a revised framework*, que só foi implementado na sua plenitude a 31 de dezembro de 2007.

43. O regime de adequação de capital proposto em Basileia II foi acolhido na ordem jurídica comunitária com a publicação das diretivas 2006/48/CE e 2006/49/CE, sendo o pacote regulamentar habitualmente designado *Capital Requirements Directive* (CRD). A transposição para a lei nacional foi feita com a publicação dos decretos-lei 103/2007 e 104/2007, de 3 de abril.

NOTAS

44. Foi neste âmbito que foi criado o Conselho Europeu de Risco Sistémico (CERS), com o principal objetivo de avaliar a estabilidade do sistema financeiro na UE tendo em conta a evolução macroeconómica e as tendências ocorridas nos mercados financeiros. O aumento da resiliência individual das instituições financeiras diminui o risco sistémico associado a choques adversos.

45. Classes de risco do método-padrão: administrações centrais ou bancos centrais; administrações regionais ou autoridades locais; organismos administrativos e empresas sem fins lucrativos; bancos multilaterais de desenvolvimento; organizações internacionais; instituições; empresas; carteira de retalho; com garantia de bens imóveis; elementos vencidos; elementos pertencentes a categorias regulamentares de risco elevado; obrigações hipotecárias ou obrigações sobre o setor público; posições de titularização; organismos de investimento coletivo (OIC).

46. Nos termos do método-padrão, o reconhecimento de uma agência de notação externa (ECAI) depende da certificação do Banco de Portugal, de que a respetiva metodologia de avaliação cumpre os requisitos estabelecidos na parte 3 do anexo III do Aviso n.º 5/2007.

47. Para que possam optar pelo modelo IRB, os sistemas de *rating* dos bancos têm de cumprir previamente alguns requisitos: i) profusamente documentado, justificando todos os pressupostos e *outputs*; ii) conceção em linha com os critérios dispostos pelo Acordo Basileia e em funcionamento pelo menos três anos antes da adoção do Modelo IRB; iii) homologação pelo BdP dos métodos, sistemas e processos internos de atribuição de *rating* e quantificação do risco de crédito.

48. Este acordo é formado essencialmente por dois documentos: *Basel III: A global regulatory framework for more resilient banques and banking systems* e *Basel III: International framework for liquidity risk measurement, standards and monitoring*, de junho de 2011 e dezembro de 2010, respetivamente.

49. Dispostos no Aviso do Banco de Portugal n.º 9/2007.

50. Esta percentagem é definida pelo Comité de Basileia.

51. Os segmentos de atividade e respetivos ponderadores (β) considerados são os seguintes: 18 por cento para financiamento de empresas *(corporate finance)*, negociação e vendas, pagamento e liquidação; 15 por cento para banca comercial (receção de depósitos e outros fundos reembolsáveis, concessão de empréstimos e emissão de garantia, *leasing*) e serviços de agência; 12 por cento para gestão de ativos, banca de retalho (pessoas e microempresas) e *trading*.

52. Os fundos próprios que integram o rácio *Core Tier 1* estão definidos tendo em consideração o disposto no Aviso do Banco de Portugal n.º 6/2010.

53. O regime especial aplicável aos ativos por impostos diferidos está consagrado na Lei n.º 61/2014, de 26 de agosto de 2014, aplicando-se ao que resultou da não dedução de gastos e variações patrimoniais negativas com perdas por imparidade em créditos e benefícios pós-emprego ou de longo prazo dos empregados. O efeito prático deste regime consiste na não dedução aos fundos próprios *Core Tier 1* de parte dos ativos por impostos diferidos que resultam de diferenças temporárias; adicionalmente, a parcela não abatida desses ativos diferidos passa de uma ponderação de 1,250 por cento para 100 por cento, para cálculo dos riscos ponderados.

54. «Boletim Informativo – 2012» do Centro de Estudos Financeiros da APB.

55. O cálculo do ativo líquido médio e dos capitais próprios médios, além dos valores daquelas rubricas nos extremos do intervalo, deve incluir, no mínimo, os valores registados em cada um dos trimestres intermédios.

56. As imparidades vão diminuindo à medida que a redução da margem bruta das vendas é menor: i) entre 50 e 75 por cento para reduções superiores a 35 por cento; ii) entre 25 e 50 por cento para reduções superiores a 20 por cento.